魏德东　张时坤　主编

思想的探险

—— 哲学的十三堂课

An Exploration of Thoughts
Thirteen Lessons in Philosophy

人民出版社

代　序

什么是哲学？

　　什么是哲学？对于这个问题，问 100 个人，我们可能得到不止 100 种不同的回答。这并不是因为人们对哲学都有着截然不同的见解，而是因为大多数人并不知道如何回答，只能按照自己的理解，比照已有的教科书提出一些似是而非的观点，如哲学是人生观、价值观、世界观，是超越所有科学的科学，是研究世界本质、社会规律、人类命运的学问等。这样的回答当然没有什么错，但当我们问这个问题时，我们希望知道的，显然不止这些。停留在这些原则性的一般概念上，不同的人对什么是哲学自然会有不同的理解或解释，所使用的方法也不尽相同，于是公说公有理、婆说婆有理成为哲学领域里争论的常态，哲学由此就有可能流于相对主义式的诡辩术。

在实际生活中，也可能会出现另外一种情况，当我们用这个问题来问不同的人时，我们也很可能得到大致相同的回答，因为我们常常会听到人们人云亦云地对之曰"哲学就是爱智慧"。不错，英文的 philosophy 就是从希腊文"Philo"（爱）和"Sophia"（智慧）而来，而中文中的"哲学"作为与之相对应的现代翻译，也确有哲人之学的意思。但哲学如何爱智慧？什么是智慧？我们怎样才能得到智慧，以及我们为什么要得到智慧？对这些问题，我们并不容易得出答案。如果仅仅停留在这样的宽泛理解上，哲学很可能会流于抽象，着迷于虚无缥缈的"绝对真理"、"第一动力"，虽然足够高大上，但似乎与人们的现实生活毫无关系，从而成为精雕细琢的"象牙塔"学问。

自古以来，哲学都是一门既高深又贴近生活的学问，在中国有孔孟老庄，在西方有苏格拉底、柏拉图、亚里士多德等，作为轴心时代中西方文明的代表人物，他们对于智慧的追问激励着历代哲人的深思，使得人类的思想世界丰富多彩，也引导着人类不断追求对世界的本质、人生的意义更深刻的理解。因为高深，哲学需要与现实保持一定的距离，不至于陷于"不识庐山真面目"之境；但同时又因为贴近生活，哲学不能总是把自己陷于现实生活之外，避免走火入魔式的玄思冥想。几千年的发展，人类积累了丰厚的哲学概念发展史、学科演化史，从西方的古希腊哲学、中世纪哲学、近代英国经验主义哲学、法国哲学、德国古典哲学到 20 世纪各种各样的元哲学以及存在主义、现象学、诠释学，而中国古代的儒家、道家、墨家、法家，以及后来的魏晋玄学、佛教哲学、三教融合、宋明理学和心学、明代实学、清代训诂学直到 20 世纪现代新佛学、新道学、新儒学等，高言阔论、宏著巨文不计其数，为我们今天学习哲学提供了经典文献，成为哲学探索的无穷资源。但同时，作为"时代精神的精华"，哲学又必须在现时代中得到体现，解释世界并继而改变世界。学习哲学，我们就必须看到和理解哲学在今天所面临的问题和挑战。这些挑战既有时代发展对我们习以为常的哲理、关系、方法的改变，也有科技进步对我们思维方式、生活方式、活动方式深刻而持久的影响。

在中国，虽然对于人生智慧、社会理想的哲理思考源远流长，但作为一个专门的学问，哲学开始走进课堂还是不久前的事情。从北京大学确立"哲学门"开始，到现在也不过 100 多年的历史。"讲哲学、学哲学、用哲学"，经过数代哲学人的不懈努力，哲学已经成为 21 世纪中国学术的一门"显学"，在全国近 80 所高校设立了专业，成千上万的哲学教师和研究人员在做哲学，同时为国家培养了一批又一批具有哲学素养的各方面人才。遗憾的是，我们的中学和高中并没有开设专门的哲学课程，许多年轻学子虽然对哲学很感兴趣，但对哲学的理解仍然十分肤浅。当他们来到大学学习时，急需一本既开阔视野又浅显易懂的教科书，以此来引导自己踏进哲学的殿堂。

作为在全国哲学学科中处于领先地位的中国人民大学，我们非常重视通过循循善诱的方式，把我们自己关于什么是哲学、为什么要学哲学、怎样学哲学等问题的体会告诉同学们，使他们初步了解哲学领域的众多问题，并对追求哲学智慧产生更为浓厚的兴趣，为以后的学习打下较为坚实的基础。出于这个目的，我们在哲学专业一年级开设了"哲学入门"的课程，历经数年，效果值得称道，深受人民大学许多不同专业新生们的喜爱。选入本书的十三讲就是在哲学院十三位老师讲课稿的基础上修改而成。

哲学就其本意而言，是学问的学问，是超越具体学科之上的学科，这可以从人们常见的"哲学社会科学"的说法把哲学与众多人文、社会科学并列中初见端倪。哲学自身领域广阔，涵盖了众多的二级学科，如马克思主义哲学、中国哲学、外国哲学、伦理学、宗教学、逻辑学、美学、科学技术哲学等，其中每一个领域又可以细化为更多的次领域。哲学有其高深的一面，但也是应用性非常强的，通过追问具体学科的方法论问题形成应用哲学，如管理哲学、政治哲学、经济哲学、生命哲学、物理哲学、历史哲学等。这些领域中所探索的问题有些比较相近，如美学与伦理学，有些则相距甚远，如宗教学与科技哲学。但无论什么领域，哲学的本质是对世界、人生、社会根本问题的提问，是对生活现象内在原因的探讨，是对人们习以为常的说法的质疑，是对具体研究的方法梳理。我们的追问探讨在形式上可以非常不同，但在实质上又都必须具有逻辑性、批判性和思想性。只有这样，我们才能在方法论的意义上，把它们都归属于哲学。

对于初学者来说，二级学科在形式上把哲学分为不同的领域，便于认识和学习。但更为重要的是，如何把握哲学的独特问题、不同领域问题的特殊提问方式和解决途径。因此，在"哲学入门"这门课程中，我们并没有采取分解哲学二级学科的方式来介绍哲学，而是以问题为导向，通过对独特哲学问题的把握和理解，每个人从自身经历和体会出发，进而解释较为复杂和困难的哲学概念和理论，一步步地引导学生走向哲学思维的历史深处和时代高度。担任主讲者都是各自领域里的知名学者和具有丰富教学经验的教授，如马克思主义哲学的臧峰宇，中国哲学领域里的彭永捷、温海明，美学领域里的吴琼，宗教哲学中的何光沪，逻辑学领域的杨武金，西方哲学界的张旭、韩东晖、刘玮，伦理学领域的曹刚，科技哲学界的刘晓力，管理哲学的徐尚昆和政治哲学的田洁等。他们用通俗流畅的语言、生动有趣的例子，阐释了不同问题的哲学解析，给听众以持久的思索、遐想和启迪。

"哲学入门"是一门重要的基础课程，哲学院同事们为讲好每一课付出了很大的努力，为历届学生所欢迎并引发很好的外溢效应。我的同事魏德东和张时坤老师不辞辛苦，将其结集成书，以为更多的青年学子提供一本优秀的哲学入门读物。人民出版社对此进行了认真编辑、审读和整理，设定了自成体系的结构，首先是已经成为教师的学者对自己治学经历的感性分享，如"智慧与选择"，而后是从方法论上对既有思维方式的颠覆，如"思维与方法"、"不讲逻辑"、"儒家政治哲学何以可为"，而后是对哲学中较为重要命题的探讨，如"心灵、身体与世界"、"爱与生"、"哲学不是什么"，而后落实到具体的哲学名著，来探讨具体问题，如"爱欲与文明"导读了柏拉图的《会饮篇》，"达·芬奇密码"解读了达·芬奇的名画《最后的晚餐》，"权力的游戏"解读了霍布斯的政治哲学名著《利维坦》，"启蒙与自由"解读了康德哲学中的重要问题，"知识、权力与主体"梳理了福柯的《性史》、《疯癫与文明》等一系列名著。全书最后一章以"为自我出征：一则伦理学的寓言"为题，解读了《盔甲骑士——不要错过你自己》这一伦理学寓言，从而形成一个由浅入深并最终落实到每个个体自我认识的循环结构。

本书编辑历经数年，即将付梓，张时坤老师嘱我为本书做序，欣然从之。希望本书的出版有助于广大青年读者初步弄清楚什么是哲学，并引导那些热爱哲学的年轻才俊进入哲学的殿堂。

姚新中

2017 年 12 月写于牛津

目　录

（第　一　讲）

智 慧 与 选 择

温海明

　　中国哲学是关于人生智慧的学问，而智慧通过人生的选择体现出来。每个人每时每刻都面临选择，在每一个选择的瞬间，一个人最希望自己能够具有智慧，而这也许是学习哲学能够收获的最大福利。你们当中不少同学并没有主动选择哲学，却来到哲学院学习，现在坐在哲学院的教室里听课，好像命运之神在你们刚刚懂事的时候，跟你们开了一个很大的玩笑，一些同学就被这个人生的大玩笑给开懵了，不知道今后如何选择了。我们这些老师开"哲学入门"这门课，就是要现身说法，希望你们看到选择哲学也可以过一个不错的人生，也可能过一个蛮有意思的人生，希望你们当中更多的同学喜欢上哲学、理解哲学、拥抱哲学。

一、兴献身中国文化之神

我跟哲学的不解之缘开始得很早，从中学时代开始，我就对哲学情有独钟。我的少年时代是在 20 世纪 80 年代的文化热当中度过的。80 年代一股非常热的思潮就是法国存在主义，比如萨特哲学对当时的年轻人有巨大影响，萨特宣称人是为"当下的存在"，每个人当下自己做选择，成为他自己，这样他就摆脱了原来西方神学和形而上学的约束。这跟尼采说"上帝死了"，人的本质不是被上帝决定的有点像，或者说，我的本质是由我来决定的。这样的哲学对我的影响很大，我现在倾向于认为，我当下一念之间要做什么，就已经在告诉整个世界我是谁。比如说我跟你们讲话的每一个瞬间都在告诉世界我是谁，也就是我当下的一念决定我是谁，决定我的本质。我的每一个念头都在决定我是谁，我是一个什么样的老师，我关注什么问题，我希望大家通过听我的讲解能够得到什么样的启发。所以每时每刻，每一个我们面对世界瞬间的态度和意念就已经在显现出我们的本质。有些同学此刻可能会觉得有点味道，觉得这样的哲学人生蛮有意思，好像有点英雄主义的味道。虽然这个世界不是我的，但是我要活得有气魄，这一点很重要。年轻人一定要活得有点气魄，一定要自我决定，一定要相信你可以自我主宰。

总体来说，哲学家们都希望给出一种观点，帮助大家在一个没有办法选择或艰难选择的人生中，尽可能地自我主宰。其实你不主宰也是一种自我主宰，比如你求助于上帝说"上帝啊，我很软弱，请您帮我做决定"，这是一种选择；你求助于天道，让天道在你的内心中帮助你的良知发动，进而做决定，也是如此；就道家来说，可以说是你自己不决定，但是要顺道而行。佛家讲宇宙人生都是空的，你接受这种观念的话，就应当放弃执着，因为它让你觉得没必要做选择，毕竟选择完了还是空的。所以从古到今的哲学家们基本上都想方设法给出一种关于宇宙人生的解说，帮助大家来把握当下，以及做出决定。

当时我很年轻，中学时代处在 80 年代的文化热当中，现在看来虽然说不上是冲浪，但是感觉起来有点像冲浪。那时候出了什么新书，我们几个小伙伴就会去买来读，没事就交流，像萨特、加缪、尼采、叔本华这样的一些有古怪的想法的哲学家深深吸引了我。当时我们也读一些文学作品，像巴尔扎克、乔治·桑这样一些作家的作品。前两年我到巴黎，回忆起自己少年时代的情怀，尤其是想到巴尔扎克，他虽然活了不长时间，却写出了《人间喜剧》。

他曾说："拿破仑拿剑没有完成的事，我要用笔来完成。"当然，他可以说做到了，所以你可以相信，一个人的思想在某种意义上比铁与剑更有威力。铁与剑可以掌控一时，不可以掌控一世，而一种伟大的思想可以历经千秋万代而常青，永远存在于这个世界上。这就是思想的魅力，这就是哲学的魅力，所以哲学家一定要有一种献身于永恒的宇宙人生的情怀。

我很有幸，在很年轻的时候获得了某些特殊的机缘，也由此跟哲学结下了不解之缘。我初中时曾经昏死过去，似乎灵魂出窍，此后对于生死问题念念不忘。自己好像从此获得一种不同于常人的眼光，也常常有不同于一般人的思考。我记得中学时自己写的日记会被同学们拿去传抄，大家很惊讶，都议论说"这个同学怎么会有这些稀奇古怪的想法……"，可以说，在中学同学眼里，我是一个"怪人"。我那时开始读一些哲学书，如叔本华、尼采、黑格尔等，也写下很多自己的思考。我后来常会跟同学们说，哲学家可能大都是一些奇怪的人，他们有着奇怪的秉性，思考一些奇怪的问题，也获得了一些奇怪的机缘。

我大学时在华东师范大学念心理学，刚进入大学时想着好好学习心理学，但是后来逐渐感到失望，因为大学心理学课程跟现在很多社会科学学科一样，基本上就是美国学问的复制版本，缺乏原创性的东西，这让我很失望。我

原本以为心理学是关于人心理的学问，可是我发现这个学
科离我想象的相去甚远。我当时特别对弗洛伊德心理学有
兴趣，对《梦的解析》这样的专著也很着迷。有一段时间
跟同学们交流的都是跟梦有关的话题。我还喜欢琢磨弗洛
伊德的潜意识理论，他将意识作了区分：前意识、意识和
潜意识。我们需要意识到"潜意识"的存在，比如他说我
们所展示给他人的都是表面的，每个人潜意识里都埋藏着
很深的性意识。这种潜意识每时每刻都在我们的心灵深处
涌动，但是因为"文明"的限制，我们在表面上就要把这
种原始欲望压抑下去，弗洛伊德有一本书叫做《文明及其
缺憾》。那时我还觉得荣格的"人格学说"、"文化原型说"
等理论都很有趣，而且荣格对《周易》有不错的研究。大
家应当多关注一下伟大思想家的选择，比如荣格的选择就
很有意味，在他还年轻的时候，他就选择跟当时的精神分
析学派分道扬镳了。荣格是一个很有气魄、要自己开山立
派的人物，虽然遭遇了一些危机，但中年以后就选择专心
著述和讲学。

我在华东师大学的是心理学，但真正花心思用工夫琢
磨的是哲学，当时绝大部分时间我都泡在图书馆，从早到
晚都在看书写笔记。那个时候每个月差不多要写一本一百
多页的笔记，一共积攒了二三十本，这些笔记本我到现在
还留着。现在深有感触的是，年轻的时候多写点东西，当

年纪大的时候再看，可能会觉得很有意思。前几天遇到三四年前跟我上过《周易》的一个学生，他跟我说当时上课的时候按照我的要求每周写感想，现在读起来都觉得非常激动，感慨当时怎么会有如此深刻的想法，所以我鼓励大家常常写点心得体会。

那几年我花很多时间在哲学系辅修，也有幸认识了一些很好的老师和同学。比如很有人文气质的高瑞泉老师，我对儒家道家的系统学习就是高老师启蒙的，也是那时候在施炎平老师的引导下开始对《周易》基础知识的学习。当时童世骏老师的《现代西方哲学》讲得非常清楚，引人入胜，对我影响很大。还有郁振华老师，他在哲学上的很多思路跟我现在的研究有共通之处。我后来虽然在北大和美国求学，但我觉得对启蒙时期的哲学课的印象是最深刻的。当时我是一个哲学爱好者，听课非常用心，生怕错过老师说的每一句话。记得当时的一个哲学系同学，现为华东师大哲学系的晋荣东教授，我们经常在一个食堂吃饭，他特别喜欢在吃饭的时候和同学海阔天空地讨论哲学问题，我常常在旁边听他们对话，参与他们的哲学讨论。直到现在，每次我回到华东师大，只要跟晋荣东教授一起坐下来，我们就会自然而然地谈论起哲学问题。有时候我们不得不感慨，一生中能够碰到这样的同道中人真是一种奇妙的缘分。我们为着追求中国哲学与文化之道相知相遇，也由此一见如故，神交一生。当年我们一起努力感受哲学的魅力，我对那些哲学问题，他们讨论哲学的方式，还有那些问题背后所指示的更深层次的运思方法非常着迷，这些哲思慢慢灌注到我的生命中，成为我生存和思维的方式，使我感觉一生都将无法与这些问题和运思脱离，好像鱼儿再也不能够脱离水一样。

二、养振兴中国哲学之志

在华东师大的那几年，我意识到哲学将会是我的生命，自己一生再不会离开哲学，无论我此生是否以哲学为业。20世纪90年代初，我受存在主义哲学影响很深，读了很多海德格尔的著作，受到当时华东师大一个明星教师李劼的影响。当时李老师开了一门课叫做"红楼梦研究"，不过他在这门课上的大部分时间都在讲海德格尔。李老师经受过一些磨难，所以在讲台上总是慷慨激昂，他对海德格尔的讲解促进了我对存在主义哲学的阅读和思考。当时我写的一篇关于海德格尔的课程作业，受到正在努力沟通海德格尔和《红楼梦》的李老师的关注和鼓励。在他的启发下，我对《红楼梦》为代表的中国文化，对海德格尔为代表的西方哲学等比较哲学问题有了一些初步的思考。很有幸在华师大碰到这样一些教哲学的老师，他们的课对我构成了强大的哲学气场。在大学三年级的暑假，我到广州参观了中山大学，看到了当时年久失修、破败不堪的哲学楼，感时伤怀，想到经济大潮兴起之后人文科学风雨飘摇的处境，遂坚定了要把毕生献给振兴中国哲学的志向。大学三年级，我下定决心考北大中国哲学的研究生。幸运的是如愿考上了，而当年哲学系的同学却没考上，后来一些老师以我为例说明学习哲学必须自己喜欢，需要自我选择才能产生智慧。

大学时代我做过两件觉得比较自豪的事情：一件是当了一年系里的学生会主席，组织了很多活动，磨炼了自己在校园政治中摸爬滚打的能力；另一件是我在众人的一片惊讶声中跨专业以最高分考取了北京大学哲学系的研究生。但是正当我踌躇满志要奔赴北大时，我的人生也随即发生了始料不及的转折，当时我的父亲突发重病，本着以孝为先，我选择回到我的家乡厦门先工作两年。我本来应该是一个马上到北京读书的年轻人，却壮志未酬，好像是被命运之神莫名其妙流放到一个荒岛上。但应该说在厦门的这两年，对我的人生是具有转折意味的。我今天可以开《周易》的课，完全是得益于我当年的那种人生经验，也得益于我在厦门碰到了教我《周易》之道的老师。这种人生轨迹在某种意义上讲不是我自己选择的，但是我也因此得到并把握了某些特殊的因缘，而这些因缘最后沉淀下来，在一定程度上成为我现在学问的核心。

三、弘易学哲学之意

所以人生的选择不完全是主动的，很多时候是被动的，关键不是主动和被动本身，而是你对待这种选择的态度，是否能够驾驭这种突如其来的变化。我跟《周易》的缘分其实跟大部分未入门的同学是一样的，虽然本科时候听过老师讲解，也能够感受到那种特殊的力量，但也是似懂非懂。我第一年到厦门工作，先到车间里当工人，每天在冲床巨大的轰鸣声中，几百上千次地推送钢板，之后在总装车间装机，几百上千次地拧螺丝。从事的工作很单调，但这也让我有幸深入体验底层工人的生活。当时我所在的公司有一个人，是公司总经理的顾问，这个人饱经风霜，很有学问，对易道有着精深的了解。那时候我只要工作之余稍有空闲，就去他的办公室跟他泡茶聊天。一段时间后，一老一少两个好学之人心生默契，老先生就开始跟我讲解先后天八卦，并传授"河图"、"洛书"之学。所以现在我讲《周易》一定是先跟同学们讲河图、洛书。河图、洛书在很多人看来莫名其妙，只有悟性较高、有丰富人生体验的人才能够明白图书和八卦、六十四卦之间的确然关系。朱熹的《易学启蒙》里有河图、洛书，王阳明也讲河图、洛书，古代很多重要哲学家和易学家都肯定河图、洛书和八卦的关系，这是中国哲人对于宇宙创造原点的把握。老先生讲得很慢，他一边讲我们一边讨论，很久才把河图、洛书、先后天八卦讲完。听他讲完之后，我有一种醍醐灌顶的感觉。今天回忆起来，这种感觉宛如昨日，可谓是"鹭岛悟道"，我的人生中有很多次这样的感悟。本科期间读了《道德经》后很长时间睡不着觉，豁然开朗，感觉到有实实在在的天道在那里，领悟易道以后也是这样，感觉到天道通过一些特殊的符号展示出来，这种表达方式本身，就是我们老祖先伟大智慧的展示。每一次心通于天的大彻大悟，对后来人生选择都有巨大的引领作用。

那两年我还在南普陀跟济群法师学了一些佛法。济群法师当年很年轻，但经讲得很好，听他讲过《心经》、《楞严经》、《坛经》、《金刚经》等。我当时经历了人生的巨大起落，自己对人生也有一些特殊的感悟，所以也愿意去南普陀参禅悟佛，跟一些和尚法师们喝茶悟道。后来有好几个和尚成了我一辈子的好朋友，他们有一些很有学问。我们应当以心换心，以诚相待，所遇到的人有可能帮助我们开创一个不一样的人生。我们选择朋友，朋友也选择我们，我们通过选择塑造我们的人生道路，我们的选择也会反过来塑造我们。

在厦门的时候，我也有幸接触到自由主义的学说。当时我们几个年轻人，每周三晚上聚集在鼓浪屿青年宫纵论天下大事，放言高论，这是我接触自由主义的开端。那时我可以说是一个比较彻底的实践的自由主义者，后来我去了美国读博士，亲身领略了自由主义和个人主义的诸多负面问题，开始对早年的自由主义倾向做了反省。我现在对自由主义有所保留，毕竟时过境迁，人的体会变了，尤其是在美国的经历改变了我。在美国亲历"911"事件之后，我对国家、社会和个人关系的认识有了转变，我意识到美国作为自由主义的样板也一样存在很多问题，尤其是他们针对很多中东和亚非拉国家，自由主义就变成其意识形态宣传和改变他国的工具，这就让我逐渐抛弃了抽象自由主义的观念，而把自由主义落实到具体的国际格局当中加以反思。在厦门这个阶段，我对几方面学问理解的增进，使我更加坚定了自己献身中国哲学研究的志向，而且我的志向愈挫愈锐，没有被突如其来的变故打散，反而更加坚定了。

　　到北京大学读研究生以后，我的第一要事就是研究《周易》。当时，朱伯崑先生是北京大学研究易学最著名的教授，他来给我们上了一门"易学入门"的课程。他的学生王博当时也给我们讲过《周易》的课程。我当时还读余敦康、朱高正、刘大钧等学者的著作，在课余我把《周易》大部分古今注本基本上研究了一遍，可以说没有一本书能够让我真正满意。直到有一天我偶然在书店发现了马恒君的《周易辩证》，解释条分缕析，精准到位。在跟古往今来所有注本的比较中，觉得这本书写得很有特点，当时我每次读易经有疑问的时候，都拿它来跟古往今来的注本比较。我不知道作者马恒君何许人也，就给出版社去信，没多久马老师给我回信，我马上买了票赶去外地见马老师。之后的很多年，我几乎年年去拜访马老师，向他问学，收获巨大。马恒君教授的这本书后来在华夏出版社出的版本叫《周易正宗》。这本书的特点是"以象证经"，也就是通过辨别经文的象，把周易卦爻辞每一个字讲清楚，解决了不少历代注家如王弼、孔颖达、朱熹等，还有近现代注家如尚秉和、黄寿祺等的注本都没有完全讲清楚的一些易学难题，这是马恒君著作了不起的地方。可是，因为大部分当代学者不太容易理解"以象证经"是传统解经的正路，所以真正读懂的学者非常有限。

与《周易》相遇，选择易学，也就成为我一生学问的底色，影响了我研究中国哲学的整个过程。对易学的沉潜研究，使我能够深入东西方哲学的核心，充分实现沟通东西方哲学主要命题的抱负。我与易学研究的缘分一直坚持到今天，我现在能给同学们上《易经》的课，基本上都得益于我在北大的时候对易学的自我探索。我当年做了一点研究，一是我发表了第一篇学术论文《王阳明易学略论》，发表在1998年《周易研究》上。学界关于王阳明的研究很多，但是把王阳明跟《易经》的关系梳理清楚的很少，在我的论文之后，才有一些系统研究王阳明与易学关系的文章。我的硕士毕业论文研究朱熹易学，尤其是朱熹象数易学的发展和演变。我的导师陈来教授现在是清华大学国学院院长，也是冯友兰和张岱年教授的高徒，我关于朱熹和王阳明的研究都深受其学风的影响而有所推进，在一定意义上也是主动接续冯友兰和张岱年的学脉。读研期间受北大老师们影响，学习北大学派认真扎实钻研文献的工夫，我当时也跟张学智教授系统地学过《近思录》和《传习录》等儒家经典，这些知识构成我后来研究儒学的坚实基础。在研究生期间与北大师生的互动当中，我发展了自己的哲学思路：以《易经》为基础，以儒道为主干，与西方哲学问题融会贯通。我们硕士班今天出了十来个教授，现在大家聚在一起回忆当年认真读书交流的时光，别有一番滋味。其实当时我们每个同学都有比较明确的思路，指导我们自己如何读书，如何思考，如何规划自己的人生之路，我们的学术和思想选择也就因人而异。

四、转融通中西哲学之圆

当时在北大还去听过张祥龙教授的"中西比较哲学"课，那时他刚从美国回来没多久，他讲现象学、海德格尔和道家，我对胡塞尔和对现象学的理解是从那个时候开始的。现象学是非常重要的关于宇宙或认识世界的一种方法，跟中国哲学有特殊的亲缘关系。比如说，国内搞现象学的一些学者，如倪梁康老师，对中国哲学也有精深的研究，现象学看事物的方法的确和我们中国哲学古往今来的认识论——心物一体、心物一元或者说心物不分——有巨大的相似性。我读现象学到后来觉得很有味道，体会到这种学问与我们中国人理解人生的方式很贴近。我对现象学长期保持着好感，我的英文著作和中文著作都受到现象学的影响。当时在北大求学也受到 90 年代后期学术思潮的影响，比如当时有福柯、罗尔斯、哈贝马斯、德里达等大哲学家的思想传进来，周围很多同学读他们的书，我也参加讨论。不过从我个人的角度，我受现象学的影响更深。2000 年以后斯特劳斯学派兴盛，但是我对这些思想主要就是关心了解，它们一定程度上影响我关于社会政治的关怀和思考。

我在北大求学期间还喜欢读魏晋玄学。汤一介先生和他的父亲汤用彤都是研究郭象的大家。在本科期间，我把北大的中国哲学史教材中玄学的部分，尤其是郭象的部分读得滚瓜烂熟，后来跟着李中华、许抗生等老师认真读了一些原典和研究著作，都觉得很有意思。直到今天，我开"中国哲学"相关课程的时候，只要讲到郭象的部分，同学们往往印象深刻。这是因为我后来多年的经验印证了郭象的一些说法，我对郭象的理解更多是从他对于"命"作为一个必然性和"遇"作为人生的偶然性的关系当中去展开的。这个问题何以如此引人入胜呢？我因为自己的一些曲折经历，所以对于"命"，对于不可改变的"命"，还有我们每时每刻偶然性的际遇这种问题，有种天然的亲近感，长期就在琢磨这类问题。就像我刚刚开始问大家，你来到今天这门课上，到底是偶然还是必然的？有同学说是必然的，因为他选了中国哲学就必须来上这门课，还有同学说正好碰上，研究中国哲学是偶然的。是啊，必然和偶然的关系很微妙。大家去琢磨一下，很难说一切都是必然的，也很难说一切都是偶然的，但一切都可以既是必然的又是偶然的。

　　郭象的哲学就是典型的关乎"智慧与选择"的主题。我每次讲郭象，都喜欢跟大家分享他的一个命题——"所遇为命"。"所遇"就是你偶然间碰到的遭遇。"所遇为命"就是虽然一切都是非常偶然的，表面上看上去非常莫名其妙的缘分，但是碰到的一切其实就是你的命，或者说，这一切偶然性最后会构成你的命。我们人生的"命"似乎不可确定、不可把握，其实就是由这些一个又一个偶然的机缘所决定的。所以，郭象讲得很深刻。比如说，我来上这门课按要求来说是必然的，但我跟大家讲解的时候，每时每刻都是偶然的，我不知道我下一刻要跟大家讲什么，但是讲着讲着，这门课就被如此这般地决定了，不可更改了。所讲的内容很多都是偶然的，但当这些偶然的瞬间过去之后，这一节课就结束了，这就是"命"。"命"结束了，就不可改变了，"命"过去了，作为见证放在那个地方，过去了就无法更改了，这节课就成为历史。即使讲得不对，你可以说老师你过去讲错了，但过去的已经改不掉了，我们只能争取立即改正，希望未来"不二过"。人生就是这样的，由一个个貌似偶然的瞬间构成。郭象说得更玄，比如说，我今天碰到你了，他说这是"玄合"，或者"冥合"。"玄合"就是玄之又玄的相遇啊！为什么我会碰到诸位，我也不知道为什么会站到这里，你也不知道为什么会来，这就是"玄合"，玄妙莫测。这个"冥合"就更深了，什么叫"冥"？就是"冥冥之中"的那个冥啊。什么叫"冥冥之中"呢？就是黑暗当中看不见的，伸手不见五指。不要以为你看得清这个世界，其实你无时无刻不在黑暗当中。我们都有眼睛，表面上看得见，但是你其实真的不知道应该往哪里走。人生就是这样，虽然我们都睁着眼睛，但是大家都像迷途的羔羊，不知道何去何从。这就是郭象深刻的地方。

　　但是我真正体会到这一点，却是在美国留学期间。我在夏威夷活火山的脚下，在一个不见星光的黑夜，我冒着生命危险趟过铁水般的火山熔岩，要走五公里才能走出来。当时天黑下大雨，可是我的右边是滚滚的熔岩从火山口往下流，我左边悬崖不远就是咆哮的大海。我一步都不能走错，因为如果走错了，我今天就不在这里了，我走到熔岩当中就会被融化了，我跌落悬崖就会被大浪吞没了。在伸手不见五指的黑暗当中，有种无边的恐怖挤压着我，可我却必须平静而安宁地选择脚下的每一步，一步都不能错，那个瞬间我突然明白郭象的意思了。那个大雨磅礴、没有星辰的夜晚，我在生死之间徘徊，却立即理解了郭象命题的深意。那个瞬间，我还明白儒家为什么要说人与人的关系多么重要。当一个人孤独地走在世界上，当一切身外之物已经不再重要，除了内在的感受和思想之外，所有真实存在的其实就是你与他人的关系。如果你能把握这种关系，你就能开创人生；如果你不能把握这种关系，就会孤独地终老一生。所以人跟人之间彼此相互理解，相互扶持，共走一路，每一个同路人都是非常难得的缘分，需要我们倍加珍惜。茫茫人海之中，这几个人跟你一同走路，是你真实存在的证人，也是你真实"在世之中"的世界本身，这就是儒家珍惜当下、仁爱他人的哲学原点。

人与人之间的相遇很多时候是偶然的，但也可能就这样走下去而彼此改变一生，这是非常难得的缘分。偶然相遇可能是被动选择，但珍惜当下、珍爱他人就是一种主动选择。郭象的另外一句话叫"静其所遇"。即使在无边的生死恐怖中，我们也要宁静，以平和的态度直面生死；另外，大家在日常生活当中，也要每时每刻控制自己的情绪，保持平静和安宁。有的同学看到周围某些同学就不顺眼，对不喜欢的同学横挑鼻子竖挑眼，这些同学就是不能够安静地面对人生的缘分。他不能在缘分来的时候平静地面对，又不能让缘分平静地离开，因为他心生很多挂碍，结果会影响自己想做好的其他事情。人生的一切，本来就是来了又去，去了就让它去，该来的平静地接纳，不该来的平静地送走，不要有太多的执着。所以郭象说"静其所遇"，后来成为中国化佛教人生思想的重要源头。安安静静面对人生的际遇，按照西方的讲法就是一种哲人的态度（philosophical），就是一种看透人生的感觉。

我在北大毕业以后曾经在北京工作了一年，那一年我在一个杂志社做编辑，当时我主持的栏目叫"千秋评论"。我那时很有自由主义的豪情，想通过我写的评论和我团结的一批自由主义斗士来改变社会现状。但是因缘巧合，我在北京工作的第二年得到陈荣捷奖学金去夏威夷大学读博士，在夏威夷大学一待六年。这六年改变了我，改变了我对中国作为一个国家的理解，改变了我对中国当代社会的现实、政治体制、文化历史，中国与世界的关系等所有问题的看法。这六年使我对祖国的理解有根本性的转变。回国后我碰到一些认为"中国必须彻底自由化，彻底学习西方制度"的自由主义学者放言高论，但如果我问他在欧美生活过多久，大多数学者通常的回答是很短，有的甚至一天都没有生活过。他们通过读哈耶克、托克维尔的书就认为西方如何，就要改变中国，这是在对西方没有切实了解的基础上对中国发隔靴搔痒之论，他们不能同情地了解中国作为一个大国能走到今天，应该采取一种什么样的合理、合适的方式来面对世界。当然美国改变了我也算机缘巧合，因为我碰到了美国民主最糟糕的历史时代，那是"911"到伊拉克战争前后的时代，那是小布什政府为所欲为的时代，也是美国民主制背离其初衷的时代。我看到了美国政府干涉言论、控制舆论，找借口发动战争，进而控制全球的野心，早年对于自由民主的热情被一瓢又一瓢的冷水浇下去了。国内一些学者把西方制度概念化，缺乏对西方自由民主制的深入体验，看不到它作为一种现实制度也有很多问题。在美国期间，我对于美国与世界的关系，美国与中国的关系，中国与世界的关系，中国古代的天下观念，中国古代关于社会政治的问题等，都做了深入的体会和思考，这在后来的工作中成为我思考当代社会、政治与文化出路的基础。

在美国求学也促进了我对儒学的深入思考。我在夏威夷大学求学时，我的导师安乐哲（Roger T. Ames）教授是国际比较哲学的领军人物。安乐哲教授18岁到香港，跟随牟宗三、唐君毅等新儒家学习，之后一辈子献给了中国哲学，写了大量诠释中国哲学的书。2014年国际儒联请他在大会做主题发言，2013年他和李学勤教授一起获得"孔子文化奖"。他一辈子在国际上推动儒学的国际化，其功绩得到了中国学术界的普遍认可。他的导师刘殿爵（D. C. Lau）和葛瑞汉（A.C. Graham）都是西方研究汉学的重镇——伦敦大学亚非学院的著名教授，所以他继承的是海外汉学的传统。我也受到美国分析哲学、港台新儒家思潮的影响，可以说，在夏威夷大学的学习改进了我与当代儒学的关系。我原来通过陈来、张学智、王博等教授对冯友兰这一传统有比较好的理解；后来到了夏威夷大学，对海外的儒学、对港台新儒家又有了进一步的了解。这种求学的缘分说明自己是非常幸运的。当年自己冒着巨大的风险选择远赴海外求学，也因此展开了不一样的人生画卷。

在我读博士期间要修一些哲学课程，这些课程打下了我更加坚实的西方哲学研究的基础，因为我选的方向是"形而上学"。专业领域综合考试要考的人物有柏拉图、亚里士多德、康德、斯宾诺莎、怀特海等最重要的经典哲学家。同时我还需要考当代分析哲学，需要读奎因（W.O.V. Quine）、普特南（Hilary Putnam）、塞拉斯（Wilfred Sellars）、塞尔（John Searle）、罗蒂（Richard Rorty），以及斯特劳森（P. F. Strawson）、泰勒（Charles

Taylor)、威廉姆斯（Bernard Williams）、帕菲特（Derek Parfit）、戴维森（Donald Davidson）、内格尔（Thomas Nagel）等分析哲学大师的著作。当代美国分析哲学对我也有很大影响。美国分析哲学实可谓是对欧陆哲学的反叛，虽然形成了自己的系统，但古典哲学问题意识其实大部分还在，比如我多次聆听一些大家，如塞尔谈"intentionality"（意向性）、普特南谈实在论、斯特劳森及罗蒂讨论形上学，觉得他们的问题意识都可以回到经典哲学论述当中去。我在夏威夷大学接受美国的博士学术训练是比较扎实的，每周要读大量的文献，且要能够迅速写出自己的心得体会，期末往往还要交一篇长论文。博士综合考试要求很高，一次古典形上学，一次现当代形上学，两次考试每次都考三天，考试期间三天三夜基本不睡觉，最多就睡两个小时。类似地，政治系博士生的综合考试是七天七夜写九十页内容。在这种高强度训练和考试当中能够生存下来，要求你有比较强的对文献的理解、对观点的把握和形成新思想的能力。在这个过程当中，我逐步形成了自己对中国哲学、对儒学的新理解，这体现在我的博士论文和之后的一些论著当中。

我的博士论文《儒家实用主义作为个人经验与世界交融的艺术》（*Confucian Pragmatism as the Art of Contextualizing Personal Experience and World*）研究儒家的创生性

（creativity）问题。我希望通过 creativity 这个概念，借助美国实用主义的哲学资源，主要是杜威、詹姆士和怀特海，讨论西方哲学创生性危机与中国儒家创生力之间的哲学对话。在思考儒学创生力与西方哲学互动的问题时，我形成了一个概念叫"contextual creativity"，可以译为"境遇性创生力"，或者说"intentional creativity"，意向性创生力。这个概念说明的是，个人周围的境遇、现实和历史的境遇都是作为个人当下意念创造的背景而存在，人的所有的活动都处在境遇创生的过程中，每时每刻都在此过程中进行选择。我们今天谈智慧与选择，其实一切人生智慧都必须通过选择来表现，而选择如何有智慧呢？就是表现在选择发动的意向性的瞬间，也就是选择意向发动方向需要高超的人生智慧。人生存在这个世界上，每时每刻我们的意念都是会动的，意念在世界上流动其实是有创造性的，是可以反思、理解和自我掌控的。我们的意念每时每刻都通于情境（context），所以我们所有活动都是意向性活动，而所有意向性活动都是"contextual creativity"，都是我们基于境遇的创生性，换言之，一切意向发动都有其背景。我今天给大家讲智慧与选择，通过讨论我个人的求学经历，反思我对哲学史和哲学问题的理解，体现出我对很多问题的体悟与把握，这就是一种境遇性，它是我一生的意念得以生发的基础。而就当下的意念活动来说，我的意念发动，伴随着当时当地的情境变化。我无时无刻不在思考我应该讲什么、如何讲对大家来说更加合适，更切近我们"智慧与选择"的主题，这堂课本身作为一个意向发动的过程，就是一种境遇性创生力的展开。我们每时每刻都处于一个境遇创生的过程，每时每刻都在意向发动的过程中进行选择。只是一般同学可能没有意识到，缺乏反身意识。儒家哲学讲修身，修身就要求你有反身意识，就是每时每刻一个意念起来，就要对于意念所在的情境有良好的把握、深刻的理解，就是情境给我的反馈在某种意义上先行于我的意念的创造和生发。意念所在的境遇，无论是现实的境遇还是历史的境遇，都是作为我当下意念创造的背景而存在的，我们如何把存在于这世界上的瞬间状态解析出来，并做不同维度的剖析——宇宙论的解析、形而上学的辨析等。从中国哲学的角度来理解，人每时每刻都与宇宙相通，因为意念之情境的背后就是整个宇宙，是宇宙性的创生力，是整个宇宙的生生不息，我们每时每刻都在宇宙巨大的创造力的延续当中，此即《易传》所谓"继之者善、成之者性"。正是在这个意义上，《易传》提出"大人"作为修身养性的最高境界能够做到"先天而天弗违，后天而奉天时"，与天地相合，与四时相配，达到天人合一的和谐状态，"大人"每时每刻的想法和作为都是完全与天道相通的。所以我们说一个人最高明的、有智慧的选择，不是来自于他内在的、私人的选择，而是，借用《论语》的话来说，是"克己复礼"的，借用朱熹的话来说，可以说是"存天理、灭人欲"的，那种每时每刻的意念都通于宇宙生生不息之力量的选择，才是高明的、充满智慧的选择。这是意念创生的第一个维度，可谓宇宙论上的创生力。

第二个维度讲的是认识论上的意向创生力或境遇创生力。在天人合一的宇宙观之下，我们的心灵是可以通于天地的，此即孟子所谓"尽心知性知天"，我们每时每刻都有足够的认识能力通达宇宙全体，宋明理学家反反复复强调这一点。当我们读康德的时候，康德告诉我们，理性是有边界的，运用理性去认识"自在之物"是会发生"二律背反"的。中国哲学当中当然也有"二律背反"，但是中国哲学家肯定我们内在心灵绝对不仅是内在的，也是可以超越的。牟宗三说的"智的直觉"和"内在超越"理论，就是我们的心灵在当下可以完全地和宇宙融为一体，这叫"心物一体"或者"心物一元"。如你在当下可以思考和理解远在天边的事情，思考广袤宇宙深处的事情，也就是人的心灵有无限的广度和深度，关键是你自己有没有去开发这种能力。

第三个维度就是我们在这个世界当中存在的每一瞬间都跟他人在一起，这样人与人之间的创造力其实就是伦理学的创造力。人与人之间最根本的关系开始的瞬间是怎样的呢？那是一种原发性的瞬间，就像你来到这个世界上，你和你母亲的关系是一种很莫名其妙的原发性的瞬间，你和你父母的关系在呱呱坠地的那一瞬间就开始了。儒家要求大家要孝顺，要去感受父母的爱，再去回报他们，也就是通过反思的方式，我们需要去理解"孝"这种感情衍生出来的非反思的境遇性。西方哲学家较少明确谈论个人之间的孝顺情感，他们更多用人与人是契约式的关系的方式来谈。其实，我们中国人讲的那种人与人沟通的瞬间，是情感性的瞬间，比起契约式的关系，对人生存世间的关系的领会要深刻和本质得多。

回国任教之后，我把博士论文修改成为从多个哲学维度沟通儒学与实用主义哲学的专著，2009 年在美国出版。之后，基于在人大多年教中国哲学、跟张立文等教研室同道参学交流的经验，从比较哲学的视域用英文写作了《中国哲学》（*Chinese Philosophy*），由剑桥大学出版社出版。该书一出版就有广泛的国际影响，成为不少海外学生学习中国哲学的入门教材。该书被译成法、西、阿拉伯等多国文字出版，中文版对初学者掌握中国哲学的精义也有帮助。2014 年我出版了《儒家实意伦理学》，从伦理角度发展了"意向创生"（intentional creativity）概念，系统阐发人的意念在不断变动的情境中所展现出的创造性，情境给予我们的反馈在某种意义上先行于意念的创生。也就是说，儒家伦理实践是一种选择的艺术，要求人们在一念发动的瞬间为善行仁。儒家所讲的修身，要求人形成一种反身意识，在意念创生过程中保持对情境的先行理解，从而在善念相续之间培养儒家式的理想人格。我的儒学建构努力顺着孔孟，承接程朱陆王，沿着刘宗周、熊十力、牟宗三的方向，力图开创新的"意学"哲学。

可以说我过去的努力都是有志于振兴中国哲学、复兴中国文化的实意之旅，今天我跟大家分享个人探索哲学智慧的经验，最重要的是想帮助大家理解当下存在的瞬间，如何让我们的每一个心思意念都具有融贯于整个宇宙的意味，如何跟我们的命运息息相关，从而在当下的人生选择中体现出哲人的智慧。我自己矢志不渝地奉献给振兴中国哲学的事业，一生都会致力于中国的文化复兴。希望你们真切感受到《乾卦·象辞》"天行健，君子以自强不息"那种坚韧不拔的精神，开放心胸，扩展视野，把握不期而遇的机缘，丰富自己的人生。希望大家通过学习哲学而更有智慧，让自己每时每刻的意念发动和人生选择都具有哲人的智慧！

第 二 讲

思维与方法

徐尚昆

我之所以愿意到这里来跟各位做一个沟通，是因为觉得有些经验和教训可以跟大家来分享。我们知道，一个人的成长就是一个不断试错和批判反思的过程，而这个过程至少可以通过两个途径来获得，其一是自身的，其二是他人的。个人切身的体认固然重要，且不可或缺，但如果他人之教训能成为你之经验，从而避免误入歧途，这也不失为一经济有效的途径。今天要跟各位交流的，是我个人有关知识、思维与方法的几点认识，或者更准确地说，是我个人在不断试错过程中得出的一些经验。

我跟各位一样，也曾坐过无数课堂，徘徊过无数考场，只是要到多年以后，我才开始思考课堂和知识对我们而言到底意味着什么。曾几何时，弗兰西斯·培根的"知识就是力量"响彻神州、深入人心，几乎成为了我们对知识的全部认识，由此奠基了中国教育的基本底色，也即以传授知识作为课堂和教育的根本目的。而这种基于对培根关于知识的望文生义、断章取义的肤浅认识所导致的后果是有害的。我们不用去深究培根在他公开出版的著作中是否明确提出了这一命题，而只需考察培根提出这一命题的背景及深意：培根一反中世纪神学及经院哲学神启及信仰至上的痼疾，凸显人类理性的光辉与感性经验的优先性，同时明确指出求知的过程就是要破除人类心智的种种迷障，实现理智的真正解放。强调对知识单纯的占有及灌输，不仅没有秉持培根的本意，而且与其要义背道而驰。对我而言，我从来没有想过要在我的课堂上向你们传递多少知识，我没有办法做到这一点，而你们也不需要。可问题是，如果课堂不能传递知识，那我们还要课堂干什么？课堂对我们来讲到底应该是什么？课堂的功能是什么？

怀特海讲过，大学存在的理由，是对学术进行充满想象力的探索，从而在知识和追求生命的热情之间架起桥梁。各位跨入大学之门，便注定要跟学术研究与理论构建结下不解之缘，并在系统的训练中，培养一整套专业的学术素养和精神。学术界和实务界最大的区别恐怕在于，实务界喜欢直截了当的方法，也就是"我们应该怎么做"，而学术界则钟情于对"根本问题"的追问，也就是"为什么要这么做，我们是否可能，以及如何可能这样做"。有人说所谓学者，就是把简单问题复杂化的那一帮人。但我认为，对根本问题的追问，是我们理论建构的开端，借用黑格尔的话，一个核心概念在各个向度上的充分展开，就是理论的全部。一旦韦伯开始追问"资本主义为什么兴起"的时候，他就写出了《新教伦理与资本主义精神》，而当科斯追问"企业是如何可能"的时候，他就开创了基于交易费用的新制度经济学派。纵观人类文明发展史，我们不难发现，全部的人类知识，都是以追问根本问题的方式被激发、获取和积累起来的。正如米塞斯所说，"没有思想的行动和没有理论的实践，都是不可想象的"。各位进入大学不仅是为了获得对实务操作层面知识的理解和掌握，而更多的应该是培养自己的判断力、洞察力以及抽象思维等方面的能力，而这些能力的培养又是在对诸如"我们到底需要怎样的能力"、"我们能力的获得是否可能以及如何可能"、"知识与方法的关系"等一系列根本问题追问的前提下形成的。我们下面从几个关键词来对这一问题展开讨论，这几个关键词是角色、方法、逻辑和概念。

一、角色转换

我的一个同学，博士毕业后去了教育部考试中心，负责组织每年高考的命题工作，让我们先来看一下他们每年绞尽脑汁出的高考试题，即这些决定你们命运也曾决定我的命运的高考试题。

表1示意我国沿海某鞋业公司全球化发展的历程。读表1，完成6～8题。

表1

发展阶段	时 间	方 式
① 产品"走出去"	1991～1997年	接收订单，代工生产
② 销售"走出去"	1998～2001年	在俄罗斯、阿联酋、尼日利亚、美国、巴拿马建立贸易分公司
③ 品牌"走出去"	2001～2003年	收购意大利某知名鞋业公司
④ 资本"走出去"	2003年～至今	在尼日利亚、意大利建立生产基地，在意大利的时尚之都米兰设研发中心

6. 该公司①、②阶段的主要发展目标是
 A. 开拓国际市场　B. 建立品牌形象　C. 吸引国外资金　D. 降低生产成本
7. 该公司在尼日利亚、意大利建生产基地，可以
 A. 降低劳动成本　B. 增强集聚效应　C. 便于产品销售　D. 便于原料运输
8. 该公司在意大利设立研发中心便于利用当地的
 A. 市场　　　　B. 资金　　　　C. 原料　　　　D. 技术

这是 2010 年全国高考的文科综合卷的 6—8 题，这就是我的那位同学他们闭关一个半月所造出来的题目。我相信各位都是答题高手，这几道题一定是不会做错的，因为根据我们千锤百炼的常识，放在前面的题目一般来讲是简单的，也就是我们常说的送分题。让我们先看最后一

题，也就是第 8 题的正确答案是什么。题目的背景是中国沿海一家鞋业公司从 1991 年到现在的发展历程，分了几个阶段，其中第四阶段叫"资本走出去"，问题是"公司在意大利设立研发中心便于利用当地的什么"，答案有市场、资金、原料和技术，那么正确答案该选什么？标准答案选 D，技术。那么第 7 题选什么？也就是"该公司在尼日利亚、意大利建设生产基地，可以带来什么好处？"备选答案有：A. 降低劳动成本，B. 增强聚集效应，C. 便于产品销售，D. 便于原料运输。选什么？标准答案选 C。第六题标准答案是 A。选择了正确答案、得了高分的学生，进了重点大学。选了错误答案、没有得高分的学生，可能进了普通大专院校，甚至已经开始打工。这难道不是对"知识决定命运"最精准的诠释吗？

可是各位且慢。问题没有这么简单，我们想要看看到底为什么只能选 A、C、D 作为唯一的标准答案，而这所谓的标准和唯一到底是否合理。还是先看第 8 题，为什么只能选 D，而不能选 A 或 B 或 C？让我们假设一种情况：2010 年时任中国总理的温家宝到访意大利，与时任意大利总理的贝卢斯科尼签订了一系列的中意合作框架协议，其中有一条是要加强两国企业的跨国合作，为此设立了一个数额可观的研发基金，鼓励中意双方企业设立共同研发基地。如果你不是这家鞋业公司的负责人，你怎么知道它不是为了得到这笔由政府设立的研究基金？你不能排除这种可能，如果是这样，那么选 B 也就是正确答案了。让我们换个题目，看第 7 题，同理，让我们假设以下一种情况：该鞋业公司新开发的一个产品要采用一种复杂的生产工艺，这种生产工艺需要由多个厂家协作才能完成，也就说每个厂家只负责该产品的某一个部分。假设国内该产业链没有建立起来，且购买整套流程设备的成本极为高昂，而意大利和尼日利亚的这一产业链相当成熟，且委托加工部分工艺的成本不高。那么，该鞋业公司去意大利和尼日利亚建立生产基地完全可能是为了增强聚集效应，也即正确答案为 B。又假设，该鞋业公司开发的一款新产品要用到一种独特的原材料，而国内没有这种原材料，且原材料的运输极不方便或代价高昂，那么该鞋业公司去意大利和尼日利亚建立生产基础的目的就是便于原料运输，也即正确答案应当为 D。再假设，意大利或尼日利亚在鞋业生产上高度的自动化，大量压缩了人工成本，极大地降低了生产的成本，那么去意大利或尼日利亚建立生产基地就可以降低劳动成本，选 A 才是正确答案。好了，我们不用再纠缠下去了，如果你有兴趣，你可以设想多种假设，只要有多种假设存在，答案就绝不会唯一。

但问题在于，为什么选 A、C、D 的同学就坐到了大学的课堂，而没有选 A、C、D 的同学就失去了这样的机会？这个问题并不是对你们提出的，而是对我自己提出的，对我那每年闭关数月的同学及他的同事们提出的，对中国应试教育体制的制定者和执行者提出的。更深一层次的问题还在于，科学研究的基本常识告诉我们，任何一个问题的研究都必须在限定的条件和假设下展开，如果没有前提，讨论就没有意义。我们整个高中及以前的教育，基本都备受应试教育之害，而高考是应试教育毒害登峰造极的产物。你们，同时也是我们其实没有什么可以值得骄傲的。很多同学喜欢谦虚地说自己才疏学浅，懂得不多，是一张白纸，不，你们已经不再是一张白纸，而是一张被画乱了的纸，我们不是从零开始，而是需要从负数开始，洗涤我们大脑中的毒素，重新确立一种开放的、不确定的、有无限可能的空间，而不是囿于这种"非黑即白"、"唯一正确理解"、"确定性"的思维缺陷，不再试图以一个终极的解决方案去化解世界的无限可能性和不确定性，这极大地制约了我们的想象空间和创造性。这就是我们的教育，是我们一直以来所受的教育。

通过上面高考试题的讨论引入我们今天的第一个关键词：角色，也就是如何实现角色的转换，具体来讲，也即我们如何实现从一个"知识搬运者"到"知识发现者"角色的转换。对这一问题，我主要从志趣培养、善于思考和方法优先三个方面来讨论。

（一）志趣与苦役。读大学最沮丧的事情恐怕是来上课时没点名，而逃课却被点名抓到，这点我也曾与各位一样感同身受。大家都知道西西弗斯神话，西西弗斯是希腊神话中最足智多谋的人，是科林斯的建城者和国王。他甚至一度绑架了死神，让世间没有了死亡。西西弗斯因触犯了众神，受到众神的惩罚，要求他将一块巨石推上山顶，由于那巨石太重了，每每未上山顶就又滚下山去，前功尽弃，于是他就不断重复、永无止境地做这件事——诸神认为再也没有比进行这种无效无望的劳动更为严厉的惩罚了。西西弗斯的生命就在这样一件无效又无望的劳作当中慢慢消耗殆尽。西西弗斯是一个悲剧，代表了一种毫无意义、毫无希望、没有尽头的苦役。很多时候我们的课堂就成为了一个西西弗斯式的悲剧，你也不知自己来课堂的目的是做什么，也不知道这个课堂能够带给自己什么，只是为了来课堂而来课堂，没有希望，没有尽头，也毫无意义。我认为课堂最重要的角色和功能在于激发学生的热情和兴趣，如果一个课堂不能带给你启示，又何必去浪费美妙宝贵的青春岁月。你把大把的时光浪费在一个无意义的课堂上，这是不值当、不应该的。课堂本来应该带来一种反思、一种碰撞、一种对于不确定性和未来可能性的探索，而如果你将课堂当做一场苦役来对待，这是很糟糕的。所以说，课堂到底应该带给我们什么？我们是否需要这么多的课堂？思想和创造是需要足够的空间和自由的。剑桥大学分三个学期，每个学期是八周课，这其中有很多时间是空出来的，我们不要心胸狭隘地寄希望于用课堂填鸭式的教学来使学生获得成长，学生是需要足够的自由和空间来涵养的。不可否认，剑桥大学不免也存在一些纨绔子弟，在那儿浪费了三四年的光阴，但同样不可否认的是，正是这样的宽松与自由培养了一批掌握人类奥妙密匙、吟唱出人类美妙诗篇的科学巨匠和文坛巨擘。所以你需要重新考量你的课堂，明确课堂的意义，同时你要激发你的兴趣，在探索知识的过程中体验愉悦与美感，而非将课堂或学习视作一种苦役。

（二）动脑与动手。我们自小学时候开始，就被教导要养成一个好的习惯，即上课时要记笔记。记笔记当然是一个好的方法，但如果盲目记笔记，却会带来一个不可挽回的损失。荀子讲过一句话："君子之学也，入乎耳，著乎心，布乎四体，形乎动静；小人之学也，入乎耳，出乎口。口耳之间，则四寸耳。曷足以美七尺之躯哉！"这里讲的就是一个动脑和动手的问题。记笔记一直被视为一种非常好的习惯，我也认为应该记笔记，但如果事无巨细、不漏掉任何一个细节，这就是不可取的，因为记笔记带来的一个很大的损失就是，它会占去你思考的时间。现在很多同学怕老师讲的一句话被漏掉了，结果考试就考这句话，这是一种非常奇怪的想法。如果记笔记是为了"考试"，那就太短视了。笔记应该在什么时候记？笔记应该是在老师所讲能引起你反思、焦虑，或引起你对问题有不同看法与疑惑的时候来记。如果花大部分的时间去记笔记而失去了思考的空间，那就是典型的用体力劳动替代了脑力劳动，得不偿失。大学的课堂，学生不应作为一个被动的接受者，而应作为一个主动的、平等的对话者，在这样一种对话、交流里形成新的反思。如果你不动脑，那么你永远就只能是一个被动接受的角色，所以我们要从消极的转换成积极的，从被传授者转换为对话者。所以很多时候，不管是在阅读、在课堂，还是在研究、思考的过程里，我们都需要转换角色，要变得主动，要产生对话与思考。

我有一个判断，那就是课堂真正的价值不在于简单的传递知识，而是引起你内心的焦虑。焦虑就是一种不均衡，缓解焦虑的过程就是去获得一种新的均衡和内心的稳态，而这一过程也就是发现问题和解决问题的过程。所以判断一个课堂的质量不在于我学会了资产资本定价模型，知道了笛卡尔的主客二分，背下了正态分布的公式。在信息高度发达的今天，教师完全不比学生在知识的存量上占有优势，你们可以迅速地百度到任何一个知识点。那么教师所拥有的优势，或者说他的经验在于什么呢？是他切入问题的角度，看待问题的框架，解决问题的方法以及判断力。所以在课堂上需要转换角色，课堂不需要知识的传授，而需要一种内心焦虑感的产生。这种焦虑感需要你下极大的功夫去缓解、获得重新的平衡，而这种平衡的获得需要付出极大的脑力思考。

（三）知识与方法。大家都很熟悉古希腊的雅典学院，以语法、修辞、逻辑、数学、几何、音乐、天文为基础，塑造了人类对智慧和真理的追求图景。怀特海讲过："雅典时候的学院式的教育传递的是智慧，现代大学的教育已经卑微到传递知识这样一个功能，这是现代大学的堕落与悲剧。"如果纵观中国大学的教育这种功能和体系，我们则已经卑微得无以复加，我们很多的大学已经沦为一所技术培训所。大学到底需要做什么？我们需要的并不是对知识的一种简单的获取，这就是我要说的方法和知识。我从来不否认知识本身的重要性，但各位如果只是把知识作为在你大学四年生涯、在你思考阅读过程中的唯一目的或者目标，那就大错特错。所以方法讲的是如何创造知识的过程。我们现在读很多的书，比如读马克斯·韦伯的《新教伦理与资本主义精神》，难道你真的是要获取他这本书的基本结论吗？结论就是知识。他的结论就是因为新教徒的教义与资本主义之间具有一种选择性的亲和，新教徒的禁欲观、勤俭观、天职观以及财富观，由于某种机缘巧合催生了现代资本主义，这就是他的观点。如果只是要获取这个基本的结论，那你还停留在对知识的占有上。我们需要去学习的是马克斯·韦伯切入这个问题的角度，以及为这套问题提出的解决方案，这才是方法。

张五常教授讲到他在美国求学时，他去上赫舒拉发讲授的经济学课程，连续上了六个学期。同一门课程被听了六个学期是很难受的，赫舒拉发后来就忍不住了："你旁听了我六个学期，难道我所知的经济学你还未学全吗？"张五常回答说："你的经济学我早从你的著作中学会了，我听你的课与经济学无关——我要学的是你思考的方法。"也即，之所以来课堂并不是为了学习纯粹的知识，而是学习独特的方法，切入问题的不同视角及全新的解决方案和可能。林毅夫教授编过一本书叫《论经济学方法：与林老师对话》，里面有句话我印象很深，他说所谓外行看热闹，内行看门道。如果是一个门外汉去学习经济学，他可能更多关注的是诺奖获得者的核心观点是什么、他们的知识是什么，这是外行在看热闹；而内行经济学研究者一定是在考虑这样一些人为什么提出这样的问题，他们又是如何获得问题的解决方法的，这就叫内行看门道，讲的是方法。所以我要说的第三个判断就是各位要转换角色，要从知识的占有者向知识的获得者、方法的掌握者进行转换。

从"知识搬运工"到"知识发现者"角色的转换，你首先要有兴趣，至少不会把课堂或学术当做没有希望的、没有尽头的、毫无意义的苦役。其次你要勤于动脑、善于思考、敢于质疑，训练思维能力，而不纯粹是知识记录。第三是要重视方法，而非只是对现有知识的简单占有，方法在很大程度上要优先于知识。如果你确立了学习或学术研究的志趣而且善于思考，同时来强调方法，就具备了从一个知识的占有者、知识的搬运者，向一个知识的研究者、知识的发现者角色转换的前提。

二、方法与方法论

那么到底什么是方法，我们应该如何获得方法呢？我们下面做一些展开。在说方法之前，我还有个问题需要跟各位交流，那就是语言。我首先要说的是对于中文的把握，以及用中文写作的能力。我不知道在座的各位如何，但以我的经验来看，现在我们很多本科生、硕士生甚至博士生提交上来的文字真的是令人担忧，语病连篇、词不达意、逻辑混乱，我们对自己母语的掌握已经衰退到非常严重的程度了。我们的祖先创造了光耀万世、精妙绝伦的文字与修辞，中国文字及文法博大精深，源远流长，古人作文讲求微言大义，于精微细致处彰显要义。司马迁著《史记》，欲"究天人之际，通古今之变，成一家之言"；刘知几作《史通》，倡"文约而事丰"，对烦琐冗长之文深恶痛绝，所谓"寻其冗句，摘其烦词，一行之间，必谬增数字，尺纸之内，恒虚费数行。夫聚蚊成雷，群轻折轴，况章句不节，言词莫限，何足道哉！"我们任选《史记》中的一篇如《老子韩非列传》，或韩愈、柳宗元的《师说》、《蝜蝂传》或《捕蛇者说》来考察，无论文法、修辞、叙事，还是结构、考据、义理，都为我们树立了标杆。如果我们把眼光拉近一点，看看晚近的鸿儒硕学，他们对文字的驾驭同样是炉火纯青。各位可以去读萧公权用半白话文写的《中国政治思想史》，钱穆用白话文写的《师友杂记》、《中国历代政治得失》，又或者近年来市面上极流行的黄仁宇的《万历十五年》，无不以其洗练之文字、精妙之架构、高远之视界将极复杂深邃的历史讲得通灵透彻。当前的学术界同样存在一批在作文上具有极高修为的学者，如治思想史的李泽厚、余英时，从事经济学研究的林毅夫、周其仁及张五常等，都是我们学习的绝佳榜样。

对于作文章，我有个比较奇怪的提法："生活上你可以不需要洁癖，但你要有文字上的洁癖。"文字上的洁癖我提出了三个标准，第一是干净，第二是准确，第三是有力量。所谓"干净"，也就是刘知几讲的简要，写文章要干干净净，切忌啰唆冗长、不知道自己在讲什么。"叙事之工者，以简要为主"，刘知几举了个非常有名的例子，给我们以很好的启示，《汉书·张苍传》里面有一句话，叫做"年老口中无齿"，在刘知几看来，这六个字中"年、口、中"三个字完全是多余的，"老无齿"便已完全表达了意思，认为"夫此六文成句，而三字妄加，此为烦字也"。所谓"准确"，主要指的是要明确无误地表达想要表达的观点，这一点其实很难，虽然我们从小学就开始学习作文，但我们很多时候感觉自己词不达意，从来没有体验到写文章时的痛快淋漓之感，要真正做到准确，绝非一朝一夕之功，非下一番苦功夫不可。所谓"有力量"，就是你写的东西要直击人心，干净、准确是有力量的前提，但有力量又非做到了干净和准确便能达到，所以说，有力量是文字表达的一个更高的要求和境界。"有力量"有的表现为气势磅礴，如贾谊《过秦论》的开篇："秦孝公据崤函之固，拥雍州之地，君臣固守，以窥周室，有席卷天下，包举宇内，囊括四海之意，并吞八荒之心。"有的表现为意义深远，如："一夫作难而七庙隳，身死人手，为天下笑者，何也？仁义不施而攻守之势异也。"有的则感人肺腑，如司马迁的《报任安书》："是以肠一日而九回，居则忽忽若有所亡，出则不知其所往。每念斯耻，汗未尝不发背沾衣者。"有的则直击要害，如黄宗羲的《原君》："屠毒天下之肝脑，离散天下之子女，以博我一人之产业，曾不惨然。曰：'我固为子孙创业也。'其既得之也，敲剥天下之骨髓，离散天下之子女，以奉我一人之淫乐，视为当然。曰：'此我产业之花息也。'"翻开《古文观止》，到处都闪耀着语言之美、辞章之美，不是我们没有学习的榜样，是我们没有学习的意识。所以，在写文章时，你应该开始追问自己，你为什么要写这句话，这句话的角色是什么，它可不可以删掉，可不可以用更好的方式来表达，能不能准确表达想表达的观点，你为什么要写这个段落，到最后我们会问你为什么要写这篇文章。

至于如何训练自己的文字和语言能力，我其实并没有把握，但我可以跟各位介绍一下别人的经验之谈：那就是到古人那里去找智慧。黄宗智，加利福尼亚大学洛杉矶分校历史学教授，他写过一篇文章介绍如何读书，其中讲到一点，说训练语言能力很重要的一条途径就是阅读古文，从古文里面获得滋养。另外一个就是我前面提到的张五常，他在1980年之前一直在美国读书和做教授，用英语写作，他也不会讲普通话，只会讲粤语。到香港大学任教后，才开始用中文写文章，他对中文的驾驭能力非常强，看他的文章行云流水、游刃有余。在他的少年时代，他跟母亲在广西一带逃难，没有学可以上，整天无所事事，碰到一个上了年纪读古书的人，每天带着他和一帮孩子读《古文观止》、《史记》。小时候漫无目的的诵读，却造就了他过硬的古文功底，进而成就了他后来中文学术写作的高超能力。若我们去考察那些中文驾驭得比较好的学者，他们大多有较好的古文功底，特别是在20世纪30年代那一批学人身上尤为明显。因此，我建议大家有时间可以多读读古文，不一定要熟读成诵，而是要形成一种习惯和方式，在不断的阅读中潜移默化，自然养成。王元化先生讲的"沉潜往复，从容含玩"，也可以作为我们读古文、练文法的准则。

海德格尔讲"语言乃存在之屋"，初浅的理解，也就是说语言代表了你的思维、你的世界以及你的认知的限度，你有什么样的语言，就会是怎样的存在，语言是一种极重要的能力。我前面花了不少时间来讲母语也即中文能力的重要性，你需要有洁癖，你需要训练，你需要很好的表达。我下面简要说一下第二种语言的问题，你必须掌握一门国际的语言，目前来看主要是英语，不管你以后做不做研究，熟练掌握英语对你而言极为关键。这里说的熟练掌握不只是指读或者听，同时还应该是专业的写作和流畅的交流，不是考过了四六级或托福、雅思，而是具备了真正的英语语言能力。你不妨设立一个目标，每天要求自己用专业的英文写作，每周写两千字，到后来可以要求自己写三千字到四千字，你坚持三年看看，一定有效果，一定比你没坚持强。英语能力的真正养成是一个持续训练的过程，不是靠临时抱佛脚或者突击考试可以解决的。

我们下面来谈方法，这里讲的方法有两个层面：第一个叫方法，第二个叫方法论。什么是方法？什么是方法论？我们不妨用一句简单的话来讲，方法是工具、技术或手段，比如说问卷调查的方法、案例研究的方法、统计分析的方法或者文化解释的方法等。那么什么是方法论？方法论比方法来得更深刻、更复杂，方法论代表的是这套方法背后的前提、本质、原理和基本假设，研究者应该用什么方法来认识他相信是可以认识的对象？是要用"主客二分"的方法来描述外在的客观世界，还是要用互为主体性的方法来构建主观的知识？一个研究者对方法论问题的回答，必然要受到其本体论／知识论立场的限制，任何一种研究取向或研究范式都是一整套彼此关联、不可分割的"本体论／认识论／方法论"体系，这套体系相互联系、环环相扣、连贯一致，是由研究者的基本信念和秉持的价值所决定的。譬如说，倘若一个研究者假定我们的世界是实在的，我们的研究对象是客观的、有规律可循的，那么你采用的方法就应该是实证的；而若研究者假定我们的世界是观念论的，我们的研究对象是建构的、主观的，那么你采用的方法很可能就是诠释的或者批判的。本体论回答我们世界本质是什么，知识论回答我们认识是否可能以及如何可能，而方法论则要回答我们获得知识的方法是否正当。在西方的文化传统里，至少存在着"客观／主观"两种截然不同的研究路径，它们在"本体论／认识论／方法论"等各方面的主张，都有着明显的分歧。在本体论方面，前者主张世界是客观存在的"实在论"，后者主张世界是由人类创造或建构出来的"唯名论"。在知识论方面，前者主张世界是存在普遍规律或因果律的"实证论"，后者主张世界并不存在普遍规律的"反实在论"。在方法论上，前者主张对规律获得的"律则论"，以获得对客观规则的掌握，后者主张的则是研究个案的"个体论"，以获得对个体或行为意义的理解。方法论可以说是西方文明特别是现代西方文明的奠基石，是西方文明的精髓，现代西方文明发展史也可视作是一部方法论演进史，如果不深刻地理解这一点，我们就无从真正把握科学研究的真谛。正如爱因斯坦说的："认识论同科学的相互关系是值得注意的，它们互为依存。认识论要是不同科学接触，就会变成一个空架子。科学要是没有认识论，就是原始的混乱的东西。"方法论在西方哲学中源远流长，理论体系极庞杂繁复，建议各位对西方传统中的方法论，特别是自19世纪中叶孔德实证主义以来的科学哲学思想作深入系统的研习。

拉卡托斯借用康德的思想做过一个著名的论断："没有科学史的科学哲学是空洞的，没有科学哲学的科学史是盲目的。"纵观西方各个学科的建立和发展，包括自然科学和社会科学，一定都有一套坚实、系统的哲学基础。国内目前普遍的情况是重方法而轻方法论，包括经济学、管理学、心理学、社会学等，我们现在用的统计分析工具是越来越复杂，构建的计量分析模型是越来越绚丽，与国际上最前沿先进的技术比起来毫不逊色，甚至是有过之而无不及，同时还有不少研究者以追求技术上的难度和模型的复杂作为学术研究努力的方向，而完全不顾这套方法背后的方法论，或者就是干脆不具备这样的意识，这可能是导致我国社会科学研究低水平发展的一个原因。

当然，我前面一直在强调方法论的重要性和优先性，但请各位不要误解，以为方法就不重要了。方法同样重要，方法是我们从事学术研究以及实务工作的必备技能和先决条件，譬如说你要做实证的研究，那么毫无疑问，你首先要具备相当的数学基础，过统计学的关，并系统学习建模的方法、统计分析软件的操作，以及规范实证研究的一般程序和逻辑等。研究方法至少可以分为定性研究和定量研究两种，定性研究往往是为了获得对现象的一种更深的理解，而定量研究更多的是为了寻求一种普遍的规律。这两种方法背后所遵循的逻辑、所担当的角色、所秉持的方法论立场都截然不同，有时候可以相互补充，有时候又水火难容，且都有一套极为复杂的技术和流程。这些方法的掌握绝非一蹴而就，它需要一个长期、系统的训练过程。我们周边充斥着方法上的无知，比如说，我看到很多的毕业论文或研究报告在论及研究方法时都会说自己采用了案例研究的方法，但只要稍作考察，就会发现他们其实根本就不懂得到底什么是真正的案例研究，很多人以为举两个例子就是案例研究了，这是很荒唐的。案例研究有着一套严格的规范和流程，并且不同的研究目的会决定案例研究的不同取径。如果没有认真学习过艾森哈特 1989 年发表在 AMR（Academy of Management Review）上的那篇著名的 *Building Theories from Case Study Research*，那么，你所谓的案例研究就值得怀疑。又比如说，我们每个人几乎都填答过各类问卷，我这里要告诉大家的是，你们填答的很可能是无效的问卷，很多问卷都是某个人拍脑袋拼凑出来的。为什么说这些"拍"出来的问卷是无效的？因为这些问卷设计者根本没有掌握问卷调查的基本原理，问卷的设计和调查的实施同样有着一套严格的规范和技术。一方面，量表开发是建立在准确的概念界定基础上的，量表其实是对概念的操作，如果概念范畴都没有界定清楚，怎么可能开发出准确的量表？所以，量表开发一定是概念先行，而概念的界定和操作又是一项极为复杂的工作，同样有着严格要求。另一方面，量表最核心的问题是它的信度和效度，而对于信度和效度的构建及检验，我们通常又要采用诸如探索性因子分析、验证性因子分析等专业的量表开发工具。因此，一个看似简单的问卷调查，中间蕴含的技术和规范要求却是非常高的。我这里不是要教各位怎么做问卷设计或案例研究，我只是想通过这些常见的错误提醒各位，方法是一门极专业的学问，又是我们必备的一门专业技能，所以，必须多下功夫尽早掌握。如果你到了研究生，甚至博士阶段才去补方法这些工具性的东西，那就太落伍了，我们可以说你在学术研究上先天不足。必须明确一点：谁尽早系统地掌握了方法，谁就占得了进入学术研究的先机。我在这里再强调一点，学习方法的时候，别忽略了方法论，这两者并行不悖、相辅相成。

除了上面讲到的技术或工具式的方法，我想还有一点对各位也非常重要，那就是在大学期间一些关于方法的习惯和意识的养成。我这里跟大家讲三点：其一是要读经典著作。所谓"取法乎上，得乎其中；取法乎中，得乎其下"，试想如果我们每天吸收的都是垃圾，那我们写出来的一定是垃圾中的垃圾。所以我们如何读书是很有学问、很有讲究的。你应该读什么？你不要总被一些虚假的繁荣所满足，说我今天读了三篇论文就很开心，我一个星期读了一本著作就很有成就感。在我看来，你读的是什么或许更为重要。我们去考察一个研究生的论文开题，或者评审一个博士生的毕业论文，最简单、初步的方法是，看你的参考文献是什么。如果你的参考文献都是那些不入流的、不重要的、低水平的文章或著作，那么对不起，我们用不着跟你讨论具体的内容，而是要重新审核你要不要继续做下去。

　　其二，要重视理论建构。库恩写过一本书《必要的张力》，系统论述了理论如何实现演化和进步，在他看来，理论的发展有两种基本的思维，一个叫发散性的思维，一个叫收敛性的思维。发散性的思维强调的是理论的构建，收敛性的思维讲的是实证的检验，两者不可偏废，且只有在保持着一种均衡的张力的情况下，理论才能实现良序的发展和进步。理论的构建一定要有理论的展开，一定要形成你的分析框架，一定要有论证的过程。我们现在最怕看到的本科、硕士、博士毕业论文，通篇就是现象的描述。各位要清楚，我们做的不是研究报告，我们要的是研究，对简单现象的描述并不构成研究本身。研究的展开，需要坚实的理论基础，我们现在太重技术、太重工具，只关注经验，而忽略了理论和理论构建的可能。那么理论怎么来？我之前反对以占有为唯一目的，但我在这里又必须强调，对经典知识或基础理论知识的掌握是形成学术研究脉络的基石。比如某一个经济学问题的研究，你只需去关注谁是最前沿的，谁代表了最高的水平，最具有冲突与矛盾的地方在哪里。所以说做文献可以参照一个"T"型标准，竖代表的是深度和经典，讲的是在某一个特定的研究领域或学科，最具代表性的著作和观点是什么，你需要对这一领域的发展脉络烂熟于胸。横代表的是宽度和前沿，也就是这一研究领域目前最前沿的问题和观点是什么，最具争议和冲突的地方在哪里，同时最有可能创新的地方在哪里，只有这样，我们才有可能抓住问题的实质。我们必须养成阅读经典和前沿文献的习惯和意识。

其三，要善于提出问题。王国维在《人间词话》中讲学问的三重境界："昨夜西风凋碧树，独上高楼，望尽天涯路。衣带渐宽终不悔，为伊消得人憔悴。众里寻他千百度，蓦然回首，那人却在灯火阑珊处。"极为精到，他这里讲的是古今之成大事业、大学问者必经的三重境界，如果我们有过深究学问的切身体会，会发现这一比喻是如此恰当。我们讲的切身体会主要是指提出一个真问题的经历与体验。我们很多研究生一讲到毕业论文选题，最希望的就是老师给他一个题目，命题作文最好，我极为反对，毫不犹豫地反对，包括本科生，不应该给学生指定题目。为什么？在我看来，发现问题、对问题的判断代表着我们培养过程中最重要的环节，它的重要性绝不亚于解决问题的方法或过程。发现一个有价值的问题绝非一件简单的事情，发现问题首先需要敏感性、洞察力、判断力这一系列的能力，同时还需要足够的理论支撑，使你可以在这样的问题上形成充分展开，如果没有这些基础，是不可能提出一个真正的问题的。德鲁克讲过，研究者的任务不是解答问题，而是提出问题。托克维尔在他著名的《旧制度与大革命》开篇，就讲述了他提出问题的心路历程："但是选择哪个主题呢？成功机会的一半以上就在于提出问题，不仅因为需要找一个公众感兴趣的主题，尤其因为需要发现一个能使自己也为之振奋并为之献身的主题。"我们发现，人类思想史上那些光芒璀璨的论著，无一例外地都是由于其提出了一个关键的问题。韦伯穷其一生就是要探究作为一种独特文明形态的资本主义为何在西方世界出现，而班杜拉对于偶然性的好奇开创了认知心理学理论，成为新行为主义的代表性人物。所以说发现问题、提出问题的能力是不可替代的，不可省略的，代表了一种积极主动地思考的训练和习惯、意识。发现问题，要在一个自我否定、批判、不断进化的过程中，才可以形成对一些问题深刻的理解和真正的把握，我们一定要经历这样一个训练的过程。

三、逻辑与证据

道格拉斯·诺思在他的《制度、制度创新与经济绩效》中讲过一句话："一部好的历史，就必须能给出一个一致的、合乎逻辑的解释，并且还应能坚守已有的证据。"这句话对我影响至深，成为至少是这十年以来我思考、研究和学习的基本准则。这句话里有三个核心概念：主题、逻辑和证据。这三个词就代表了我们学习、思维和研究的三大核心要素。这和拍一部电影是一样的，一定要有非常清楚的表达和诉求，要有具体的故事和情节，情节不能有漏洞，不能自相矛盾。做研究也类似，我们说做研究，不管你从事哪个领域，你首先要有一个 idea，然后有一个 story。当你有一个很好的想法时，那就是你的主题，你的研究一定是围绕你的主题来展开、形成论证的过程。不要以为这句话很好理解，不要以为把这句话背下来就行了，没有用。这是一种实践，你必须把诺思讲的这样一句话内化为思考和行动的指南。

每个人都要思考、要推理、要论证，而且几乎每个人都要面对他人的推理和论证。有些人善于推理和论证，有些人则在这方面的能力要差一些。良好的思考、推理和论证能力，部分可能来自于天然的禀赋，但无论如何，这些能力都是可以通过后天训练来改进和提高的，而逻辑则是这些能力提高的核心。逻辑是什么？逻辑是提供有效可靠的论证，也可以说逻辑就是评价一个论证的前提是否合理地支持了其结论的方法。我给研究生上了一门"科学研究的逻辑"课，在这门课里，我其实想要讲的只有两句话，第一句是："研究就是论证，论证要讲逻辑"。研究、论证和逻辑，三者是统一的。对于论证重要性的强调，亨利·托克在回忆哈耶克的课程时写道："哈耶克在课程结束时说：'如果你们同意我的分析，那在考试时就这么回答，但你们一定要给出自己完整的论证，因为我的看法并不是最后的定论，如果你的论证不充分，那么就会丢分。'"另外的一句话叫做"科学发现所得到的真理必须是逻辑和证据的统一"。两者相辅相成、缺一不可，没有逻辑的证据和没有证据的逻辑都只是研究的一半。我之所以要花那么多时间、那么大的精力来讲清楚这两句话，是因为在我看来，这两句话代表了科学研究的本质规定。我们下面看几个例子，看看到底什么是逻辑，什么是论证，以及到底应该如何理解诺思前面说的那句话。

例子一：王绍光《波兰尼大转型与中国大转型》

在国外，一般的书店很难看到哈耶克的书，甚至在大学校园附近的书店，你也未必能买到。但在中国，哈耶克的书随处可见，中国可能是哈耶克最大的思想市场。在旁人看来这很奇怪，但这是现状。我前天用 Google 查了哈耶克的名字，有将近 98 万个英文网页与哈耶克有关，可见他在英文世界里也是一个很热门的人。在中文世界里，用中文 Google 搜索，也可以找到 30 万个相关网页。

我们来审读一下这段话："在国外的书店一般很难看到哈耶克的书，甚至在大学校园附近的书店，你也未必能够找到。但是在中国，哈耶克的书随处可见，中国可能是哈耶克最大的思想市场"，这段没问题。"在旁人看起来这很奇怪，但这是现状"，这句也没问题。"我前天用 Google 查了一下哈耶克的名字，有将近 98 万个英文网页与哈耶克有关，可见他在英文世界里面也是一个很热门的人"，这个我就有点看不懂了：前面明明要表达的是中国才是哈耶克最大的思想市场，而接下来提供的证据却表明哈耶克在英文世界里也是一个很热门的人物，而接下来那句"在中文世界里面用 Google 搜索也可以找到 30 万个相关网页"，就更让我们陷入理解上的困境，我们最终不能明白哈耶克最大的思想市场到底是在中国，还是在英文世界。

例子二：傅军《探索国富国穷之谜》

让我们的视野暂时跳出中国，审视全球其他地区的过去和今天。11 世纪的非洲和欧洲的人均 GDP 大约还旗鼓相当，但是之后资源丰富的非洲大陆，特别是撒哈拉以南地区，却长期处于贫穷和落后。为什么？在中东，虽然以色列人把自己称为上帝选中的人，但是上帝并没有给以色列人任何石油，而是把石油都给了阿拉伯国家。以色列自然资源极其短缺，但是它的经济依然繁荣。今天以色列的总人口排在全球第 98 名，但是人均 GDP 却是第 22 名，为什么？

我们再来看这段话："让我们的视野跳出中国，审视全球其他地区的过去和今天 11 世纪的非洲和欧洲的人均 GDP 大约还旗鼓相当，但是之后资源丰富的非洲大陆，特别是撒哈拉以南的地区，却长期处于贫困和落后，为什么？虽然以色列人把自己称为上帝选中的人，但上帝并没有给以色列任何的石油，而是把石油全部给了阿拉伯国家。以色列的资源极其短缺，但是它的经济依然繁荣"，这些都没问题。"今天以色列的人口排在全球第 98 名，但人均 GDP 却是第 22 名，为什么？"这就令人费解：人口排在 98 名和人均 GDP 排在 22 名有什么关系？你可以说它的人口排在第 98 名，但它的国内生产总值（GDP）排在第 22 名，或者根本不要说它的人口排在多少名，直接说以色列的人均 GDP 排名很靠前。其实文章想表达的是"以色列很少的人创造了很高的 GDP"，但以总人口排名和人均 GDP 排名的关联却无法表达这一观点。

例子三：张五常《经济解释》

一九四六年，一个名为纳斯德（R.A.Lester）的经济学者，发表了一篇举世瞩目的文章。他调查研究波士顿的私营运输公司雇用司机（驾驶员）的政策之后，就直指经济学上大有名堂的"边际生产定律"是错了的。根据经济学的假设，每一个私营企业会设法争取最高的利润，所以在雇用货车的驾驶员时，在边际上一个驾驶员的生产贡献所值，是会等于他的工资（"边际生产定律"其中的一个含意）。纳斯德遍问波士顿的运输公司的主事人，发觉他们往往不管"争取最高利润"为何物，所以就说，边际生产定律是错了：驾驶员的工资，不会等于他们在边际上的生产价值。

这是张五常教授在《经济解释》中举的一个例子，企业是以获取最大利润为目的，这是古典经济学建立的前提：个人是牟私利的，资源是稀缺的。根据经济学的假设，每一个私营企业会设法争取最高的利润，所以在雇用货车的驾驶员时，在边际上一个驾驶员的生产贡献所值，一个司机的工资最后的平衡点应该落在他所创造的价值，这就是所谓边际工资率的定义。纳斯德遍问了这些货车司机的老板，这些老板从来不管什么是利润最大化。他们说我们并不追求利润最大化，我们追求的是一种生活方式，或许这是祖辈留下来的一份产业，就是觉得做货运司机很好，或许这是他对生活方式的一种诉求，他就觉得生活就是坐在一起喝酒聊天、像西部牛仔一样地开快车，完全不管利润为何物。那么纳斯德就由此推论，既然货车公司不是以追求利润最大化为目的，那么雇用司机的工资也就不会等于他在生产边际上的贡献值。我们知道用一个定理来反证另一个定理，最有效的办法就是：A 推出 B，如果用非 A 推非 B，在逻辑上犯的是一个经典的错误叫"否定前件的谬误"。如果说"A 推 B"不能得出"非 A 推非 B"，各位不好理解的话，我们看个实际例子。"有雨必有云"，雨是 A，云是 B，那么我们要来反证就应该是"无云必无雨"，是非B来推非A，如果我用"有雨必有云"推"无雨必无云"，即根据"A推B"得到"非A推非B"，那就是一个谬误，没有雨的时候是可能有云的。在逻辑上，我们见到的谬误还有很多，如肯定后件的谬误，那就是由"A推B"来得出"B推A"，我们还有所谓的"中项不周延的谬误"、"大小项不当周延的谬误"、"四概念的谬误"等。所以这里纳斯德是典型地用"A推B"来得出"非A推非B"，犯了"否定前件的谬误"。

例子四：陈志武《中国文化走向哪里？——中国文化变迁的金融学解释》

陈志武教授在《中国文化变迁的金融学解释》文章中，对中国文化及转型提出了一个全新的解释视角：把经济交易的功能，从家庭剥离出来，由金融市场去代替，对于整个中国社会的转型和文化的变迁，是一个核心的关键点。陈志武教授认为："在没有外部化的制度架构建立起来，市场也没有发展的中国社会里，通过强化家庭内部的利益交换功能、风险交易功能，使得中国的家庭和整个民族能够不断地发展下去。但是到了今天，有了发达的证券公司、保险体系等等，通过家庭内部这种阉割个性、权利，强调刚性，必须服从、没有选择等的价值体系，存在的必要性已经没有了。"按照这一理论分析框架，他必然得出如下推论：在金融产品特别是养老保险体系相对完备的地区，养儿育女出于经济交易功能的考量就会很小，也就是说对于"养儿防老"的诉求就会相对较少，而更多的是出于一种情感的诉求。而在一些养老保险不发达的地区、偏远地区，比如说乡村，对于生养孩子的诉求则是基于养儿防老的考虑，而非出于情感的诉求。为了检验这一理论构想，他做了个实证调查：从不同的地方收集了1063个样本，样本分布在大都市北京，大城市比如济南、成都，中等城市临沂、潍坊、内江，小城市以及5个偏远村庄。他去调查这些地方的人为什么要生小孩儿，有四个备选答案，第一个是"出于爱"，因为我爱孩子所以生孩子，第二个是"养儿防老"，第三个是"传宗接代"，第四个是"可能是别的原因"。统计分析结果支持了他的理论假设：在大城市中生孩子"出于爱"的有61.8%，在乡村里只有20.5%；生孩子是为了"养儿防老"在大城市里很低，只有16.4%，而在乡村里是62.1%；这表明在金融产品，特别是养老保险完善的大城市中，生养小孩主要是基于情感而非经济交易的考量，而在养老保险相对缺失的小城镇及乡村生养孩子则主要是基于经济交易的考虑。单从表面来看，似乎经验数据支持了陈志武提出的理论构想，但事实是否果真如此？我们至少可以从技术上来提出质疑。我们知道，"爱"作为一个情感和态度的变量，要对其进行准确测量并获得可信的数据，必须有一套规范有效的测量量表，绝非一道简单的"爱"或"不爱"的题项所能获取。

表，绝非一道简单的"爱"或"不爱"的题项所能获取。更为重要的是，因开放程度不同导致个人对情感表达方式的差异会极大地影响数据的可信度：相对于城市特别是大城市的人而言，农村人羞于表达，更倾向于隐晦的情感表达方式。如果因农村人羞于表达，便断言其不爱孩子，并进一步断定其生儿育女属于经济交易的考虑，那我们如何解释一种普遍的现象——农村小孩生了病，哪怕医治希望渺茫，其父母倾家荡产也要为孩子治病？如果完全是基于经济交易（养儿防老，而非出于爱）的考虑，这种现象就无法得到合理的解释。故而，我们有理由相信存在以下这种可能：父母生孩子是出于爱或者不爱（变量 Y），是由于城乡人对爱表达方式的不同（变量 X1，文化要素）导致的"宣称的假象"，而与养老保险制度（变量 X2）并无直接关联。陈文没有考虑"爱"作为一个极为复杂的态度变量必须经由操作化的过程，同时也没有考虑因文化要素导致的对爱表达方式的差异，我们有理由质疑其调查数据的可靠性。如果一个研究没有测量到其想要测量的变量，或者只是得到了具有欺骗性的"假象数据"，那么这样的研究结论很可能就难以成立。

通过上面四个简单的例子我们发现，做研究是件极难的事，到处都是陷阱，自相矛盾、逻辑谬误、无效论证、不可靠证据等随处可见。有的很容易识别，如第一个和第二个例子，而有的相对难以识别，如第三个和第四个例子，特别是那些长篇大论里的逻辑谬误更是难以识别。逻辑学家 Richard 说过一段经典的话："应该记住这一点，一个很长的讨论是谬误的最有效的面纱。当诡辩以浓缩的形式呈现在我们面前时，像毒药一样，它立刻会被防备和厌恶。一个谬误若用几句话赤裸裸地加以陈述时，他连一个四岁的小孩都很难欺骗。但如果以四卷本的书来'稀释'时，则很可能会蒙骗大半个世界。"针对上面四个例子带给我们的启发，我做几点简要的说明。首先，研究是"问题 + 论证"，要提出有意义和有价值的研究问题，并提供可靠有效的论证。论证是什么？论证就是"逻辑 + 证据"。我再重复一遍，逻辑和证据是我们发现真理时必须包含的两大要素，"没有逻辑的证据"和"没有证据的逻辑"都只是研究的一半。第二，概念是研究的起点，含混不清的概念必将导致逻辑错乱的论证。还要再重复一下黑格尔讲的那句话："一个概念在各个向度上充分的展开构成理论的全部。"所以概念是一个原点。比如说我们来研究幸福、正义、资本主义、良知以及合法性等，如果这些概念都没有清晰的界定，你怎么可以做探讨？概念是开展研究的前提。第三，逻辑是评价一个论证的前提是否合理地支持（或者提供好的证据）其结论的方法。通常来讲，归纳和演绎是我们两个主要的逻辑。什么是归纳？

按照传统逻辑的理解，归纳就是从个别到一般；什么是演绎？演绎就是从一般到个别。这样的定义非常简单，你稍加留意就能倒背如流，但背下来就能行了吗？显然不行，为什么？因为归纳和演绎这两种基本的逻辑如果不能够运用到具体的思考、研究过程中，并形成一种基本的逻辑规范和意识，就是无用的。华莱士（1973）在他的"社会科学研究模型"中对归纳和演绎这两种逻辑思维做了非常细致完整的讨论，可用作进一步的学习和理解。第四，论证是根据可靠的证据提供逻辑自洽的解决方案，逻辑和证据是论证的两大要素，其中逻辑要求的是形式有效，而证据要求的是可靠。

对于研究的逻辑，我提出一个"三言"的标准，供大家参考：其一，言之有物，要有真问题；其二，言之有理，要讲逻辑论证；其三，言之有据，要重证据。逻辑、证据和问题一定要结合起来，我们在做研究的时候需要追问自己："我是不是言之有物、言之有理、言之有据？"如果大家现在去看一些规范的学术论文，不管是国内的还是国外的顶级期刊的论文，你会发现它讲的每一句话都有依据，要么就是来自一些研究发现，要么就是来自某些代表人物的观点。如果你提出一个新的观点，就得提供有效的论证过程和可靠的证据。我们最怕的就是拍脑袋出方案，关于中国环境污染治理的几点思考，一二三四。既然你能提一二三四，我就可以提五六七八。关键的问题是要讲清楚为什么是一二三四，这就需要论证的过程和理论的依据。之前看到过一篇硕士论文，题目大致是"如何提升中国官员的官德"，这个题目本身就比较奇怪，我们不管主题，暂且先来看他的论证过程。他首先摆出来的是官德提升的背景，说第一点是"市场经济提出的要求"，第二点是"依法治国提出的要求"，第三点是"百姓的期待"之类的。我就奇怪了，为什么是他提出的这三点？既然你可以提出三点，我也完全可以提出不同的另外三点，为什么不能说是"社会转型提出的要求"、"官僚科层制理性化的要求"、"国家治理能力现代化建设的要求"等？这就是典型的拍脑袋，根本没有一个理论依据和分析框架，想到什么就是什么，随意拼凑、信口雌黄。

那么怎样才能有理有据，让你的观点立得住？答案就是提出的分析框架必须要有理论基石和出发点。演绎法是从公理出发，有大前提，大前提是为我们所普遍接受和认同的，加入一些辅助条件得出的推论。做研究要重理论，不是对现象的描述，不是随意地提出各种设想。比如说我们目前谈得最多的现代性，到底什么是现代性？我们可以随便举出很多现代性的特征，说现代性是市场经济，是理性化，是公民社会，是契约精神。如果只是基于这些概念字面上的理解，而没有对启蒙运动以来社会发展进行深刻的分析和批判，没有对现代性概念演化的来龙去脉的系统理解，那么我们就会陷入一个杂乱无章的局面。为了重建现代性理论范式，吉登斯对现代性理论的三大思想家马克思、涂尔干和韦伯的著作进行了长达十年的反思，系统总结了古典现代性理论的三条主线：资本主义、工业主义和理性化，并在此基础上，结合晚期现代性社会的时代背景，提出了他的现代性理论范式。在吉登斯看来，现代性涉及现代社会的政治制度、经济制度以及与此相适应的思想观念三个层面，其中经济制度包括工业生产和市场经济，政治制度包括民族国家和民主。在此基础上，吉登斯提出了其现代性的四维理论分析框架：资本主义、工业主义、监控和军事力量。在他详尽细致的论证中，这些维度之间彼此关联、相互促进、缺一不可，是一个系统和整体，四者共同组成了现代性的内在逻辑和一个完整的现代性图景。金观涛经过数十年的探索，得出了一个不同于吉登斯的现代性理论架构。他认为，现代性意味着三种全新的价值和制度在人类社会中的涌现，其一是工具理性成为社会行动正当性的依据，其二是个人权利的兴起，其三是因个人认同而产生的民族国家观念。以此为基础，金观涛提出了他的现代社会的基本结构：不断扩张的市场经济，包括工具理性和个人权利在内的现代价值系统以及由个人认同产生的民族国家。通过对吉登斯和金观涛关于现代性理论探索的探讨，我们不难发现，任何一个理论的构建都是一个极艰苦且严肃的过程，它不仅需要经年累月的理论积淀，对前人的理论进行充分的批判和继承，同时还要能在自身的理论框架内提供逻辑自洽的证明，绝非几个概念的随意拼凑，更非拍脑袋式地提出一套解决方案。构建理论分析框架，寻求经验事实，将经验事实与理论分析框架匹配也就构成了规范科学研究的三个主要活动，我们提到的"三言"准则，其实也就是对这一科学研究优劣的基本判断。我在这里再重复一遍，我们做研究必须要做到"言之有物、言之有理、言之有据"。

四、概念与抽象

我们一讲到哲学，老喜欢问哲学是什么，这个问题不好回答。最常见的一种回答是"哲学即爱智慧"，这是说文解字式的理解。还有一种说法，哲学是"无用之大用"，这是功能主义的回答。对于哲学，其他的理解还有很多，如批判反思的精神、对生活意义的追问、认识你自己等，我这里不做深入讨论，也不是我们这堂课的主题。但如果一定要从哲学的角度谈一点认识，我倒是觉得"抽象和概念"可能是哲学训练一项重要内容，而且，抽象和概念的能力在我看来是一种极为重要且不可或缺的能力。刚开始接触哲学著作的同学或许会有这样的体会，那就是艰深难懂，这并非哲学家们故弄玄虚，而是由于哲学本身的特征所决定的，因为哲学探讨的是高度抽象的问题，它通过一系列的概念、命题和论证来展开，而这些概念、命题和论证往往又不是具体的和形象的，因此，就决定了哲学研究艰深晦涩的特点。你如果长期在哲学的抽象中浸淫往复，则极有可能成就高度抽象和概念化的能力。当然，这种在哲学学习和研究中练就的抽象和概念化能力必须要能够落实到实际的工作或研究中去，要不然，这样的抽象和概念很可能陷入玄思诡辩的陷阱。

怀特海讲过一句话："凡是教的东西一定要教得透彻，透彻不是将什么都原封不动地灌输到学生的脑中，而是要将概念转化为学生自己的概念，并启发学生如何去运用这些概念。"我们每天接触到的概念太多了，我认为，只有那些内化为自己的理解和话语的，才是你真正掌握的概念。我提出过一个观点：判断一堂课成功与否的标准不是看你在课堂上记下了什么，而是看你没记下什么或者说把什么都忘掉了，只剩下了内心的焦虑，所以我前面将课堂定义为"一个引起焦虑的场所"。我们可以将人的能力分成三种：第一种是基本的技能、技术，比如说会做账、会使用统计软件、会写计算机程序等，这些都是技术能力；第二种是沟通能力、交流交往的能力，这是形成团队或合作的基本前提；第三种是概念能力、抽象能力，从庞杂的事物中获得一般性的认识，从一个特定的对象获得对其整体的把握，这就是抽象和概念能力。从某种程度上来讲，抽象和概念能力也是一种整体和全局的能力，它能够使得我们在更高一个层次上来看问题。在一个组织内，不同层级的人对能力的要求也是不同的，基层的操作人员需要的是强的执行力即技术能力，中层管理者需要的是沟通交流的能力，能够很好地协调团队合作，而高层管理者必须具备高度的抽象和概念能力，这样才能从战略的高度和全局的视野为组织指明方向，并能在纷繁芜杂的对象中获得一般性的理解。

我们每天都被众多的概念所包围，那么我们应该如何来获得概念和抽象的理解呢？我们或许可以通过一个例子来说明。我们每个人都接触淘宝，马云现在是中国的互联网教主。那你们有没有想过淘宝为什么成功？淘宝凭什么立身？很多人说，第一，淘宝很便宜；第二，淘宝很便捷。这是什么？是现象的描述。我说不够，如果你只是在这样一个层面来对话，那还停留在较低的层面上，这怎样体现你的专业性以及抽象能力？我们必须要提高一个层次来思考。于是有人提出，所谓的便捷、便宜、价格竞争的优势等都是基于西蒙的有限理性问题，是一个信息不对称的问题，由此他就想到了科斯的交易成本问题。通过淘宝交易的平台，重构了人与人之间一种新的交往方式；通过一种在线评价系统的设计，使得商家搭便车或败德行为大量下降，从而有效地节省了交易费用。我说好，已经提升了一个层次，开始用有限理性和交易成本来解释淘宝的商业模式，但还不够，再往上想应该是什么？进一步讨论，这是一种人类行为或人际交往过程中的选择性问题，再进一步追问选择性问题的核心是什么？是信任。信任是什么？福山写过一本书，叫《信任：社会美德与创造经济繁荣》，在书中提到，他研究了不同信任国度的经济发展的绩效问题，信任能够降低焦虑、降低所谓的信息不对称程度和交易成本，能够产生人与人之间交往的可能。社会科学研究的最核心问题是人类合作的问题，显然我们已在一个更高的抽象层面上来展开讨论了。在接下来的对话中，研究生们得出一个判断：基于信任创造的合作将淘宝带上一个高峰的同时，也可能使淘宝陷入一种万劫不复的境地。这正如一个潘多拉之盒，打开潘多拉之盒，会带来包含爱、同情等美好的东西，同时也会释放诸如灾难、魔鬼和嫉妒等恶的东西。淘宝创造的这样一种人际交往的全新商业形态打破了传统商业，通过构建人与人信任的可能，成就了它今天的规模与绩效。但这种信任到底呈现出一种怎样的面貌呢？淘宝宣称，199块钱买到的就是真羊毛被或蚕丝被，199块钱就能买到12只阳澄湖大闸蟹。质检总局的调查显示，所谓的淘宝卖出来的"羊毛被"99%

都没见一根羊毛，99% 的"阳澄湖大闸蟹"都不是阳澄湖的大闸蟹。每个人都相信了这些假的东西，当假话被所有人信以为真的时候，其实就代表了信任价值的崩塌，这是很危险的。通过构建信任，成就了淘宝的传奇，但淘宝同时又在滥用这种脆弱甚至是虚假的信任。当人们将所有假都当真的时候，就毁灭了人类信任的根基，信任的崩塌和未来的不可挽回会使得淘宝万劫不复。对一个现象从表面的描述上升到一个层次，再上升到一个更高的层次，这就叫抽象，抽象的结果会出现概念。所以说，我们要培养的不是对现象表层的理解，而是要获得对更高层次抽象的把握。通过这一例子我们发现，从最初的简单、便捷的表层现象描述，到有限理性与交易费用的提出，再到人类合作基础的展开，这是一个不断抽象和概念化的过程，代表着我们对于同一问题或对象完全不同层面的理解和视野，而这种高度的抽象将有助于我们对事物或对象做出更为深刻的认识和判断。

资本大鳄索罗斯在金融市场成功的一个重要原因，是其投资具有深刻的哲学基础。索罗斯在伦敦经济学院求学期间受到其老师卡尔·波普的影响，提出了其独特的反身性理论。该理论认为，人们作为参与者对社会现象的思维/思考作用有二重性。一方面，参与者思考的目的是寻求对客观实在的理解，总希望找到和客观实在完全相符的认知，可称为消极的认知功能；另一方面，参与者的思考又重塑着客观事实/实在，可称为积极的参与功能。假如这两种功能同时产生作用，就称为"反身性"。索罗斯说他的理论来自于波普的证伪主义或者叫可错性，但如果细究起来，他的理论与维特根斯坦晚期的语言游戏学说具有某种一致性：人类在参与游戏的过程中必须遵守游戏规则，参与游戏的同时又改变着游戏规则。索罗斯的反身性理论认为，期货研究的本质是认识论的问题。期货研究的对象是社会现象，作为研究者（或者投资者、实体企业家），本身对期货市场的参与，导致期货市场本身（或者投资、经营活动）发生变化，反过来再影响到认知本身（或者投资、经营）。人们的思想反映现实，但是同时作为参与者又对现实做出了某些决定，这些决定恰恰又在改变现实。这是一种间歇出现而非普遍适用的状态，在这一条件下，认知与现实之间出现过度背离，只要现存的条件不发生显著的变化，认知与现实就很难趋于一致，这种反射性的双重反馈机制便发生作用，金融市场将出现单向的过程。而期货市场的操作就是要深谙这种市场非均衡的形态，把握套利的机会。索罗斯突破了传统的投资理论所认为的市场一定会达成均衡的界限，认识到了个体参与对于期货市场、期权市场的理解，或者它的改变在渐渐地产生作用，所以他从来不去寻求一种均衡，而是从投资者、期权等参与过程的不均衡里边获得机会。当然，我不是说你知道了索罗斯的理论，你就能成为资本运作的高手，我要说的重点在于，正是索罗斯极高的抽象和概念能力，成就了他的资本运作的哲学，使得他在风起云涌的资本市场透过表象把握了资本运作的实质。我们如果做一细致的考察，就会发现，那些在各个领域取得巨大成就的人，都必定具备超凡的抽象能力和洞察力。

在更高的层面、以全局的观点来思考问题，我们同时还需要一种结构或框架的思维能力。有一句话很形象："支离破碎堆砌在一起的材料不是一幢房子"，一个好的框架或结构是我们开展研究并获得系统知识的前提，如果只是很多零碎、杂乱无章的素材，我们无法得到真正系统的理论。谈到做研究，我提出一个"三句话"的思维方式，即各用一句话来高度概括你这个研究的三个核心问题：研究的主旨、研究的过程和研究的贡献。第一句话，讲清楚研究的主旨、研究的目的是什么，也就是问题的提出。第二句话，研究的过程和设计，如何来展开研究。研究过程一定包括研究方法的选择、研究内容的构成以及研究过程的设计。第三句话，研究的贡献。你这样一个研究可能在哪些点有什么贡献？你不要说有伟大的理论和实践价值和意义，这是空话套话，伟大在何处，理论贡献在什么地方？必须清楚准确地指出来。所以我们这里讲的其实就是你的研究目的、研究过程和研究创新，用三句话来高度概括。我为什么会做这样的要求？我是希望我们在开始一个研究或者经过了漫长的思索过程之后，获得你本身对这个问题、这个研究深刻而准确的认识，只有获得深刻的认识才能形成高度的概括。如果觉得这样很难，那就是因为你还没想清楚。马克斯·韦伯穷其一生就是要回答资本主义作为一种独特的文明形态为何在西方世界特别是新教徒中间兴起。马克思同样也是专注于一个核心的命题，用熊彼特的话来讲，马克思其实是一个纯粹的经济学家，他要解决的是资本主义的矛盾要如何获得化解，提出剩余价值、劳动时间、剥削、阶级斗争等概念，都是为了破解资本主义在 19 世纪中叶表现出来的顽疾。我们可以随便再举几个例子，如诺斯在《制度、制度变迁与经济绩效》开篇即指出：本书的目的就是要提供一个制度分析的基本框架，给出一种制度与制度变迁理论的纲要，在明确厘定制度含义的基础上，弄清制度与组织的区别是什么，并探究制度是如何影响交易费用和生产成本的，从而对历史变迁做出一个新的诠释。又如麦克法兰在《现代世界的诞生》中指出：这本书要挑战传统现代社会起源的观点，即 16 世纪世界出现一道分水岭，从此，一个封建、前现代的社会变成了一个资本主义、现代的社会；本书将给出详尽的证据，表明英格兰的现代性是一道横亘一千年的"长长的拱弧",没有任何间断。普特南的《事实与价值二分法的崩溃》写道:"价值判断是主观的",这一观念是一种逐渐被许多人像常识一样加以接受的教条,这种教条认为,事实陈述是能够客观为真的,而价值判断则不可能成为客观真理,或得到客观保证。这本书试图表明,这些观点一开始就依赖于站不住脚的论证和言过其实的二分法,并通过严密的论证宣告事实与价值二分法的破产(崩溃)。我们不用再举例子,绝大部分经典著作都有着非常明确的研究目标和严密的分析框架。各位在以后的研究过程中,不妨拿这样的三句话标准来拷问一下自己:我研究的目的是什么?研究的过程怎么样展开?要在哪些方面获得突破?

结　语

大学期间,学生需要经过系统的训练,培养一套学术规范和专业素养,我们这堂课主要从"角色、方法、逻辑与抽象"四个关键词展开讨论,希望能够引起某种思考。学习哲学并不是一定要成为哲学家,包括哲学系的本科生,也不一定要将哲学研究作为未来的职业。哲学是一种思维方式,是一种对高度抽象和概念能力的要求,是一种对逻辑自洽和论证的本能偏好,同时也是一种批判反思的主体意识和对自我重新的认识,而这些是我们任何一个经过大学训练的学生所必备的基础能力,这些能力的养成奠基了我们面向未来的可能和资本，无论你从事什么样的职业，也无论你专攻何种专业。从这个意义上来讲，我们应该撕去哲学那层神秘而冷傲的面纱，走近哲学，拥抱哲学，去感受哲学的思辨之美、逻辑之美和抽象之美。

第 三 讲

心灵、身体与世界

刘晓力

今天和大家讨论一个与人类自身息息相关的话题：心灵、身体与世界。准备从几个侧面展开讨论：

第一，人鬼情未了：机器和动物有心灵吗？

第二，心灵的标志：有心灵和有 iphone 的区别是什么？

第三，心理与物理：心理事件能够还原为物理事件吗？

第四，思想实验：假如你是一只蝙蝠会怎么样？

第五，心灵与世界：心灵可以延展到大脑之外吗？

一、人鬼情未了: 机器和动物有心灵吗?

1990 年, 由杰瑞·扎克执导的美国影片《人鬼情未了》一经上映便轰动全球, 年轻的银行职员萨姆与漂亮的未婚妻玛蕾相亲相爱, 却意外遭到歹徒抢劫中枪身亡, 玛蕾一时间悲痛欲绝。令人欣慰的是, 被害后萨姆的灵魂重新回到人间拯救未婚妻于痛苦之境, 还发现了朋友卡尔竟然是导致自己死亡的幕后策划。影片中那精美的画面和催人泪下的剧情, 使《人鬼情未了》时至今日仍然是一部难得超越的爱情经典, 那脍炙人口的主题曲《奔放的旋律》(*Unchained Melody*) 仍然在大街小巷为人传唱。那么, 你相信人鬼情未了吗?

看过影片的各位一定情愿相信飞回人间的灵魂是萨姆生命和心灵的延续。虽然, 在更多情况下, 灵魂、意识、心灵 (mind) 或者是艺术描写的对象, 或者是宗教、民俗和其他神秘文化讨论的主题, 科学家对其则讳莫如深。但是, 可以告诉大家, 有一门称为认知科学 (cognitive science) 的新的交叉科学, 目前正在严肃地探讨心灵问题, 而心灵哲学 (philosophy of mind) 已经成为国际哲学新的研究方向, 世界各个著名大学也将心灵哲学作为哲学系的一门必修课程。

抛开人类中心主义的任性不谈, 我们都会承认, 人类有不同于其他动物和机器的独特性，人既有情感又有思想，我们经常说人是有心灵的。人有喜怒哀乐、爱恨情愁，会思考计算，能做推理、下判断，还会预测和规划未来，当然，人还有自我觉知。那么，你认为动物和机器有心灵吗？那个有趣的说法也许你也知道，"养狗的人都认为狗是有心灵的，不养狗的人多半认为狗没有心灵"。但是，绝大多数人都认为机器或电脑没有心灵。为什么？事实上，今天的机器已经非常有智能了，但是人们把那叫做"人工智能"。各类科幻题材的影视剧，如《机器之心》、《机器人帝国》、《机器人总动员》、《我的女朋友是机器人》、《黑镜》、《黑客帝国》都想向人们展示，未来的机器人可以既有理性又有情感，同样也疯狂，甚至能够与人类抗衡，能够毁灭整个星球。你认为今天机器没有心灵、以后也不会有心灵的理由又是什么？

随着20世纪后半期人工智能技术的发展，今天硅基材料的机器人可以做许多人力无法完成的危险复杂高难度的工作，特别是集最新军事技术于一身的军用机器人"大狗"，可以在任何崎岖的山路上、铺满瓦砾的道路上、危险光滑的冰面上负重行驶，仍然保持平衡。而且半年前传出一则消息，一只行走在路上的美国"大狗"，突然捡起一块石头砸向某处，人们真的担心机器人有了某种像人一样的信念、意图和欲望了。

但是，目前我们所看到的是，从可以计算卫星上天的巨型机，到人们须臾不可或离的个人电脑，直到与人界面相当友好的机器人，所有的机器都缺乏人的自主意识、人所拥有的情感、人的好恶、人的理想热情、人的刻骨铭心的爱，包括人的卑鄙无耻。人们确实可以制造各类人形机器人，也可以使它的脸部摸上去像人的面部皮肤一样光滑，并且在机器人的脸部装上几十个马达，拉动它的所谓几十块"面部肌肉"，它也会做出各种"表情"，我们能说机器人就有情感了吗？当然不能。目前活跃在世界上的各类机器人可以打败国际象棋大师，可以挑战围棋高手，可以踢足球、演奏乐器，还可以跳"小苹果"和"江南style"，甚至可以创作出足以乱真的世界名曲和唐诗宋词，但为什么我们仍然认为它们没有心灵？它们真正缺乏的是什么？什么是心灵的标志？

如果不承认今天的机器有心灵，那么，换个角度看，你承认动物有心灵吗？

据说有关专家经过研究和测试认为，世界上除了人以外，下面这十种动物是最聪明的：1. 大猩猩（2 种亚种）；2. 猩猩；3. 黑猩猩；4. 狒狒（7 种亚种，包括黑面狒狒和大狒狒）；5. 长臂猿（7 种亚种）；6. 猴子（许多亚种，特别是猕猴、黑猿）；7. 细齿鲸（好几种亚种，特别是"杀手鲸"）；8. 海豚（约 80 种亚种）；9. 大象（2 种亚种）；

10. 猪。这些聪明动物的心灵如何？难道海豚和猪也像我们一样会做梦，有理想、有抱负吗？

之前，我一直认为动物即使有心灵，其心灵也会非常简单。直到有了一次特殊的经历之后，我相信猴子的心灵未必比人的心灵贫乏。十年前，我在一个野生动物园看到一个景象，猴山上奔跑着很多大大小小自由玩耍的猴子，山下一侧两个大小不同的笼子里却分别关着一只年轻的猴子和老中青模样的三只猴子，两个管理员则坐在笼子前的木棒上。当我走到那只猴子面前，发现它的眼睑掉了下来且满脸是血，最直接的判断自然是管理员惩罚了它。当问清缘由后我才知道，这只猴子咬了游人的手，依照猴山伦理受到那三只猴子的惩罚，而管理员为此则一起关了四个猴子的禁闭。让我吃惊的是，当我和那只受罚的猴子四目相对的一刹那，它竟带着极其复杂的表情转过头去，那表情无疑可解读为"羞愧难当，无颜见江东父老"！那一刻，我真的相信猴子是有心灵的，而且其心理状态必定很复杂。至少，猴子是有羞耻感的。那么，动物真的会反省吗，它们有自我意识吗？当我们说动物有心灵时，心灵的标志究竟指的是什么？

二、心灵的标志：有心灵和有 iphone 的区别是什么

什么是有心灵？这个问题两千年前柏拉图就曾问过。他的回答是，有心灵就是有灵魂。人是有意识、有理性、有一个神圣的永恒灵魂的造物。灵魂与身体不同，身体是易朽的、暂时的物质合成物。但是，在人出生之前就先验地有一个和身体无关的灵魂了。严格讲，"我有灵魂"不是字面意义的"I have a soul"，而是指"我就是灵魂"，"I am a soul"。笛卡尔在《沉思录》里也问过，"What is having a mind？"他的回答是，mind 是特殊种类的精神的、非物质的实体；having a mind 意味着有超出物理世界的精神、有心灵，意味着有意识、能思考。我在，就意味着我是正在思考的东西，"I am a thinking thing"，"我就是心灵"。

那么，有心灵和有 iphone 有什么区别？

我有 iphone，是我拥有这个能拿在手上的物质的东西，我可以放下它，可以买卖它，可以转借他人，它完全可以脱离我而独立存在。那么，心灵呢？心灵能脱离我而存在吗？心灵能转让能买卖吗？显然不能。直观上，我的心灵只能归属我自己，我的 iphone 却可以归属他人。通常我们说"某某出卖了自己的灵魂"，只是一种隐喻的说

法而已。此外，心灵是超出物理世界的东西，它有特殊的属性，它的这种特殊的属性跟山川河流、日月星辰、桌子、椅子、啤酒瓶的属性不同。实际上，笛卡尔把它和人的身体做了比较，说身体是具有物质的广延性的、占据空间的存在；而心灵是不占据空间、不具有广延性的存在，它们是两种完全不同的独立存在的实体。

相较于柏拉图神秘的灵魂说，笛卡尔是最早对心灵做出清晰说明的哲学家，他提出了著名的也备受争议的实体二元论（Cartesian substance dualism），这种二元论包含如下四项基本原则：（1）世界上存在两种不同的独立存在的实体对象，即有广延性的物质的身体和不具有广延性的心灵；（2）心灵与身体不具有同一性；（3）虽然心灵和身体是独立存在的，但它们彼此是有相互作用的；（4）一个人是心灵和身体复合而成的统一体。

既然是独立存在的，怎么还会交互作用呢？这是当时伊丽莎白女王向笛卡尔提出的问题。在笛卡尔时代，由于科学刚刚兴起，今天我们所看到的分科之学的科学，如物理学、化学、生理学、生物学等还没有成熟起来，笛卡尔只能依据不完善的生理学知识，猜测人体内有一种流动的动物精气刺激大脑中一种称作松果腺的物质，导致心灵状态发生变化，遂产生身体的各种生理的变化，这就是他的所谓"身心交互说"的一种前科学猜测。两百多年来，笛卡尔的实体交互作用二元论受到诸多质疑，今天也已经被大多数哲学家所抛弃，但是无论如何，真正开启了心—身问题研究新纪元的，确实是笛卡尔。

前面我们讨论了机器没有心灵，动物或许有心灵，有心灵和有 iphone 是有区别的，心灵和身体具有不同的属性，那么，我们能不能找到一个涵盖心灵特性的充分必要条件集合，找到一种标准来判断某些东西是否有心灵？这显然做不到。但是，从常识出发你多半会承认，我们有两个不同的世界：物理世界和心理世界，物理世界由物理现象、物理状态、物理过程和物理事件构成；心理世界由心理现象、心理状态、心理过程和心理事件构成。进一步，有些哲学家把心理现象和心理状态又分成了两大类：一类是感知觉状态，一类是意向状态。

第一类就是同学们谈得最多的，我们有各种感受、知觉和觉知的状态，比如，有疼的感觉和痒的感觉，有听到一段交响乐的感觉，有吃一个烤串、喝一杯啤酒的感觉，有我爱你爱得心痛的感觉……就是事物对于我"看上去像什么"，或者它在我的心理世界中显现出"像是什么样儿"的感觉。比如，有人看那条裙子的颜色像是白—金相间的，有人看它却像蓝—黑相间的；那团彩云看上去更像拿着金箍棒的孙悟空。而且，人人都能体会到，疼和痒的感觉是不同的；吃烤串和听交响乐的感觉是不一样的；你的爱与我的爱的体验肯定不可同日而语。这不同的感觉和心理体验中有着不同的质性，而且它们只能为经验的主体主观地感受和体验到。心灵哲学中把这种经验的质性叫做感觉质或感受质（qualia），一些哲学家认为感受质是心灵的重要特征，例如，禅定的无我状态和对自己有自我觉知的状态具有不同的感受质；而另一些哲学家认为感受质存在与否还值得商榷。

心理世界的另外一个特征是，除了无意识的和下意识的心理活动以外，清醒的意识状态多半都是有所指向的。第二类心理状态就是指处在知道什么、怀疑什么、相信什么、期望什么、意图什么等心理活动的状态，比如，我相信地球是椭圆的，我期望明天没有雾霾，我想拿到心灵哲学课程的学分，我知道我刚才的行为是自私的……这些状态相应地都有一个共同的特征，即有所指向。例如，"相信"、"期望"、"意图"、"知道"语词，相应地跟着"地球是椭圆的"、"明天没有雾霾"、"得到心灵哲学课程的学分"、"我刚才的行为是自私的"这些命题，这些命题描述了外部世界或心理世界，而"相信"、"期望"、"意图"、"知道"所代表的心理状态，或者指向命题描述的外部世界的事态，或者指向心理世界的内部对象。按照心灵哲学的术语，这种心理状态的特征称作"意向性"（intentionality），即心理状态具有的指向性和关于性。我们可以思考一下，机器、动物和 iphone 有意向性吗？

事实上，除了意向性和感受质这两个心理状态的特征，一个我们最为熟悉的特征是被称作"意识和意识经验"的主观性（Subjectivity）。许多哲学家是从关于自我知识的透明性、私密性和第一人称的权威性几个角度来理解主观性的。

首先，我对自己当下正在想什么，我此时此刻的感受是什么，是非常清楚的。比如，当我高兴时我分明知道我高兴，而且我知道我高兴是直接感受到的，不需要做实验，冷暖自知嘛。我知道自己头疼，只要我感觉到头疼就行了，并不需要你拿出客观的证据，比如拿出我脑子中有了肿瘤、青光眼导致眼压升高等证据，来证明我有头疼的感觉。此外，我对于我的心理世界都有什么东西也是透明的，对于我知道什么、相信什么、期望什么的知识是清楚的、明晰的，不需要其他证据，也不需要推理得出来。笛卡尔为他的二元论曾经提供的一个论证就是从这种透明性出发的：

前提 1. 我的心灵对于我是透明的（transparent），在我心里没有什么东西是我不知道的。

前提 2. 我的身体对我却不具有上述的透明性（我对我的身体有什么东西并不全知道，也许需要某种外部观察的证据证实，例如我得了肿瘤、我的眼压高等）。

结论　我的心灵和我的身体不是一回事，即心灵和身体不具有同一性。

另一方面，意识和意识经验的主观性还体现在我对我的心理世界的内容，我在想什么、期望什么、感受什么，有一种私有的通道去通达，我对我心理世界的知识（称为自我知识）具有第一人称的权威性。

例如，我去医院看病，和医生说我肚子疼得要命，还伴有恶心和后背散射式疼痛，医生看到我弯着腰，捂着肚子，不停地喊哎哟、哎哟，报告肚子疼，也许相信我有这种疼的感觉。我报告时是用第一人称"我……疼"来陈述的，医生如果相信我说的是真话，可能怀疑我得了胰腺炎，会尽快给我做一系列检查，化验我的血和尿中淀粉酶含量是否升高，以寻找胰腺炎的第三方证据，因为贻误胰腺炎的治疗会有生命危险的，但所有的检查报告都是第三人称的：某某体温多少度、血和尿中淀粉酶含量多少……

此外，除了我对心理世界感受性的自我知识具有第一人称的权威性外，对于我心理状态的意向性应该也有第一人称的权威。我分明知道我现在正盼着明天天晴，也分明知道我刚才的想法很自私，他人只有通过我的行为和我的语言表达，才能知道我的心理内容。但是，你有物理世界的 iphone，是公开的、大家都能看见的，有第三方证据证明你确实有一部 iphone。假如经警察认定这部 iphone

是你偷来的，这个时候你反复强调，这部 iphone 是我的，就没有第一人称权威了，你手中的 iphone 就是犯罪事实的第三人称证据了。所以心理世界和物理世界似乎有第一人称和第三人称知识上的不对称性，这一点也可以当作心灵的特征之一。

笛卡尔就曾经从第一人称和第三人称知识上的不对称性出发论证他的实体二元论：

前提 1. 每一个心灵的存在都意味着存在一个特定的主体，而且这个主体能够通达其心灵的内容。

前提 2. 对于物质的身体却不具有一个优先的知道者——对于物质的东西的知识，原则上是公开的、具有交互主体性的 intersubjective。

结论　心灵和身体不是一回事，即心灵和身体不具有同一性。

按照前面的分析，虽然对于判别心理的和非心理的，或者是有心灵和没有心灵，我们无法给出一个充分必要条件集合，但是给出了心灵标志的一些建议：心理状态的意向性、感受性，意识和意识经验的主观性，特别是心理世界的私密性，自我知识的第一人称权威性。但是，这些概念中都包含着一些可疑之点，也为后续的心灵哲学争论留出了地盘。

三、心理与物理：心理事件能够还原为物理事件吗

既然人的心智、意识和意识体验的最重要的特征是主观性，那么，具有主观性的人的心灵怎么会从具有客观性的物理的身体冒出来？这就是传统哲学中的"心—物难题"。或者说，物质世界如何产生出人的心理现象，产生意识和意识体验？心理世界的属性能否用描述物理世界的自然科学解释？20世纪后期，随着科学的发展，特别是大脑神经科学的进展，科学家期望在现代科学理论框架中能够安放意识的位置。那么，哲学上是怎么讨论心理事件能否还原为物理事件的？

通常人们讨论心—物难题时，多半会诉诸如下两个原则：第一个是心理—物理因果作用原则：心理事件和物理事件之间具有因果相互作用，人的外部行为是由内部的心理状态引起的。例如，我感到口渴才会去拿水杯喝水；我相信一会儿下雨，出门才会带伞；我担心由于堵车和同学的约会要迟到，我会提前一小时出门直接打车去，而不是换两趟公交车。心理—物理因果作用原则最好的应用就是常识心理学（folk psychology），即按照人的心理状态会产生外部行为的原则，可以对他人的动机—行为做出因果解释。当你看见一个人紧锁眉头、龇牙咧嘴、捂着脸"哎呦，哎呦"叫时，会推测他可能牙疼。看见某个帅哥师兄

给你的室友送玫瑰花，你相信他对室友产生了爱意。正是受这样的动机—行为因果关联的引导，人们能够揣测他人行为的心理动机，能够以己之心度他人之腹，甚至拟人化地了解其他动物的行为。解释心物难题的第二个原则是物理世界因果闭合原则：大多数科学家认为，如果造成某个事件的结果是属于物理世界的，那么这个事件本身也是属于物理世界的；反之，如果造成某个事件的原因是物理的，那么，这个事件也属于物理世界。或者更简单地说，在同一条因果链条上，只要有一个现象是物理的，链条上所有的现象就都是物理的，只有物理的原因才能导致物理的结果，没有超自然的力量支配物理世界。到此为止，你看出这两个原则之间有什么不一致了吗？

我们来看一个叫派利夏恩（Z.W. Pylyshyn）的哲学家讲述的一个场景：一个正走在人行道上的人突然转身去横穿马路，一辆迎面而来的轿车紧急刹车，却打滑冲向路边，撞上了护栏。那个行人站立片刻，走到驾驶座一侧，向里张望了一下，然后跑到街角电话亭，拨了号码911……如果你恰好看见这一连串事件，你会用一连串带有心理倾向的词汇描述他的行为和动机：那人知道撞车了，意识到出了事故，猜测有人受了伤；于是走过去判定是否有人受伤，所见到的情境使他相信确实有人受伤了。根据如何处理伤者知识的记忆，决定寻求帮助，注意到街角有个电话亭，跑向电话亭，想起急救电话号码，拨了电话。

心灵哲学把解释这个人行动与动机关联的词汇，如"猜测"、"判定"、"相信"看作意向性词汇。那么，能将所描述的这一连串事件仅仅看作一个物理事件，完全用物理定律解释吗？那一串心理的意向性词汇能转换成物理学词汇吗？仅靠物理学能说明那一连串的信念—动机—行为之间的因果关联吗？显然，如果我们一方面接受心理—物理因果交互作用原则，使用常识心理学，认为物理的外部行为是由内部的心理原因引起的；一方面又要坚持物理世界因果闭合原则，承认物理的结果只由物理的原因引起，就自然会产生不一致。因此，要解决心—物难题，恐怕要放弃其中的一条原则了。一位目前活跃在认知科学舞台上的哲学家丘奇兰德（P. M.Churchland）认为，应该取消承认第一条原则的常识心理学，改用大脑神经科学替代它。他认为，根本不存在什么心灵，我们通常所说的相信、期望、意图，或者一般的喜怒哀乐、爱恨情仇，都是虚幻的，我们的常识心理学只是根据日常生活归纳出来的，并不像物理学那样是普遍的、严格的科学，它的命运将与历史上的炼金术、燃素说和以太说一样，随着科学的进步终究被大脑神经科学所淘汰。

实际上，这种否认心灵存在的取消论立场是称作"物理主义"的一种极端形式，而物理主义是目前在心灵哲学中反对二元论的主流观念。按照《斯坦福哲学百科》的权威解释，所谓物理主义，是指下面的哲学主张，"世界上的一切事物或者都是物理的，或者是依附于物理的，或者以物理的事物为必要条件"。大致来讲，心灵哲学的物理主义有如下两种类型：还原的物理主义和非还原的物理主义。

还原的物理主义认为，世界上仅存在一种物理属性，心理属性都可以还原为物理属性。一种典型的还原的物理主义立场是心脑同一论，它是 20 世纪 50 年代由斯玛特（J.C. Smart）、普雷斯（U.T.Place）和费格尔（H.Feigl）几位哲学家提出的。心脑同一论者声称：（1）心理状态都是特定的大脑神经状态；（2）心理属性都可以还原为大脑神经系统的属性；（3）通过对大脑神经特性和状态的详细描述就可以解释心理现象。例如，既是 DNA 的发现者又是脑科学家的克里克（F. Crick）就宣称，"你、你的快乐和忧伤、你的记忆和野心、你对自我的认同感和有自由意志的感觉，实际上不过是一大堆神经元和它们相关联的分子的行为而已"。在他看来，人的所有的心理活动都是从大脑的神经活动中冒出来的。因此，为了破解"意识难题"，今天大部分神经科学家的主要工作，就是通过脑损伤技术和各种大脑扫描仪器，比如功能性核磁共振仪（fMRI），去努力寻找意识在大脑中的神经相关物，寻找哪些神经元如何活动导致了哪种心理状态产生的物理根据。

那么人的心理活动都是与大脑活动一一对应的吗？心理事件都能还原为物理事件吗？其实在这一点上，哲学界有非常大的争论。例如，非还原的物理主义立场虽然承认世界是物理因果闭合的，却否认世界上只存在一种物理属性，认为世界上还存在心理属性、心理状态和心理事件，它们是不能完全还原为物理属性、状态和事件的。他们承认心理属性是以某种方式依赖于物理属性的，心理属性离不开物理属性，而且一定程度上取决于物理属性。这种依赖或依附的关系，被称作"随附"（supervenience）关系。例如，一幅油画的意境是随附于画布和画布上油彩的物理分布的。蒙娜丽莎的微笑是随附于达·芬奇把如此这般的油彩以如此这般的方式摆布在画布上的，是油彩的物理分布呈现出来的油画意义。

一些持有非还原的物理主义立场的科学家，可能把人的心灵看作人这个有机体的整体属性，把人作为通过进化而来的复杂的生物、物理的动态系统，心灵是通过系统底层的生物物理的作用涌现出来的高层性质，而这些属性是不能还原为底层的生物物理属性的。例如，诺贝尔奖获得者艾德尔曼（G.M.Edelman）和托诺尼（G.Tononi）等大脑科学家认为，意识和意识的体验虽然是主观的，却是客观的、物质的大脑的神经活动产生的动态过程，是神经元集群分布式作用产生的整体性质，它们是不能还原为大脑局部脑区的局部性质的。

无论是还原的还是非还原的物理主义，都会遇到的一个重大挑战，就是前面我们讨论的意识和意识的主观性问题。

四、反物理主义思想实验：假如你是一只蝙蝠会怎么样

虽然物理主义是心灵哲学目前占据主流的观念，但它遭遇到来自多方面的挑战，首先是来自功能主义的挑战。功能主义的主要思想是把心灵状态当作在一个特定因果链中起因果作用的某种功能状态。哈佛大学的普特南（H.Putnam）就曾提出机器功能主义，根据这种理论，心灵状态就像一台计算机中运行程序的计算状态。心灵不过是这台计算机执行程序所实现的功能而已，这种功能的实现与它是什么材料制作的载体无关，它可能是生物的物质的大脑，也可能是硅基材料的计算机。例如我的心脏的功能是泵血，医生可以用一个机械的心脏起搏器代替我的生物的心脏，实现泵血的功能。

其次，对物理主义最强烈的批判来自以"三大思想实

验"著称的论证：内格尔（T.Nagel）的蝙蝠论证、杰克逊（F. Jackson）的黑白玛丽论证和查尔莫斯的僵尸论证。我们来一一领教他们的论证思路。

1974 年，纽约大学的哲学家内格尔提出了一个非常有意思的问题："假如你是一只蝙蝠会怎么样？"我们知道，人类和许多动物大部分时间是通过视觉系统感知外部世界的。但根据动物行为学考察，蝙蝠是通过声呐系统感知外界的，它们通过一定范围内的物理对象所反射的回声来精确分辨物体的距离、大小、形态和运动方式。因此，我们没有理由猜想，蝙蝠的内在感受、感觉经验与我们的一样，它们具有的感受质与我们的是不同的。那么，你可以想象你是一只蝙蝠，有蝙蝠那样的两个膜翼，也像蝙蝠那样借着声呐侦测系统飞行，甚至想象你像蝙蝠那样发出奇特的高频率的叫声……但是你能因此感受和体验到蝙蝠的感受和经验吗？人和蝙蝠不同的感受质更像是在物理主义假设下所认识的物理世界之外的某种东西，因为它们是从各自主观的视角出发获得的，物理主义能够对此给出合理的解释吗？

反对物理主义的另一个论证来自澳大利亚哲学家杰克逊（F. Jackson）1982 年设想的黑白玛丽实验。首先，我们姑且承认物理主义是对的，而且物理学家的研究已经穷尽了所有关于颜色和对颜色的知觉的现象。假定一位叫玛丽的人，从出生到现在一直都生活在一个只有黑白两色的房子里，这里的电视、电脑、网络、手机等视频设备的画面也是黑白的。玛丽具有超强的学习能力和记忆力，她在黑白房子里学会了全部关于色彩的物理学知识，不仅对什么东西是什么颜色、什么颜色光波如何一清二楚，甚至对大脑如何处理颜色产生色彩知觉也了如指掌。现在设想玛丽有一天突然走出黑白房子，在她眼前呈现出一个五彩缤纷的世界，走出房子的玛丽和之前的那个玛丽相比，她增加了新的物理学知识了吗？她在房子里所学的全部的物理学知识足以解释她看到的这个五彩缤纷的世界吗？

如果所有的心灵和意识都能完全还原为物理的东西，那么，1996 年查尔莫斯让我们设想，一个从原子到原子、无一遗漏地完全复制我的一个复制品，它会像我一样有意识和意识的感受吗？它会不会只是一具形似我的不能说话的无意识的僵尸（Zombie）？

如上几个反对物理主义的论证都是通过精心设计的思想实验，试图从更深层次明确个体的感受性在物理上、在认识论上的不可还原性：假如物理主义是正确的，人们将面临认知上的困境——即使能够掌握全部的物理知识，也无法用物理的方式解释人类独特的意识经验。物理学知识可以使你了解蝙蝠的行为，但不能让你真的像蝙蝠那样有它的感受经验；一个完全在黑白世界掌握了全部物理学知识的玛丽，仍然不能用已知的物理学解释当她看到斑斓的外部世界时的切身感受；即使有一个具备了与你完全相同的物理条件，而且和你有同样的外部行为的对象，也不能保证它像你一样具有意识和意识的主观体验，它很可能只是一具僵尸。1983 年哲学家列文（J.Le vine）引入了一个"解释鸿沟"（explanatory gap）的概念，认为心灵状态的感受质与大脑物理状态的质性之间存在着理论解释上的鸿沟。不管人们将来知道多少关于大脑的事实，在概念上仍然无法解释，为什么某一种复杂的大脑状态或过程会让人有某种特定的意识感受，如痛苦，而不是其他的意识感受，如喜悦等。列文的结论是，即使物理主义在本体论上是正确的，它仍然因为在认识论上的"解释鸿沟"而令人困惑。在持续至今的这场争论中，物理主义与反物理主义立场都没有足够的证据驳倒对方，可以说，在心灵哲学中，这一争论仍在继续。1986 年，查尔莫斯特别将意识问题分为"容易的问题"和"困难的问题"两类。容易的问题是指可以用计算的手段或者大脑神经科学的方法解决的意识问题，例如复杂的数学计算和推理问题；"困难的问题"是指难以用还原的方法科学地解决的感受质问题。

五、心灵与世界：心灵可以延展到大脑和身体之外吗

前面我们讨论了心灵与身体、心理与物理的关系，讨论了解决"心—物难题"的物理主义立场及其遭遇的某种反驳。在讨论中我们一直把心灵—身体、心灵—大脑相关联，或者讨论心灵能否还原为大脑的神经活动，或者讨论心灵能否还原为一般的物理属性。但是，我们经常会说，人是社会的产物，是受外部物理、社会文化影响的，如果考虑物理和文化等外部因素，又将如何理解人的心灵、理解心灵与世界的关系呢？

试想一下，在今天这个数字技术如此发达的时代，一个依赖 iphone 、依赖笔记本电脑和互联网的人，如果失去了这些外部设备，他的认知会发生什么改变？科学家离开了他的实验室，离了他的仪器设备，对自然的认识会有什么影响？在人机交互过程中，人的心灵又处于何种地位？进入赛博格时代，将会大量出现身上佩戴着或体内装载着各种电子设备的人机混合体，人机混合体的心灵究竟怎么样？事实上，这些问题促使人们提出一系列尖锐的哲学问题：究竟何为人类的认知？何为人类心灵？心灵必须完全定位在大脑中吗？心灵可以超越人的身体吗？心灵与世界的关系究竟如何？……

目前活跃在心灵哲学舞台上的两位哲学家，英国爱丁堡大学的克拉克（A. Clark）和纽约大学的查尔默斯在1998年发表了《延展心灵》（*The Extended Mind*）一文，开篇就提出了不同寻常的问题，"心灵止于何处，世界始于何处?"，"心灵可以延展到世界吗?"两位哲学家首先请读者设想如下情景：一个人在电脑前以三种方式玩俄罗斯方块游戏：

（1）只在大脑内部（意识中）想象一步一步移动游戏块，完成匹配任务；（2）大脑加上外部物理设备（如键盘、鼠标等）一起，完成匹配任务；（3）生物脑加上植入脑中的芯片一起，以更高速度完成匹配任务。请问，这三种认知存在什么实质性区别吗？

第一，在第一和第三种情况下，问题求解程序是一样的，都是通过移动游戏块寻找适当的匹配。如果说（1）是在大脑内部进行的，（3）也是，区别仅仅是在心里旋转游戏块，还是借助了加在大脑中的芯片去旋转游戏块。第二，（1）（2）（3）解题的数学结构是同构的，差别仅在（1）和（3）是在大脑内部执行认知加工，（2）还对键盘鼠标等执行了物理的操作，匹配游戏的任务由大脑内部和外部资源共同分担。如果发生在头脑内部的认识活动和借助外部设备的活动都能对问题求解有所帮助，为什么不承认它们都是心灵的认知活动呢？他们认为，在实际的认知情况下，人类有机体就是以这样交互的方式与外部的物理对象相连接，共同创建了一个动态的耦合系统，如果我们撤掉相连接的外部设备或环境的任何一个部分，就像移去了大脑的一部分一样，相应的认知能力就会丧失。因此，以往把人的心灵用大脑内外和身体内外来区分界限是不恰当的。在认知过程中，世界的一部分已经实质性地参与了心灵活动，因此，认知过程就不局限在头脑中了，心灵也因此可以延展到世界了！

但是，如果外部环境作为一部分，与大脑中的心灵资源共同构成一个耦合的延展心灵的系统，这个系统又是如何运作的呢？对此，克拉克和查尔默斯引进了一种"旋涡说"，形象而生动地说明了延展心灵的运行机制。

例如，鱼在水中游，水本身的势能和鱼的运动形成了一个旋涡，实际上鱼以及和它扭结在一起的旋涡共同构成了一个高效而稳定的鱼在水中游的动力系统。例如，作为人类认知环境的语言就具有这样的结构特征。我们从一出生就被语言之海裹挟着，通过遗传和环境的作用，这样的结构就逐渐内化为一种可靠的认知资源，在我们日常的认知过程中，语言作为重要媒介加入，每一个个体的心灵与语言交流系统交织在一起，自然形成一种结构，使人类的认知过程延展到了外部世界。就像鱼摆动尾巴制造和调节旋涡一样，人类通过多元语言的媒介，创造着稳定的局部环境和扰动，旋涡驱动着整个认知系统的动态过程。这种旋涡式的交互作用正是延展心灵系统运作的动力机制。

在心灵的标志那一部分我们讨论过，具有意向性的信念状态是心理活动的重要标志。因此，为了进一步论证心灵可以延展到大脑外部，克拉克和查尔默斯还让我们设想三种信念影响行动的模式：

（1）英格想去艺术博物馆看一场展览，她通过搜寻头脑中的记忆获得了一个信念："艺术博物馆在53号大街"，于是依据这个信念，她前往53号大街去看展览；（2）奥托患了记忆失常症，因此随时需要笔记本的帮助才能行动，他查找了笔记本的记录后也有同样的信念："艺术博物馆位于53号大街"，于是依据这样的信念，他前往53号大街去看展览；（3）另一个与奥托有相同物理条件的双胞胎奥托借助笔记本上错误的记忆，有另一个信念"艺术博物馆位于51号大街"，于是按照他的信念，前往51号大街去看展览。

按照克拉克和查尔默斯的分析，奥托笔记本的记忆和英格大脑中的记忆没有实质性区别，因为它们都对当下的行动"前往位于53号大街的博物馆"产生了相同的影响，双胞胎奥托笔记本上曾经的错误记忆对他当下的行动"前往位于51号大街的博物馆"也发生了实际的影响，因此，无论信念在头脑中还是在笔记本中，这两种信念对行动的作用方式都是一样的。如果承认英格关于博物馆的记忆和信念对她当下的行动有因果效力，那么两个奥托的笔记本的记忆在信念影响行动的结果上与英格的没有区别，就应该承认两种信念具有同等地位。因此，信念不局限在头脑中，心灵已经延展到了笔记本和外部世界。

对于这个分析，你以为如何？你赞同这种关于心灵与世界关系的延展心灵说吗？

实际上，关于心灵与世界的关系，关于我们心理内容的意义究竟是由认知者的内部状态决定的，还是与外部世界发生联系，心灵哲学中一向有内部论和外部论两种立场的争论。内部论主张，心理状态的内容从根本上讲是独立于心理状态拥有者的外部环境的，人类心灵对于世界而言是完全自足的，思想者头脑里发生的事情足以确定他们思想的是什么。如此说来，从主张的心理内容的私密性、透明性、第一人称权威性来看，笛卡尔无疑是个彻头彻尾的内部主义者。而外部论认为，一个思想者持有什么信念或思想，依赖于他与周遭世界中的事物或事态的关系，当然也依赖于他头脑中发生的事情。人类的心灵状态与心灵之外的世界中的事实之间存在着深刻的联系，割裂了这种联系，是无法对心灵性质获得正确理解的。

在另一种意义上讲，信念拥有者的外部条件最重要的还有人类的语言环境，几乎人类所有的信念内容，都不仅取决于心理内部状态，也部分地取决于思想者的公共语言实践和外部的自然社会文化环境。因此，心灵、身体、语言和世界构成一个心灵与世界的耦合系统。而关于心灵—语言—世界的关系，则是心灵哲学的另一个重要议题。

第 四 讲

爱 与 生

何光沪

喜爱，让我们有了生物性的生；

情爱，让我们有了社会性的生；

仁爱，让我们有了宇宙性的生。

只有一种长阔高深的大爱，才会给我们一种真正的、丰富的人生。

引子：爱是人生的支柱

生，这个话题太重要，因为每一个人都有生命，都在活着。我们都生活，但生活里面有很多苦楚，很多辛酸，很多眼泪，很多不如意，很多不公平。那么，人为什么还要生活呢？"人生就是战场"，生活就是斗争，那么，人为什么要这样艰苦卓绝、奋斗求生呢？

这个问题，很多人不想，很多人不说，只是活着。我想，千千万万的人，即使不想，即使不说，也是因为生活里有一件好东西，才觉得值得活，愿意为之活──那件东西，就是爱。

俄国思想家、大文豪托尔斯泰说："爱人、被人爱，是多么幸福！"年轻人当有这个体会，八十岁的老头子老

托尔斯泰（1828—1910 年）

太太，也有这个体会。有了爱，生活就幸福。

我有一个学生，中国人民大学曾经的英语老师汪咏梅，翻译了一本书，名为《四种爱》。作者是英国大文豪C.S.路易斯，《纳尼亚传奇》的作者。很多人看过这电影，但不知道作者是他。他不但写了很多儿童文学、科幻小说，还是一个大学者，研究中世纪文艺复兴的英国文学，是剑桥大学和牛津大学教授，又是一个通俗的神学家、哲学家。第二次世界大战中，英国人民最熟悉的鼓舞人心的广播演讲者，一个是首相丘吉尔，另一个就是他。《四种爱》论述爱，既清晰又深刻。我在中译本的序言里说："爱，是人生最重要的支柱。"这应该是千千万万人的体会吧。

生，我们指的是人的生命，就是人生，它远远不只是生物学说的生命。它复杂得令人迷惑，超过任何迷宫。世上有一门重要的学问，要探究这个问题，那就是哲学。哲学的任务，说到底，就是探索人生。

所以，哲学院的学生很幸运。为什么？很多同学会说：别的院系的同学才幸运呢，他们都在学某个专业，学某种本领，我们学什么本领呢？哲学能算什么本领吗？很多家长也会说：你没有本领，怎么生活啊？

但是，人为什么要生活呢？有本领为生活，生活又为什么呢？人人都想生活幸福，什么是幸福生活呢？有本领就可以挣钱，有了钱生活就幸福吗？这些，大部分学生都没去想，甚至没觉得该想。中学时，课业负担重，要考大学，没时间；上了大学，要努力"学本领"，然后不得不想毕业、求职、挣钱等实际事务。但是，柏拉图说，一个人一辈子都不想想为什么要活之类问题，那就是个可怜的家伙。我们的教育体制有问题。因为一个人需要的绝不仅仅是谋生的本领，还必须有生活的意义，需要知道在生活中怎样对待自己、对待别人、对待世界。明白了人生意义，正确地对待三者，才有幸福可言。

哲学院的学生有时间思考这些，因为这是你们的专业。就这点来说，你们很幸运。你可能把学本领的时间耽误了，没关系——凭你能考上大学的智力或能力，毕业后到任何单位干上一年半载，那点业务还能不会吗？但是你在单位里以后处境怎么样，长远的日子过得怎么样，不取决于那些业务问题，而取决于你怎么对待自己、对待别人、对待世界，换言之，你必须思考人生。

一、爱是一种神秘

刚才说了，生，靠的是爱；所以，思考生，就得思考爱。

生，很复杂；爱，也很复杂。

20世纪大哲学家兼神学家蒂里希（P.Tillich）说：提

到爱，人总会有一种温暖、热情、幸福的感觉。同托尔斯泰说的很相近。但他又说，他很久都不用这个词，不喜欢用这个词，为什么呢？因为这个词被用得太滥、用得太乱。你们想想，在中文里面，"爱"这个词是不是也用得太乱、太滥？文雅的说法如"仁者爱山，智者爱水"，通俗的口语如"南瓜白菜，各有所爱"，高尚的口号如"爱祖国爱人民"，低下的自白如"见一个爱一个"，全都有"爱"字！查一下汉英辞典，中文的"爱"字，至少要用英文的 12 个词来表示它的意思，意思千奇百怪，甚至"铁爱生锈"，也用这个"爱"字！如果用这个字连成词，意思更多——"爱慕"、"爱好"、"爱不释手"……数不胜数。这么多意思，都用一个字表达，当然不准确，歧义很大，乱用、滥用，几乎是必然。

英文中的 love，情况也不妙。我们看英汉辞典，这个词要用 11 个汉语词来解释。名词项下，一大堆意思；动词项下，又有一大堆——从低级的生理活动（比方说兔子爱吃胡萝卜），到高尚的信仰崇拜（比方说基督徒爱上帝），都叫 love。一个词有这么多意思，使用的时候，你不可能每次都指出是哪个意思，这就会有极大的混淆、滥用、误用的空间。

因为"爱"这个词，刚才我们提到，首先引起热情、温暖、幸福等感觉，所以大家觉得是正面的，总是用它来形容好事情。所以，它就可以成为很多坏事、恶事、丑事的托辞、遮羞布。大家可以想，有多少人间的丑恶、秽行、罪过，都以"爱"的名义进行？

比如情杀，有人把自己的情人或者情敌杀死。问他为什么犯此大罪，他会说"因为爱"。又比如第二次世界大战期间，有日本士兵杀害中国人，有德国党卫军军官杀害犹太人。若问他们为什么，答曰因为爱祖国、爱日本、爱德国、爱天皇、爱元首、爱纳粹党（"国家社会主义工人党"的缩写）等。一句话，可怕的反人类暴行，竟然会以爱的名义进行！罪恶竟然与"爱"相关联，这不是很奇怪吗？

这种关联是真的，还是假的呢？我们必须说，有些是假的。比如说情杀，实际上不是因为爱，杀人者杀人的时候，有嫉妒心、报复心，就是没有爱心。还必须说，有些是真的。比如说，第二次世界大战时的许多日本士兵，那时候爱日本、爱天皇是真的，他们真的受到爱国主义宣传的影响。军国主义行为与他们的爱国主义真的有关联。

这些事实说明，"爱"，可以是天使，也可以是魔鬼。这不仅仅因为"爱"这个词太复杂，更因为"爱"这个现象本身太复杂。哲学家马塞尔（G.Marcel）干脆说，爱是一种神秘。

二、爱仅仅是情感吗?

爱,一般人都把它理解为一种情感。你们也是这么想吧?情感都有一个特点,就是不能强制,不能要求。你不能要求人家爱你,要求爱是没有意义的。别人如果不爱你,你要求别人爱;或者你如果不爱某人,但他硬要你爱他,这都很傻、很可笑。爱作为感情,是自发的、自主的、自然的、天然的,有时候似乎是偶然的、天赐的,有就有,没有就没有。对某事、某人、某种东西的爱,都不能强制。爱,首先是一种感情,从内心自发产生的感情。

然而,爱,又不只是感情。因为,我们必须解释这种现象——既然爱不能要求,那么如何解释中国常见的"爱祖国,爱人民"这样一个要求呢?如何解释西方世界两千年来的"爱上帝,爱邻人"这样一个要求呢(所谓邻人,即旁边的、具体的人)?这样的要求影响了千百万民众,影响了千百年文明史,绝不是没有意义的。实际上,这是一种伦理的要求,意思是"你应该"这样做。换言之,爱有伦理的维度,或者说,爱有时不是作为感情,而是作为伦理出现的。

有人说,儒家讲先爱父母后爱邻人,其实耶稣之说也可以这样理解:父母就是所有人的第一邻人——你生下来,抱着你的是妈妈,摸你脸的是爸爸。"爱上帝,爱邻人", 这也是伦理要求。

中国古人也有类似要求, 要求皇帝"敬天爱民", "勤政爱民", 皇帝应好好办公, 料理国事, 爱老百姓。一般人也应敬天爱人。假如你把爱理解为仅仅是情感、感情, 中国西方都有的这种现象, 就说不通了。爱作为情感, 是不能要求的呀! 所以, 我们应该把对爱的理解扩大, 注意到爱不仅是感情或情感, 而是具有伦理学的含义。要求皇帝爱百姓, 这是一种政治伦理。政治要以伦理为基础。西方哲学中, 伦理学与政治学常常放在一块, 即对统治者有要求, 对国家制度有要求, 要求其符合道德。因为有些统治做法不符合道德, 有些国家制度不符合道德。所以, 伦理学很重要, 从伦理角度理解"爱", 有更高、更宽、更重要的含义。

前面提到的蒂里希又指出, 爱还有第三层意义, 即"本体论"的含义。所谓本体论, 讲的是万事万物的存在本身, 或万事万物的本源、宇宙的本源。这个话题, 我们放到最后再讲。

三、三种爱

爱是这么复杂, 又这么重要。难怪古今中外无数的诗人、无数的作家, 都在写爱——爱情成了文学"永恒的主题"。爱情这个词应该换成"爱", 因为我们现在知道爱不只是一种"情"。古希腊有荷马、萨福，有悲剧家、喜剧家；古罗马有维吉尔，有奥维德；中世纪有传奇，有罗曼史，还有神秘主义者对爱的解释；近现代则有无数的小说家、戏剧家、诗人，还有更多的哲学家、心理学家、伦理学家……都在描写爱，都在解释爱。在中国也一样，从《诗经》的"关关雎鸠，在河之洲"，到汉代的《孔雀东南飞》，再到唐诗、宋词、元曲、明清小说，也都在描写，在解释，无穷无尽。不过，文言中的"情"字同现代汉语中的"爱"字，相关而不等同。

爱，不光在语言上复杂，本身就很复杂，我们需要对它进行分析。西方哲学在分析方面比较擅长，把概念分得很清楚。例如，蒂里希用了四个词来表示"爱"的四个重要特性——libido，音译"里比多"；philia，音译"菲利亚"；eros，音译"厄洛斯"；agape，音译"阿加佩"。

第一个词是拉丁文。弗洛伊德用这个词表示人要自我实现的冲动或欲望。中文相应的词是欲，欲望的欲。

后面三个词都是希腊文。philia 主要是指人际的、人格性的，人和人之间的爱。比如人对人的信赖，人对人的亲近，人对人的友谊。

eros 在西方最常用，大部分人理解为情爱，从感情或情感角度理解。所以男女之爱常用它表示。但是蒂里希指出，它也可以用来表示对抽象对象的爱，比方说对真、善、美的爱，对音乐、艺术的爱。

最后是 agape，要注意的是，整整一部《新约圣经》（《旧约》是用希伯来语写成的，《新约》是用希腊语写成的），都用这个词表示"爱"，表示从上帝来的爱。所以我们翻译成"圣爱"，也可以说是对天地万物的爱。

西方学者用这么多不同的词汇来表示爱的特性，所以他们对爱可以分析得很清楚。那么，中国学者能不能用中文词汇来做这件事呢？中国的普通人对"爱"这个词使用得很混乱，也需要做一个分析。我们平时对这个词的理解，侧重于感情，很少想到伦理学，更少想到本体论的意义。然而，中文里面也能找到几个词，对分析爱的复杂性很有用，能帮助我们澄清很多误解，消除很多混乱。

那就是"喜爱"、"情爱"、"仁爱"。它们可以表示爱的三种大不相同的特性。

另外一些词，例如"热爱"、"挚爱"、"酷爱"，是把不同的副词放在"爱"的前面，表示爱的强烈程度，并没有把爱的不同特性区分开来。现在我们要对爱做一个"质的分析"，而不是"量的分析"。所以这些词没有用。有用的是"喜爱"、"情爱"、"仁爱"这三个词。

对爱做"质的分析"、特性的分析，怎么做呢？可以从三个方面做。

第一，爱的起因——对一个对象或者一个人的爱，是怎么来的，如何产生的，是什么原因导致这爱的产生？

第二，爱的趋向——这爱产生之后，往哪里走，朝哪个方向运动，这爱有何趋向？

第三，爱的关系——爱者和爱的对象（即被爱者），二者是什么关系？

这样，我们就有了三个指标，用来分析爱的特性。

四、"喜爱"

现在我们是在严肃地、认真地分析爱，所以我们对这三个普通的词，要做比较严格的解释或定义。

首先，"喜爱"，是指起因于对对象的认知，由于认识到对象有某些优点、长处、美点、好处等，因而产生的爱。它产生之后往哪里走？有什么趋向？它趋向一种欲望。所以，它很接近于刚才说的"里比多"，或者儒家和道家说的"欲"，佛家说的"贪"。喜爱包括欲爱、嗜爱、性爱。

其次，"喜爱"的起因，是因为我们注意到或意识到，对象有可喜、可爱、可欲的性质。比方说，我喜爱肉包子。为什么呢？因为我的鼻子发现肉包子有香气，我的舌头发现它有香味，我的营养知识告诉我，它可以给我营养，所以我对它有一种喜爱。特别是肚子饿的时候，见到它，就生欲爱。又比方说，小白兔喜欢吃胡萝卜，喜欢吃青草，这是它的习惯；有些人喜欢抽烟，有些人喜欢喝酒，长时间如此；某人特别喜欢吃肉包子，在食堂里面老买肉包子，我们可以把这叫做嗜爱，"嗜好"的嗜，也是一种喜爱。

喜爱包括一时产生的"欲爱"，一贯都有的"嗜爱"，还有正常人和动物都有的"性爱"，单纯的性爱。性爱，直接起因于认知到对象的性特征，可喜的外表特征、体型特征等。那些特征也会有某些长处、优点、美点等是可欲的，例如现在流行词语中的"帅哥"、"靓女"、"三围"等，都是这个意思。认知到对象的这些特点对自己有益处，自己很喜欢，所以产生了这种爱。

再次，"喜爱"往哪里走？它的趋向是怎样呢？这趋向是：控制或占有爱的对象，或者同它相结合，从而利用或享受对象的长处、优点、美点、好处。比方说喜爱肉包子，趋向就是拿过来、占有它，吞下去、同它"结合"，使它的营养变成自己身体的组成部分。小白兔把胡萝卜吃掉，嗜酒者把酒喝掉，也是如此。喜爱也可以是"高级"的，比如喜爱贝多芬的音乐，是因为认识到贝多芬音乐的雄壮、气势，发现它的优点，产生喜爱。于是，要占有它，赶快把磁带、音碟买来，在家里慢慢欣赏。比如喜爱梵高的画，趋向就是，走到市场上，把它买过来，放在家里天天看。喜爱当然可以指向人，趋向也一样——喜欢某个小孩，是因为发现他很活泼，讲话特别逗。趋向呢？就是要同他在一起，让他来家里玩，享受他的可爱，就是享受他的长处。还有性爱，也是如此：喜欢对象的性特征、长处、美点，然后就想与之结合，即一般所谓的占有。

最后，"喜爱"的关系又如何呢？爱者和被爱者，二者是什么关系呢？在喜爱中，爱者和被爱者的关系，是"我与它"的关系。

这是什么意思？这是20世纪犹太哲学家布伯（Martin Buber）的说法。他说，人同世间万物的关系有两种，一种是"我与它"的关系，I-It关系，另一种是"我与你"的关系，I-You关系。在前一种关系中，我是主体，是主动者，他人是客体，即对象，是被动者。主体利用、占有、使用客体或对象。客体即"它"是为我服务的。因为喜爱的趋势是利用、享受对象的优点，所以爱的对象即被爱者，成了为主体即爱者服务的对象。二者的关系是不平等的，"对象"被视为"客体"（两个词在英文里都是object，也有"物体"的含义），被视为"它"——我为主，"它"为从，我为主，"它"为客，"它"是为我服务的手段。刚才讲的肉包子、胡萝卜，当然是这样，贝多芬的音乐也会是这样。人呢？人也可能被弄成这样——如果你喜爱那个小孩，仅仅是因为他让你高兴，你让他来玩儿只为了让你快乐，并不尊重那个小孩，那么就把他变成你高兴的手段或工具了。这样的爱的关系，就是"我—它"关系。

与此类似，如果张三喜爱李四，仅仅因为对方的性特征，如果张三对李四仅仅有性爱，那就把李四当成了满足性欲的手段，这时候李四就被贬低为一种工具。这样的关系，就类似嫖客跟妓女或者男妓的关系了。这个时候，对方虽然是一个人，但是已经沦落为一个物、一个工具。单纯性爱的关系，也是"我—它"关系。

以上，是对"喜爱"现象进行描述，我还没有做价值判断。必须承认，喜爱是人生离不开的。我们讲"爱与生"，我们的生活离不开这种爱。但是必须补一句：如果只有这种爱，人就不复为人，人生就不再是人生。为什么呢？

第一，生活离不开这种爱，没有这种爱我们活不成——作为个体，一个人没有对食物的喜爱，就活不了；你如果厌食，肉包子不吃，素包子也不吃，白米饭不吃，馒头也不吃，这不吃，那不吃，没有对食物的喜爱，你怎么维持生命呢？作为群体，如果没有性爱，人类就没法生存，因为没有后代，怎么延续呢？所以没有这种爱，个人没法活，人类也不能活。

第二，如果仅仅有这种爱，人的特点就没有了。为什么？因为喜爱并没有把人和动物区分开来——人和动物都有这种爱。老虎嗜爱肉，白兔嗜爱青草，二者饿时都有欲爱，发情时遇到异性也有性爱。这些爱，即喜爱，人和动物都有，它是自然的，不能使人超越自然。喜爱体现的，是人的自然性、物质性、生物性、动物性的一面。所以如果只有这种爱，人就和动物没有区别，人的生活和动物的生活就没有区别，人生就不再是人生。

五、情爱

"情爱"，是指同对象接触、交往、相处，由于有某种正面的感觉而产生的爱。它的趋向是"自我加强"，即自己变得越来越强、越来越深。它接近于前面讲过的"菲利亚"和"厄洛斯"，或者儒家、道家讲的"情"，佛家讲的"爱"。我们发现有四种爱属于"情爱"——友爱、恋爱、亲子之爱、手足之爱。"情爱"及其包含的这四种爱，表现出同"喜爱"很不一样的特性。

首先，它的起因，不是由于认识到对象有什么长处、优点、美质，对爱者有好处，可以利用它；而只是由于接触、相处、交往，产生了正面的感觉或感情。这种爱的原因就这么简单。当然，这种感觉和感情，必须是正面的，或舒服的、愉快的。如果觉得对方很讨厌，就不可能建立情爱。

大家会觉得，情爱的起因，也包括认识到对方的优点、美质、长处之类。粗略地看，的确如此。这是因为，爱是一个整体，情爱是同喜爱连在一起的，所以两者的起因常常混杂难分。但是，现在我们解剖爱的现象，用不同的概念来分析爱的不同侧面、不同特性，就能理解，在情爱起因中，对优点、美质、长处的认识与上述"正面的感觉或感情"类似且有关联。但是，情爱几乎没有狭义理性或算计的成分，因此纯粹的友爱、恋爱、亲子之爱、手足之爱不应有利用对方的倾向。而且，人们常说爱应能"包容对方的缺点"，即指情爱，因为上述喜爱所注重的恰恰只是优点。在情爱中，所谓缺点只不过是对方的特点，是爱者因相处而熟悉、因熟悉而习惯的特点。

说到相处而产生好感，恋爱不是有"一见钟情"的吗？有些人似乎不需要相处就恋爱了？我们说的相处，是英文的 encounter，即"相遇、接触"之类。其实人对人的感觉，往往不在乎时间的短暂或长久。"一见钟情"的"一见"，包含很丰富的内容。装束、长相、气质、谈吐、表情、眼神等，尽在一见之中。老百姓说"眼缘"，是太"玄"了点儿，仔细想想，也包含很多因素，那是一种直觉，不是慢慢分析能够得来的。要分析的话，一年两年也分析不透，三年五年也未必能"看透"一个人呢！

其次，这种爱的倾向是什么呢？它不是倾向于利用、占有、享受对方的长处，而是倾向于"自我加强"。自我加强是什么意思？就是说情爱自身变得越来越浓、越来越深，不愿意离开对方，离开了就不舒服。你们刚刚离开父母的时候，会想念他们，会不舒服吧？或者你一个人在家，父母都去旅游了，你就会觉得孤单。这就是"亲子之爱"，是长时间形成的一种很浓的情爱。

独生子女能不能体会到"手足之爱"呢？如果你有很好的朋友，或者你有很好的表弟表妹、堂哥堂姐之类，也可以体会到——如果你们经常在一块玩儿，离开之后会想念，这就是一种情爱，因为相处而产生的情爱。手足之爱和亲子之爱，难道不是因为血缘，而是因为相处而产生的吗？你设想一下，如果你一生下来，就被送给别人了，送到远远的地方去了，那么你同亲生父母就不会有情爱了。当你长大后知道了你的身世，你会想要寻找亲生父母，那是一种传统观念，即血缘观念在起作用，不是情爱。我们最近经常看到这类新闻报道，一些人千辛万苦，终于把失散多年的儿女找到了，但是孩子居然不愿意回到亲生父母身边，愿意继续留在养父养母家里，因为同亲生父母很生疏、很隔膜。手足之爱也一样——如果你同亲哥哥、亲姐姐从小就分开，那也不会有什么情爱；对邻居小孩反而有，对同班同学反而有。因为这个同学、这个邻居和你相处过，产生了一种情爱，即友爱，这就是所谓日久生情。所以我们说，情爱是相遇、接触、交往所产生的正面感觉引起的。它的趋势是自我加强，即越来越浓厚、越来越强烈，时间越久越难分开。你们可能有友爱或者恋爱的经历，可以证明这一点。

最后，情爱的"关系"又如何呢？在情爱中，爱者与被爱者的关系，是马丁·布伯所谓"我与你"的关系，"I-You"关系。不是"我与您"，而是"我与你"。这是一种亲密的、亲近的关系。在这种爱里面，爱者和被爱者都是人，是平等的，爱者没有把对方当客体，没有把对方当作利用的对象，没有企图占有对方、利用对方、享受对方的优点。即使是其中最冷静的一种关系，即友爱关系，也是如此。友爱的关系现在很少见，古代很常见。因为我们现在这个社会，一方面太现代化，另一方面又不现代化——现代化是各方面都理性化，现在我们在好多方面，包括制度方面，还不那么理性，所以要改革。我们日常生活的环境已经过于现代化。比如北京市范围内就过于城市化，2000多万人挤在城里面，好几个国家加起来，丹麦、荷兰加挪威，人口还没北京多。周围绝大多数是陌生人，所以我们认识的人太多，深交的人太少，亲密的友爱关系很少。这是人性的一种倒退，很可悲。古时候，例如中国的刘关张、李白和杜甫，古希腊、古罗马很多名人，相互友爱至深，论述友谊也至深；连到中国的传教士利玛窦，都有《论友爱》的名篇传世。

如果你发现，某人与你交友，原来只不过是想利用你，比如你可以帮他做作业，或者你可以帮他付账单，或者你可以帮他找工作，总之是利用你为他服务，你发现之后，什么感觉？肯定说"拜拜"，不做朋友了，因为那是对你的长处或"用处"的喜爱。真正的友谊或友爱，应该是情爱。情爱也不是一方控制另一方。如果你发现，你的朋友只许你和他做朋友，不许你交别的朋友，不平等、很霸道，你也会说"拜拜"吧。

恋爱关系更是这样。如果你发现，对方原来是只有性爱，只把你作为满足性要求的工具，你也会想，我可不是妓女或男妓，你也会说"拜拜"吧。因为恋爱不是纯粹的性爱，"我—它"关系不属于恋爱关系，所以恋爱在其中没法维持下去。

甚至连亲子之爱、手足之爱中的关系也是"我—你"关系。中国的家庭关系常常出现这样的问题：所谓"养儿防老"，把儿女当成了养老金，这样亲子关系就会出问题。儿女会不高兴，因为亲子之爱应该是情爱。反过来呢？如果父母感觉到儿女只知道要钱，把父母当成了取钱的银行，父母也会不高兴，关系也会出现问题。在这些情况下，一方把另一方当成"它"，忘了对方的人格。"我与你"，这个"你"字有人旁，是人不是物啊！连对小孩子也不能这样，因为小孩也是具有平等权利的人，长大了更应该独立自主。

情爱属于人，表明人不仅仅是动物；情爱体现了人的社会性，表明人不能脱离他人而生活。所以，情爱使人超出了或超越了自然，在万物之中卓然挺立。但是，情爱所依靠的"正面感觉"或"正面情感"，乃是爱者的感觉或情感，所以，情爱不能使人超出自我或超越自我。

因此，正如人不能只有"喜爱"，人也不能只有"情爱"；人还得有第三种爱，即"仁爱"。

六、"仁爱"

最后，我们来讲"仁爱"。仁爱是由于知道对象存在而产生的爱。它的趋向，是"使对象存在"。它大约相当于前述《圣经》希腊语的"阿加佩"（agape），儒家所谓"仁"，道家所谓"慈"，佛家所谓"悲"。它也约略相当于中文的"博爱"、"大爱"、"泛爱"、"爱心"等词。

首先，"仁爱"的起因，是知道对象存在。是的，很简单；但是，可能吗？有这样的爱吗？既不是由于看到爱的对象有什么长处、优点可资利用、可以享受；也不是由于同对方接触、相处，有一种正面的感觉或感情，仅仅是由于知道对象"存在"？！

"存在"是什么？一方面，存在就是存在，就是最简单的"有"的意思，人人都懂得，你当然也懂得！另一方面，它是一个最大的、最普遍的哲学概念，这就谈到了前面提到的"本体论"，本体论也叫"存在论"，讲的是万事万物的存在，世界或宇宙的存在本身。这个概念在英文中用 Being 表示，在德文中用 Sein 表示，在中文中有"实、有、是"等多方面的含义。莎士比亚的《哈姆雷特》里面那句名言"to be or not to be，this is a question"，在中文本里被译成"生，还是死，这是个问题"。但是这个 be，意义远比"生"的意思丰富得多。哈姆雷特要考虑的，绝不仅仅是要生还是要死，还有更重要的（他这个人不在乎死的）。他总在犹豫不决，为什么？他要考虑的事情太多、太重要：是要做丹麦国王呢，还是做杀人犯（如果他不杀人，可能顺利地当国王；杀人呢？可能就要被处死）？是要做个懦夫呢，还是做个勇士？是要做爸爸的好儿子呢，还是做妈妈的好儿子（前者要求他杀死叔叔为父亲报仇，后者要求他忍辱负重让母亲高兴）？那戏剧很精彩，还涉及哈姆雷特与朋友的关系，与恋人的关系，与未来岳父的关系等。所以这个 be，仅就人而言，就绝不仅仅是简单的"生"，而且涉及人"是"什么，涉及人的本质。

我们来回答前面的问题：这样的爱，即"仁爱"，仅仅由于知道对象存在而产生的爱，不但可能，而且是大量存在的事实。它似乎非常高远，但又非常平易。

举一个似乎高远的例子吧。这样的例子其实很多很多。

　　有一个女孩，名叫特蕾莎，生在前南斯拉夫的马其顿；小时候到老远的爱尔兰读书、当修女；然后到更远的印度去当中学教师。她住在加尔各答一所高级女子学校的高墙大院里，有漂亮的花园，生活安逸舒适。但是她走到外面时，看到有乞丐、弃儿、流浪者、麻风病人、垂死的人、病重的人、残废的人、身上长着蛆虫的人……于是，她找了几个修女帮忙，又到处奔走求告，找到一个破庙，把这些人安顿进去，为他们治病，设法提供吃的、穿的、盖的、住的。她只做这些事情，从不募捐，但是世界上有不少老板、富翁捐钱给她，许多国王、总统都是她的粉丝或朋友。她组织的"仁爱修女会"，有了好多钱，她的手下有了好几千人，在全世界有了很多分支机构。但她还是只做这些事情，她自己只有两套衣服可以换洗，脚上只有一双凉鞋，房间里只有一件电器，就是电话机。她要求手下的修女们像她一样"是"穷人，成为穷人。为什么？因为她知道，只有这样，她们才能真正平等地对待那些受帮助的人；因为她知道，那些人同别的人一样，需要的不仅是吃的、穿的、用的，还需要平等、尊重和爱！所以她会跪在那些人面前，用手拣出他们伤口里的蛆虫！她获得诺贝尔和平奖，按惯例，颁奖时要开宴会，她要求不开，拿宴会费去建艾滋病院。人家送她高级林肯轿车，她马上卖

特蕾莎修女（1910—1997年）

掉，拿钱去建麻风病院。她死的时候，印度几十万人自发地上街去追悼她，印度政府为这个外国"嬷嬷"举行了国葬！

特蕾莎在街上看见的那些人，有什么长处、优点可以利用呢？她和那些人相处过，有正面的感觉，很愉快、很高兴吗？她根本就不认识那些肮脏、患病、衰弱、垂死、散发着臭气的人。她的爱心，她对那些人的仁爱，绝对不是由于知道他们有什么长处或优点，不是由于同他们相处有正面的感觉，而仅仅是由于知道他们存在——这个老人在这个世界上，这个孤儿在这个世界上，这个病人在这个世界上……就因为他们在世界上，知道他们存在，所以她爱他们，所以她付出那么多的努力去做这些事情，让他们活下去，至少死得有尊严。我们也把这称为"大爱"。所以我为她的书写的中文本序言，题为"怀大爱心，做小事情"。

再举一个似乎平易的例子吧。这样的例子就更多了。

我们每个人，在不同程度上都有这份爱心，都有仁爱。比方说，四川汶川大地震，你们都捐钱，都想帮一把。如果你捐了钱，或者出了力，就显示了仁爱。因为那些受灾的人，你不认识，没有因相处而产生的情爱；你更不知道他们的长处、优点，没有因此产生的喜爱，更不想利用他们。你的爱就只是因为那些人还存在，是"幸存者"，所以要帮助他们，让他们活下去。无数的美国人为海地人捐钱、为印尼人捐钱、为非洲人捐钱，他们也不认识那些人，不知道那些人的优点，没有同他们相处过。那就是仁爱。

又比如说，如果你为动物保护，付出了金钱、精力，或者时间。有些动物保护者不畏艰险，跑到北极，在北极熊身上涂一些油漆，以免一些人把北极熊打死取皮。假如你为保护北极熊、大熊猫、华南虎、扬子鳄，捐了钱、出了力，那就是有仁爱。这爱的起因，不是由于对方的好处。大熊猫胖乎乎的挺可爱，扬子鳄有什么可爱的呢？再说，你同它相处过吗？你和扬子鳄在长江里一起游泳，对它有好感？没有的事！你也没和华南虎一起生活过，你对它有什么感情呢？所以，世界上有一种爱，不是因为对方有什么好处而喜欢，也不是因为和对方相处有感情，而是仅仅因为对方存在，就成了爱的理由。这就是"仁爱"。

其次，仁爱的趋向是什么？就是让对方存在，使爱的对象存在。由此，当然，对方的一切长处、优点、特点等，也得以继续存在。

比如，同前面提到的"情杀"相反——你同一个女孩恋爱了一阵，她却爱了别人，你追不回来，就友好地分手，并且祝福她，这就是你的爱当中同"喜爱"、"情爱"并存的"仁爱"起了作用。因为你还有仁爱，它的趋向是让对方、让其一切特点存在。那个女孩继续活着，她的一切特点以及她的幸福（同爱人在一起的幸福），也才继续存在。

又比如，扬子鳄有什么特点，华南虎有什么特点，要让它们活下去，传下去，才能存在。它们的优点和长处，当然会同时存在，但是你不会去享受。有些毒蛇是被保护的，它们的毒液可以治某种病，你不会得那种病，你不需要它们，对不对？你享受它们什么好处啊？但是，保护它们，就是要使它们能够存在。这种爱的趋向，就是使爱的对象存在，从而使其一切特点，不管是优点还是缺点，长处还是短处，全都存在。这就是仁爱的趋势或倾向。

最后，讲"仁爱"的关系。仁爱的关系似乎很奇怪：不是"我—它"关系，也不是"我—你"关系；是三个"我"的关系，两个"我"在下并列，一个"我"高高在上，构成一个三角形。

仁爱者非常尊重爱的对象，最高境界就像耶稣讲的"爱人如己"，爱别人像爱自己一样。这是把对方也作为主体，同"我"一样的另一个"我"。特蕾莎就是一个例子。她跪下来，帮乞丐把蛆虫拿出来；为了让穷人有尊严，她自己变成穷人，因为她把穷人看成同她一样的人，看成另一个"我"，和"我"一样需要尊严，需要尊敬，需要爱。你问她为什么能这样，她说，因为我们都是上帝的儿女，因为上帝爱我们，所以我们要彼此相爱。她的理由来自上帝。为什么有仁爱，刚才我们说了起因，似乎说不出理由，找不出人间利益或感情的理由，道德的理由或人际关系的理由。这里有的只是宗教的理由：为什么爱他（她、它）？因为我是上帝的儿女，他也是上帝的儿女，既然上帝爱我，我也爱他，因为上帝也爱他。这就像一家人，兄弟姊妹相爱，是因为他们知道，父母是爱他们的。所以我把这种关系称为"三个我"的关系。这是一个立体关系，突破了"我与它"和"我与你"的平面关系。

我们说过，第二种爱即"情爱"，使人超出了动物的层次，超越了自然。"情爱"是人间美好的东西，但是它没有使人超出自我中心，因为对人的正面感觉，还是我的感觉，对人的依恋，还是我的依恋。然而，第三种爱，即"仁爱"呢？这种爱，既使人超越自然，又使人超越自我，使人成为一个真正超越了自我中心的人，体现了人身上的"神的形象"或神性。为什么？

中国的"仁"这个字很有意思——一个"单人旁"，加一个"二"字，一来表示这事情只有人才有，这种爱属于人；二来表示这事情超出了一个人，超出了"一己"的范围。这就进入到了人的团体中。那么为什么说，它还具有一种本体论的意义呢？我刚才讲了，本体是指世间万物的本源，整个宇宙世界的本源。本源是什么？中国古人用一个比喻来说，叫做"道"。"道"本来指道路，转义成了最普遍原理的意思。《老子》说："道生一，一生二，二生三，三生万物"，道是万物之母；《书经》说："天生烝民，有物有则"，天即"上帝"，创造万物万民，并且赋予它们以法则。在商代甲骨文里说"帝"即上帝，在周代《诗经》、《书经》里面经常说上帝，后来慢慢改变了说法叫"天帝"，然后又改变说法叫"苍天、皇天、昊天"，后来干脆简称为天，所以"天"在儒家的思想里是最高的、万物的来源。按基督教的说法，上帝是万物的本源。"天"也好，"道"也好，"上帝"也好，最根本的意思，就是

"使万物存在",就是使万物产生、生长、延续、发展,即上帝创造世界。基督教的说法、犹太教的说法、伊斯兰教的说法,都与此相似。不论不同的民族语言、民族文化、民族宗教,称之为上帝、天主、天还是道,名称不同而已,都是指造物主或创造万物者。"创造万物"是什么意思呢?就是"使万物存在"。使万物存在,就是刚才我们说的仁爱的趋势——使对方存在,就"造物主"来说,世界万物就是那个"对方"。所以,那是最大的仁爱。印度教把这个造物主或世界本源,称为"阿特曼",就是"我"的意思,当然,那是一个特大的"我",在上边的"我"。

由于上边的"我"有大仁爱,下边的"我"也有小仁爱、有限的仁爱。人没有那么大的本事,让万物从无到有的存在。但是在很多情况下,人可以使对象、使很多东西继续存在——保护大熊猫,让它们存在下去;保护鱼类、鸟类,让它们存在下去;保护和平,保护环境,让人类存在下去……我们可以帮助做好这些事情。

这样做,按照中国传统的说法,就是"赞天地之化育"。儒家说"天行健"、"生生不已",就是化育万物,同道家"道生万物"类似。那么,西方传统怎么说呢?"作上帝之同工"!"作"说成"为"也行;"同工",就是一起工作的人。上帝创造万物,所以人应该同上帝一起工作,做类似的工作,或者帮助工作,让万物继续存在。

　　大熊猫、扬子鳄、华南虎，是天地化育的，上帝创造的，不是人造的。所以，人应该也只能去保护它们，那就是赞天地之化育，作上帝之同工。这样，仁爱就上升成了本体论或存在论意义的爱。有了这样的爱，人生才是真正的人生。人是要不断上升的，因为人有超越性，要不断超越自然，超越自我。情爱使我们超越自然，仁爱使我们超越自我。特蕾莎的书题为《活着就是爱》，我想应该说，"爱才是活着"。因为有爱，人才是作为人活着；这个爱，主要就是仁爱。

　　只有喜爱，我们是作为动物而活着；只有情爱，我们只是自私地活着；要有仁爱，我们才能作为真正的人活着。喜爱，让我们有了生物性的生；情爱，让我们有了社会性的生；仁爱，让我们有了宇宙性的生。只有一种长阔高深的大爱，才会给我们一种真正的、丰富的人生！

第 五 讲

哲学不是什么？

臧峰宇

大家好！很高兴今天与大家分享一个需要沉思的问题：哲学是什么？关于这个问题的讨论至少有 2600 多年的历史了，古今中外的哲学家对此做出了异彩纷呈的回答。在今天回顾并反思这个厚重的问题，仍然能让真正理解它的人们显得"不明觉厉"。但是，直接回答这个问题有些艰难，我们需要从反向的角度来思考。因而，今天我们试图通过理解"哲学不是什么"来思考哲学可以被视为什么，进而理解"哲学是什么"。

哲学与其他学科最大的区别在于，很难对它作出类似于标准答案的明确规定。当我们问数学是什么、社会学是什么、物理学是什么的时候，很容易得出明确的标准答案。但是哲学不同。如果想问倒一个哲学家，不用选择其他问题，只这一个问题就够了。关于这个问题，几乎每个人都能给出一种答案，每个人的回答通常都只是在说明一种哲学，或者体现理解哲学的一种方式。当然，也有很多答案离哲学甚远，它们是哲学所不是的东西。在我看来，大致有三种理解体现了对哲学本性的误解。

第一种理解通常把哲学等同为一种知识。很多人认为，只要记住一些哲学概念或哲学命题，甚至只要记住一些哲学家的故事，就理解了哲学本身。有的人擅长记忆，能把这种记忆转化为文字，似乎体现了对哲学的知识性理解。其实，这种理解尚未进入哲学的门槛，因为哲学所理解的对象性知识，不是日常生活中的知识。如果我们借用佛学的语言，可以说这种对知识的学习实际上是一种"识知"，识知所获得的通常只是经验，只有从识知走向"智知"，才可能逐渐接近思想。从识知到智知，是转识成智的过程，就是从一种具体的科学知识进入思想的领域，这是一个思的过程。所以，把哲学理解为知识，乃是对哲学的误解。哲学不是现成的东西，我们无法在一些确定性的知识中把握思想的开放性，为此应当在有思想性的境遇中获得生活的可能性，在这个意义上，哲学是讲求理想、相信未来的学科。正是因为这种对理想和未来的相信，使我们当下的生活变得有意义。一种可能性，一种超越当下状态的更美好生活的可能性，使生活充满了希望。我们没法容忍自己过毫无希望的日子，因而我们的生活不能缺失哲学。而错将知识误解为哲学，实际上离哲学还很遥远。

第二种理解认为哲学是一种科学。哲学曾经和科学融为一体，被认为是科学之科学、科学的母体或科学的王冠。但是，随着学科不断分化，具体科学逐渐走出哲学的怀抱，哲学变成了一个审视具体科学的意义的学科。当我们审视某个具体科学背后的意义的时候，实际上就进入了思的世界。科学研究某种问题，或者研究解决问题的方式和手段，因而非常实际。在各种各样实际的问题面前，哲学有些不切实际，因为哲学不愿意陷入实际事物的纠缠之中。它希望在把握各种实际问题的同时，获得一种超越的存在，所以它面对的是超越现存的真实的世界。当我们探寻哲学的真实的时候，实际上进入了不同于日常生活的思想的世界，这是一个曼妙的存在，是具有无限可能性的领域。科学讲究具体，讲究正确，讲究日常意义上的真实，而哲学不太追求这些东西。但这并不意味着哲学远离日常生活。哲学要在日常生活的基础上寻求一种可能的真实。当我们观看《动物世界》这类纪录片时，会看到一些雄壮的生命在草原上奔跑，这是真实的，在那个时刻，有那样一些生命，在那片草原上体现它们的活力，但这种真实需要思想的过滤。为什么选择展示这片草原上的这些生命，为什么在这个时刻展示这种姿态，都体现了主观选择。所谓"零度真实"在哲学的真实面前显得不太真实。可见，研究哲学并非只是对实际生活的感知，而要在实际生活的基础上探寻真理，这个与科学不同。而且，把哲学当作科学有很大的危险，就是当科学存在问题的时候，我们没法找到另一种体现可能性的学科，引领科学实现价值目的。所以，哲学不能被理解为科学。

第三种理解认为哲学是一个名词。大多数人都把哲学当作一个名词看待，其实哲学的希腊语是"philosophia"，"sophia"是智慧，而"philos"是趋向于。如果我们不爱某个事物，是很难趋向于它的。当我们看到一个不喜欢的人，可能装作看手机或看别的事物，以错过与他相遇。但如果前面有一个我们喜欢的存在，尽管对方没注意到我们，我们还是想趋向于这个存在，此乃人之本性。当我们面对智慧的时候，感到智慧非常可爱，因为值得爱而选择去爱。"philosophia"这个概念告诉我们，哲学是爱智慧，这意味着哲学并非智慧。它体现了思想的痛苦，因为我们永远不能抵达智慧。在某些哲学家看来，智慧这个词太大，它似乎是属于比人更高的那些存在的。人所配享的是对智慧的爱。但是人在爱智慧的过程中，会获得对自我以及当下日常生活超越的契机，这种超越的爱的维度，对人类生活非常重要。我们不是智慧，我们也不占有智慧，但是我们可以爱智慧。这是哲学给我们提供的一项思想建议。当一个不太懂得哲学的人面对智慧的时候，会很自信地认为自己是智慧的。我们描述儿童时常用的词叫做聪明，聪明这个词的褒义是比较有限的。如果一个人到了70岁，还被夸奖很聪明，对于他而言几乎等于得到一种讽刺。而当我们说一个人是智慧老人的时候，实际表明这个人对智慧的爱抵达了相当的高度，是值得我们尊敬的。当一些只是有点聪明的人自诩智慧的时候，实际上还不够自知，他们应当知道，人类对哲学的理解体现了爱智慧的无限的旅程。这种理解可以使生活更加厚重，我举几个例子来说明这个问题。

有一个大家可能都非常熟悉的故事，有一个央视的记者采访西部的放羊娃，他问放羊娃为什么放羊，放羊娃说因为要赚钱。为什么要赚钱？因为要娶婆姨。为什么要娶婆姨呢？要生娃。为什么要生娃呀？让娃放羊。这是一种平移的思维方式。一个生命的存在，经过若干岁月之后，获得的仍然是多年前的生命存在状态。哲学不能容忍这种平移的思维方式。但是，当很多人对这个放羊娃深表同情的时候，他们的思维真的超越了这个放羊娃的水平吗？今天很多城市人是否一定比这个放羊娃更懂得超越的思维方式呢？有一位家长跟他的孩子有很深的代沟，希望我能为他解决一些困惑。我问他为什么让孩子上大学？他说因为今天是知识经济时代，如果不上大学，特别是不上一所好大学，怎么会找到一份好工作呢？我明白了，是因为要找一份好工作。那么，为什么要找一份好工作呢？他说不找好工作，就不会有很好的收入，有时一份好工作所得的收入是其他工作的几倍。哦，原来是为挣更多的钱。为什么要挣更多的钱呢？他说，哎呀，如今大家都很现实，如果他没有很多的钱，哪个漂亮的女孩子会嫁给他？原来是这样，那么，为什么要娶一个漂亮的女孩子呢？他说因为漂亮的女孩子基因非常好，会生一个聪明娃。我们且不去质疑这里存在的常识性的问题，先按照这个思路走下去。为什么要生一个聪明娃呢？因为聪明娃会上一所好大学。为什么要上好大学？因为要找份好工作，为什么要找份好工作？因为要挣更多的钱。为什么挣更多钱？因为要找一个漂亮的女孩子结婚。为什么要找一个漂亮的女孩子结婚？要生聪明娃。为什么生聪明娃？让聪明娃上好大学。我不认为这种思维方式超过了放羊娃的思维方式，哲学所探究的螺旋式上升的思维方式与这种思维是不可同日而语的。哲学探究的是在今天的世界之上寻求更美好生活的可能。它是开放的，不能陷入某种约定俗成的思维禁锢之中。这一点需要我们认真对待，因为我们研究的是一个可能使我们拥有对智慧的爱的学科。这个故事告诉我们，哲学不远离生活，但是它超越生活。

哲学还有一个别名叫形而上学，这个别名来自于古希腊哲学家亚里士多德，尽管亚里士多德毕生没有使用过这个概念。亚里士多德学园的传人在整理亚里士多德遗稿时发现在《物理学》这本书后面有些书稿，就直接将这些文字叫做"物理学之后"。这个直白的表述恰恰给我们提供了重要的哲学提示，就是哲学是在物理学背后探究它的意义世界的。当我们在日常生活中对某些事情加以揣摩、思考之后，才能找到超越这个事物的可能性。形而上学距离今天有很漫长的历史，曾有过多种存在方式。通常我们认为形而上学是物理学之后，比如这是一个笔记本，这个同学在这个笔记本上写了很漂亮的字，然后他画了一幅图。这是我们一看就知道的，但当我们追问为什么在这个笔记本上描绘如此美丽的世界的时候，实际上就进入了对物理学背后的意义的探寻，这种探寻使我们进入对现象的前提性思考，在一定的意义上进入了哲学的领域。所以，形而上学提示我们，要在当前生活之上追问一种意义，追寻一种更好的生活。但是，如果我们没有爱智慧的能力，就连对当下生活的判断力都是值得怀疑的。所以当人们说哲学没用的时候，实际上指的是哲学可能难以解决实际问题。这种乏力有时固然需要哲学家避免，但我们也要深知，哲学所看重的"用"是超越了各种具体的"用"，实则从根本上超越当下的未来展望。它不能离开我们的生活。

所以，当有的朋友问你们在大学学什么，你说学哲学，他可能对你深表同情，而这时你应该对他抱有人类意义上的悲悯。因为有些人终生都不能抵达思想的高峰体验。这种体验是思想给人们提供的契机，而恰恰是爱智慧使我们的人生深刻起来。我们可能从此拥有不一样的日子，各种各样的希望向未来无限敞开，指引我们相信未来、成就自我。这一点非常重要。当我们理解了形而上学是"物理学之后"，就意味着我们审视物理学世界的意义层面，而这种审视在很多物理学家看来非常必要。我举一个例子。我在上小学的时候，学校里挂着各种各样的照片，比如牛顿、居里夫人、爱因斯坦。人们说爱因斯坦是20世纪最伟大的物理学家。但是有一个5岁的小女孩第一次看爱因斯坦这张最著名的照片时问她的妈妈，这个老爷爷为什么哭呢？这个老爷爷的眼睛确实是潮湿的，表达了自己内心的某种情感。这个母亲去寻找答案。她在一本回忆录中找到了摄影师的回忆。原来爱因斯坦是不喜欢拍照的，这个摄影师费力地跟他约好，当天如约来到爱因斯坦的工作室，发现爱因斯坦埋头于一些文案之中，忘记了拍照这件事情。他跟爱因斯坦说，我们有过这个约定。爱因斯坦抬起头，眼中充满了复杂的情感，他问摄影师：你相信今后会没有战争吗？这个时候美国刚刚在日本投放了两颗原子弹，让很多无辜的平民遭受了毕生的创伤。爱因斯坦认为，如果没有相对论，就不会有原子弹。尽管他没有创制原子弹，但是他如果不提出相对论，原子弹的研制恐怕不会那么快实现。他要为此承担道义上的责任，这就是一个物理学家对人类的同情，以及对自己的物理学研究所具有的意义的追问。

因为有了原子弹，今天人类已经具有多次毁灭自己的可能。人类难道要使自己具有越来越多的走向毁灭的可能性吗？爱因斯坦在逝世前几天签署了著名的《罗素—爱因斯坦宣言》，号召全世界的自然科学家和人文社会科学家联合起来，抵制核武器对人类可能造成的创伤。这是一个物理学家对他研究的学科的意义世界的确认，这种确认具有哲学性，已经进入了形而上的领域。当我们追问形而上学的时候，就意味着在有形的世界探究无形的可能。我们既不能没有有形的世界，也不能停留在有形的世界。当我们从有形的世界进入无形的世界的时候，就意味着我们在形而上的世界和形而下的世界之间上下求索，这体现了当代哲学应有的功能。"形而上者为之道，形而下者为之器"，从这个角度理解形而上学非常必要：道不离器。有形的世界和无形的世界不能断裂。当我们离开了有形的世界，妄想一个无形世界的可能性的时候，实际上就是沉于幻梦。这是今天我想给大家谈的第一个问题：哲学不是什么。当我们去追问哲学是什么的时候，是必须通过它不是什么来加以过滤的。

今天我想跟大家交流的第二个问题是：哲学可以被视为什么？很多人可能非常自信地给出哲学的定义，在我看来有些属于对哲学严重的误解，而有些词语不叫"哲学"，却可以被视为哲学。例如，在我看来哲学可以被视为世界观。所谓世界观就是我们关于世界的总的看法和基本观点，实际上就是我们如何去观世界。这个词是德国哲学家康德在 1790 年首先提出来的。这个伟大的哲学家一生几乎没有离开过他的家乡哥尼斯堡，他是一个理性而严谨的人，据说当人们看到他每天外出散步的时候，都要看手表，因为康德的时间是规律而准确的，如果手表的时间与之不一致，那么就要调整。康德让人们衡量，应当如何确认自己生活的意义，以及如何在道德中证明自己配享什么。康德的座右铭非常著名：世上只有两种东西能让我的心灵感到深深震撼，一是我们头顶上灿烂的星空，二是我们心中崇高的道德律。哲学归根到底是一种世界观。此后世界观不仅包括对人类自然秩序的感性把握，也包括对道德经验的范畴性领悟；既包括对实在的现象层面的理解，也包括对实在的道德层面的理解。卡尔·马克思在 1845 年写的《德意志意识形态》中明确提出要创立一种"新世界观"，实际上就是要创建一种具有历史唯物主义特征的新哲学。所以，世界观可以被理解为哲学。

哲学还可以被视为人学。其实，很多学科都可以被视为人学，比如医学，如果仅在人的自然性的意义上，医学比哲学更应该被看作人学。但是，医学是基于人的生命表征的研究，往往并不涉及人的内在精神。当然，人文医学具有哲学性。在法国哲学家米歇尔·福柯看来，只有医生把患者当作自己，以同情的姿态理解患者疾病的时候，才可能对患者给出准确的诊断，而诊断的前提是患者将医生当作自己。当他不断向医生陈述病痛的时候，实际上是向另一个自己言说。这种医患之间的交流能构成准确的诊断。那么，医生和患者通过什么实现这种互动呢？凝视。双方凝视之后，医生并不变成患者，患者把医生当作自己，但并不因为一刹那的凝视就变成医生，他们把彼此当作自己，但是并不成为对方。这个路径可以让我们更好地了解知识和权力的关系问题：知识不是权力，但是当我们凝视权力的时候，权力会发生变化，它要体现知识的要求，而当新的权力产生的时候，必然更新原有的知识。这是一个无限往复、上升的过程。这种人文医学可以被视为哲学意义上的人学。仅仅面对人的自然性的医学，实际上是对人的动物性的研究，与哲学研究人的理性存在是不一样的。哲学被视为人学，是因为它以理性的方式探究人的超越性存在，使人成为理想生活中的可能的人。

　　这一点与文学也不一样，文学对人性的描述，是以感性的方式注入的，是对人的心灵充沛的感召，文学描述与哲学反思不同。当然，理性反思并不是文学的任务，如果一个作家完全用理性的方式描述，他的作品可能就失去了文学价值。如果我们将过多的感性思维注入哲学研究，也没法达到理性判断的高度。哲学被视为人学，是在理性的意义上确定人之为人的可能性。这使我们回到世界观，人所生活的世界，之所以不同于动物世界，是因为人生活在二重化的世界，我们生活在现实的世界，但是畅想可能的世界。现在是 10：45，我们的课程完成了一半，再过 45 分钟，大家会享受午餐。当我们此刻向往午餐的时候，它并没有发生，而是存在于我们的想象中，它是否会成为现实呢？这需要 45 分钟之后我们使它变成现实的行为来证明。45 分钟之后，如果有同学突然接到电话，由于某件事情无法享用午餐，现在这个想法就没法成为现实，但是它并不妨碍我们现在想象那个时刻。当我们在 45 分钟之后开始享用午餐的时候，我们还要考虑接下来是午睡，还是去做另一件有意义的事。所以，当我们不断在现实生活中想象可能的生活的时候，实际上是以理想的方式畅想未来。

　　有的人不愿思考今后的事情，对生活采取随便、无所谓、怎么都行、跟着感觉走的态度，实际上是值得同情的。例如，有的人将"随便"当作口头禅。到饭店吃饭，问一同来吃饭的人：吃什么，对方说："随便"，自己也觉得"随便"。长此以往，很多饭店的菜单上都增添一个菜名叫"随便"。当两个朋友在饭店讨论吃什么的时候说"随便"，服务员就记录下来了，你们点了一道菜"随便"。这个例子告诉我们，当一个人不选择的时候，其实已经作出了选择。所有的不选择都是一种选择。当你不选择可能的世界的时候，世界就永远是你停留的世界，而现实的世界在变，别人在选择，你不进则退，因为缺乏实践判断力。是否具有选择的能力，是人与动物的重大区别。当"随便"的人的道德基本丧失的时候，可以被称为人形动物。而人是有道德的、追寻可能世界的、有生命的、自由自在的存在，人确实比动物有更多的智能，有更多的制造和使用劳动工具的能力，但是使人与动物具有明显区别的，在于人以理性的方式追寻一个比当下更好的、可能的世界。在这个意义上，哲学是可以被视为人学的。

　　哲学也可以被理解为思想。我们在日常生活中接触到各种各样的思想，每一个学科都是蕴含思想的。但是，每一个学科的思想通常是在研究具体问题的过程中给出的思想。这种思想与哲学思想不太一样，哲学的思想乃是对思想的思想。所谓哲学研究，当然也要研究日常生活中的重要事件，但更重要的是重新理解历史上一切伟大哲学家给我们提供的爱智慧的结晶。例如，我们都知道苏格拉底是一个爱智慧的人。据说他每天拎着酒瓶子，到雅典的大街上问人们为什么按现在的样子生活。你为什么卖菜？因为要挣钱。为什么要挣钱？因为要生活。为什么要生活？……直至问到对方不知所措，甚或陷入了思想的困顿。这时，人们真正开始反思习惯的生活。其实，生活中不是所有人都能开始思想。苏格拉底的母亲是一个接生婆，为生命接生，而苏格拉底想为人的思想接生。苏格拉底大概不会想到，若干年后的今天，一个阳光很好的上午，你们——包括很多因没有座位而一直站在教室空地和教室门口的同学们和我思考一些久远的命题。你们照亮了思想的力量，让我看到在这个时代，有很多青春，尽管终将逝去，但它充满意义，因而值得回忆，这种回忆可以构筑生命的永恒。因为它是以思想的方式存在的。哲学对某一种思想的思想，尽管不能完全剥离日常生活的经验，但是它不限于对日常生活的经验研究，而重新思索某种事情的意义。由此我们或许接近了哲学。所以，我认为哲学是可以被视为思想的，它实际上是一个不断探究思想的过程。

有一个同学给我讲过因纽特人捕杀北极熊的故事。北极熊当然是庞大凶猛的，如果一个孤零零的因纽特人去捕杀他，结局很可能是被对方捕获。因纽特人为此观察北极熊的性情，发现它嗜血。后来就想了一个办法，用一把匕首沾上鲜血放在一个容器里冻成冰棒，这个冰棒可以叫"随便"，因纽特人把这些冰棒放在北极熊经常出没的地方。北极熊看到之后很高兴，开始舔食这些冰棒，舔到一定时候，舌头就被冰棒冻得麻木了，麻木了之后它还在舔。接下来舔什么呢？就舔这个匕首。那么，这时它吞咽的就是自己的血。最后因失血过多而死去，成为因纽特人的猎物。这是我们在文化意义上感到不太美好的事情，但它对我们有很重要的启示。当一个人不爱智慧的时候，他可能陷入某种生活氛围中不能自拔。当这种生活远离他真正的愿望，其实就是在消耗自己。因此，人要经常反思，三省乎己，勿忘初心。哲学有助于我们辨识具体的生活选择是否朝向本来的目的。我们之所以爱智慧，乃是要爱一个有理想的、有意义的生活，如果偏离了这个追求，就是消耗自己。

再讲一个故事。有一个叫西西弗斯的人，因为得罪了神而被惩罚，惩罚的方式就是让他每天在陡坡上推一个巨大的石块前行。当他推到山顶的时候，石头立即滑落，这种惩罚是一种苦役。但这种推着巨石上山的行为，实际上蕴含生命重大的意义。当可能的世界变成现实的世界之后，人们又要在现实的世界向往可能的世界。每一天都具有可能性,这种可能性使我们更接近理想。每个人都是有理想的,我们小时候在幼儿园几乎都被问过一个问题:你长大之后想做什么?几乎每个同学都会慷慨激昂地给出答案。有人说想当科学家,有人说想当法官,有人说想当国王,不知道在座有没有人说想当哲学家的,如果真有人这么说,我为你感到骄傲,因为你有志于"作为人而成为人"。小时候我们很慷慨激昂,若干年后的今天,我也问这个问题:你今后想成为什么样的人?你们还有没有那时的慷慨激昂?当我们的生活变得越来越现实的时候,实际上,理想的范围似乎也越来越窄。但是如果我们心中怀着一种哲学的热望,就会发现看似不可能的东西仍然通向可能。在这个意义上,理想就是哲学本身。李大钊说过:"哲学者,笼统的说,就是讲理想的东西。"为什么学哲学,其实就是研究如何以爱智慧的方式坚守理想。所以,一个对哲学缺乏应有的尊重的人,在谈及理想的时候往往是比较迷茫的。这样说,似乎表明哲学与日常世界的很多事情有密切关联,我下面从三个关系的角度来说明。

第一个是哲学和生活的关系。有些人对学哲学的人另眼相待,认为学哲学的人似乎是很"神道"的,甚至不太正常。但是我要说,研究哲学的人多数都很厚道,起码他们都坚守在理念上认同的价值底线。固然有些学哲学的人久居书斋、少问世事,但他们饱含对知识和人类的爱。我从不相信一个不爱生活的人会真的爱智慧，所有爱智慧的人都是爱生活的，只是表达爱的方式不同。当然，哲学并不是对生活的复制，哲学探讨的问题可能源自日常语言，但它表达的意旨往往是内在而深邃的。例如，有三个值得长久追问的哲学问题：我是谁？我从哪里来？我要到哪里去？日常生活中任何一个单位的门卫几乎都会对来访者问这样的问题。但在这两种语境中这些话语传达的意思显然有不容忽视的差别。哲学和生活的水乳交融，往往体现在它作为生活的前导。我们经常去旅游，也都有过和导游在一起的经历。当我们在一个景区和导游一起行走的时候，导游通常不在我们的后边，而在我们的前边，他在我们之中，又在我们之前，这就是当代哲学在人类社会生活中的位置，也是海德格尔对形而上学的一种规定。哲学可以是实际生活的前导，可以对事情将要发生的情状和走向作理性判断，并在这个事情发生之后重新思考和审视。所以哲学在一件事情发生之前和之后都在场，始终处于一件事情发生的过程中，我们由此比较容易理解和把握当代哲学的特征。

第二个是哲学和宗教的关系。之所以谈哲学和宗教，乃至于接下来谈哲学和艺术，是因为在黑格尔看来，有三种东西可以被理解为绝对精神，分别是哲学、宗教和艺术。哲学不是宗教，因为哲学是在此岸世界或者说在世把握日常生活的。尽管我们可能向往一个彼岸的世界，但哲学的彼岸世界实际上仍然延续着我们日常生活的经验，只是比今天更美好。哲学致力于呈现的不是彼岸世界，也不是现存世界，而是理性反思的世界。而宗教的终极关怀面对的是人的此岸生命过后的可能性。尽管哲学和宗教不同，但是也有一定的相似性。当哲学不断追问人的未来生活的可能性的时候，实际上使我们永远追寻智慧，让人生更美好的愿望具有恒久的意义。从宗教角度看，假如有处于人之上的世界，还有居于人之下的世界，那么人并不只是在这两个世界之间，而是离人之上的世界更近。陀思妥耶夫斯基有一部小说叫《卡拉马佐夫兄弟》，"哲学不能烤面包"这句话就来自这部小说。这部小说有一节叫"宗教大法官"，在这里可以看到陀思妥耶夫斯基对上帝和世俗意义上的教会之间关系的看法。他让我们想起康德的著作《纯然理性限度内的宗教》，康德在这部著作里告诉我们，在这个世界上，哪怕只有一个村庄，它也需要上帝。当然，康德对世俗教会提出了不客气的批评。这里也存在一个我们应当如何面对信仰的问题，比如有的人想做坏事，但是内心有些胆怯，他寻求勇气的方式是祈求神灵的保佑，并为此向神灵贡献财物或香火，神灵会因此保佑他作恶一举成功吗？不可能！这种理解神灵的观念与真正的宗教精神不可同日而语。与这种对神灵的误解一样，人们对哲学的认识往往与真正的哲学情怀大相径庭。我们知道，宗教以信仰神灵的方式构想人在世之后的可能性，而哲学以理性的方式探寻未来生活更美好的现实性。在这个意义上，从现实性到理想性的转换，是哲学对理性的生命存在的重要的思想表征。

第三个是哲学和艺术的关系。我们都参加过一些艺术活动，在一些艺术场所，面对一些艺术作品，有时候会感受到宗教氛围或者哲学高度。但艺术是以感性的方式表达艺术家的终极关怀，这与哲学以理性的方式表达终极关怀很不一样。正如我刚才谈到的文学之于人学，艺术也是如此，如果艺术家完全以理性的方式描绘他心中的艺术世界，那么这种艺术品很难抵达艺术的高度。但哲学是有艺术性的，当哲学以思想的曼妙展现自身的逻辑的时候，它实际上有了艺术的表现样态，生活中很多人对这些是不加以区分的，也许用"文化"这个词可以将很多东西涵盖其中。一个学哲学的人，一个学艺术的人，一个学文学的人，乃至一个学社会学的人，一个学经济学的人，在日常生活中都可以被看作是有文化的人。但如果问你是不是一个有哲学的人，是不是一个有爱智慧的能力的人，则成了值得深思的问题，它既与思想有关，也与日常生活的实际情状有关。法国著名雕塑家罗丹有一个雕塑叫《思想者》，它是罗丹为巴黎装饰艺术博览会创作的大型雕塑《地狱门》的中间部分，雕塑取材于但丁的名著《神曲》。罗丹说过："世上并不缺乏美，而缺少发现美的眼睛。"当我们理解"思想者"的时候，意识到世上并不缺乏思想，但是缺少爱智慧的心灵。这个艺术造型后来长久被作为哲学的意象，让人们读懂爱智慧的心灵。罗丹在这个雕塑中呈现的是对人类深深的同情，以艺术的方式体现了"人应该怎样生活"这个哲学问题。当然，这个雕塑不是哲学作品，但当我们从哲学角度理解它的时候，会产生进一步的思考。很多当代哲学家，例如海德格尔和福柯，都喜欢从艺术作品出发，阐述哲学主题，这也体现了哲学和艺术的关联。

最后，我们简要回顾这节课的内容，并从中试图理解"哲学是什么"。我们大概没有能力确定性地表达哲学这个概念，通常是在过滤以往哲学家的一些有价值的意见的过程中，渐渐理解哲学可能是什么。

第一种理解就是哲学这个词的本意——爱智慧。很遗憾，这几乎等于没说。因为它告诉我们哲学是哲学，你就是你，我就是我，他就是他，哲学就是哲学。但这体现了对哲学的一种规定，通过这种规定，我们发现哲学和智慧的关系，智慧和爱的关系，以及哲学的一种动态表征。苏格拉底经常说："我只知道我是无知的。"可是大家都等待这个"无知"的人发表高见。"无知"的人有什么资格说话呢？或者说人们为什么期待这个"无知"的人说话呢？因为他能说出那些自诩为有知的人说不出来的道理，或者说这个"无知"的人对那些自诩有知的人所说的话不以为然，要在反思中重新思考。理解什么是哲学，同样要过滤很多对哲学严重的误解，而这种什么也没有说的说是有意义的。这是对哲学是什么的第一种理解：哲学就是爱智慧，它直指哲学本身，尽管我们还要进一步思考，但这种直白的表达是合理的。

第二种理解是形而上学。刚才我们谈到这是亚里士多德思想的继承者在整理"物理学之后"的书稿的过程中给出的一个名称。亚里士多德毕生没有使用这个概念，但是这个概念对哲学研究影响深远。哲学是形而上学，这个论断告诉我们哲学和物理学的关系，就是说明哲学对我们日常生活世界意味着什么。哲学在有形世界到无形世界的转换过程中，在转识成智的过程中，遵循什么方式呢？在这个意义上，我要补充的是，形而上学研究的是有形的世界应当"怎是"，也就是本体应当"怎是"。所谓本体应当"怎是"的形而上学，实际上是一种本体之论，或者说是一种本体之学。所以，哲学家把它理解为本体论。哲学研究的是有形的世界之上、之后、之前的东西，是研究本体应当怎是的东西，在这个意义上，哲学并不停留在有形的世界，而在对有形世界的研究中追问更高的可能性。所以哲学是形而上学，几乎是对哲学之为爱智慧的一种解释。

第三种是卡尔·马克思给我们的启示，哲学是时代精神的精华。在我们生活的时代，每一门学科、每一种思想都会给我们开启一个精神的世界。但是在诸种精神世界之中，有一种世界是哲学的世界，而哲学的世界告诉我们，每个人都有一个自己的世界。在座同学每个人都有一个自己的世界，在这个世界里，你是不可替代的。无论你是美的、丑的，是善良的还是不够善良的，在你的世界里，别人是不能替代的。甚至可以说，在你的世界里，你是最重要的，但是你的世界并不是世界的全部，你总要跟别人的世界发生某种交往，跟各种各样的世界发生各种各样的交往。我们把这种交往的存在方式叫做共在世界。这个共在世界恰恰就是人所生活的公共的世界。它既是个人的世界，又是公共的世界。在这个世界中，人既可以看清自己，也可以看清周围，看到自身也是世界的一部分。哲学在对思想的思想中呈现出对世界、人和思想的理解和把握，从而构成我们时代精神的精华。

第 六 讲

不 讲 逻 辑

杨武金

> 要把我们的思想正确地表达出来，第一件事情是要讲逻辑。
>
> ——吕叔湘　朱德熙

人区别于动物的本质属性，在于人有理性。

《荀子·王制》曾说："水火有气而无生，草木有生而无知，禽兽有知而无义，人有气、有生、有知，亦且有义，故最为天下贵也。"人区别于动物的关键所在是人之有道义。而人之有道义，又必须建立在讲逻辑的基础上。

所谓讲逻辑，就是指人的言论和行动都要符合思维最基本的原则和要求，反之就是不讲逻辑。《墨子·公输》说："义不杀少而杀众，不可谓知类。"不讲逻辑、思维混乱也就谈不上真正的道义。

中国人的思维是不是合乎逻辑的？我认为总体上不能说中国人的思维不合逻辑。但是，在逻辑得到深入研究、逻辑教学和逻辑训练得到紧密开展的地方和时候，人们的思维应该更加合乎逻辑。反之，人们不讲逻辑的情况就更容易发生。而逻辑的缺失，则常常会导致诸多非理性现象和行为的发生，腐败就是其中的重要表现。逻辑的研究和推广，有助于培养人的思维的合理性，有助于培养一个民族的理性思维能力，甚至可以说能够对于实现人世间的公平与正义产生某种作用。

思维和逻辑都属于理性的范畴。思维是人运用概念进行判断，运用概念、判断进行推理和论证的过程。人的思维是讲逻辑，还是不讲逻辑，关键就是要看所用的概念讲不讲逻辑，所做的判断讲不讲逻辑，所进行的推理讲不讲逻辑，所进行的论证讲不讲逻辑。

一、概念之不讲逻辑

为什么要研究概念问题？因为概念是思维的基本要素。概念是人们正确判断、有效推理和正确论证的基础。

在推理和论证中一旦出现概念问题，会影响到推理和论证的正确性或有效性。例如：

当年克林顿总统被法官追问："到底是否和女见习生莫尼卡·莱温斯基有性关系？"走投无路而又负隅顽抗的总统说："那取决于'是'的意思是什么。"这里，克林顿总体追问"是"的意思，实际上是在狡辩，因为法官的"是"在含义上是很明确的。

不理解概念的意义，论证就无从谈起。但是，人们之间的误解比理解更容易产生。这是因为生活本身充满了复杂性和发展性，而且还存在很多人为的误导。

1. 偷换概念

在思维过程中，把不同的概念当成是同样一个概念来使用，就会犯"混淆概念"或"偷换概念"的错误。"混淆概念"是无意的情况，而"偷换概念"是有意的错误，常常是一种诡辩。

在拥挤的公交车上，一位男士踩了一位女士一脚。结果发生了下面的对话：

女："你踩了我一脚，怎么屁都不放一个？"

男："我踩了你一脚，如果又放屁，那我还是人吗？"

上述对话中，女士说的"放屁"，含义是"说话"，实际上就是简单道个歉。如果当时这个男的道个歉，恐怕就什么事也不会发生了。但他玩起了偷换概念的"游戏"。后果的严重性是可想而知的了。再看下面的对话：

> 甲："你们单位不是缺人吗？我不是人吗？你们单位缺我。"
>
> 乙："我们单位是缺人，但缺的是人才。你是人才吗？"
>
> 甲："你们单位缺的是人才，是吧？我就是人才啊。所以你们单位就是缺我。"
>
> 乙："但我们单位缺的是特殊的专业人才。请问你是吗？"

这里，"人"、"人才"、"特殊的专业人才"，这三个概念的外延和内涵有很大的不同。不区分这些概念的含义，就会出现"混淆概念"的错误。

在日常生活中，容易碰到"买一赠一"、"假一赔十"、"立等可取"、"毛钱一刷"等诱人宣传或广告语，其实多数就是商家在玩偷换概念的游戏。

俗话说："无奸不商"，不奸的商人少有。就拿"买一赠一"来说。商家在那边叫唤："来啊，来啊，iphone6，

7000元一个，而且买一赠一啊。"有些人就想了，"不错，现在iphone6都6000元一个，但这里买一赠一，这不很便宜吗？我买了，还可以顺便送给女朋友一个。"买了之后，才后悔死了，原来所谓赠送的"一"，不过是送一个U盘而已，上了大当。"假一赔十"也是一样。西安有一家"和田玉"专卖店，门口写着"假一赔十"的字样，你敢买吗？关键是"赔十"的"十"是何意？顾客通常容易理解为"十倍的钱"，但商家的意思完全有可能是"十个假的商品"、"十分人民币"等。"立等可取"的意思很可能是，站着等下去就能取到。看到路边刷皮鞋的，放着"毛钱一刷"的牌子，有人就想了，"1毛钱我还是拿得出来的，也来享受一下服务吧！"可付款的时候却"刷"出来了300元人民币，拿不出钱怎么办？你以为"一刷"就是整个刷完一双皮鞋吗？你想得美，"一刷"就是那么一下而已。上当了吧。没有弄清楚对方的真实意思，最好别买。所以，针对商家的虚假宣传，随时需要采取墨家"先意后对"的做法，即先弄清楚对方的意思，然后再进行适当应对，才能确保在行动中取得成功。

思考一下，下列案例中小李的论证存在怎样的错误？

小李将自家护栏边的绿地毁坏，种上了黄瓜。

小区物业管理人员发现后，提醒小李：护栏边的绿地是公共绿地，属于小区的所有人。物业为此下发了整改通知书，要求小李限期恢复绿地。

小李对此辩称："我难道不是小区的人吗？护栏边的绿地既然属于小区的所有人，当然也属于我。因此，我有权在自己的土地上种黄瓜。"

上述小李的论证中，前提都是真实的，但结论是虚假的。因为，"我是小区的人"中的"人"是元素概念，而"属于小区的所有人"中的"人"是集合概念。小李的论证将二者混为一谈，犯了"偷换概念"的错误。

如果小李的论证都可以成立，则以下论证也可以成立了。"天安门广场属于全中国人，我也是中国人，所以，天安门广场当然也就属于我。因此，我也可以在那里种庄稼了。"如此的论证显然是荒谬的。

2. 概念模糊

在一个论证中，关键性的概念在含义上不清晰，就会出现"概念模糊"的错误。例如：

根据经济的规律和经验，如果通货膨胀率显著增加，央行就会提高利率来遏制它。刚发表的上月统计说通货膨胀率已达 6.5%，可以预计，央行很快会宣布加息。

如果我们不能确定第二个前提中的 6.5% 是否属于"显著增加"的范围，我们就无法知道两个前提之间是否相关，因此也就无法断定结论是否有效。

思考一下，下述报道中存在什么样的概念问题？

根据中国卫生部疾控中心今年初的统计，"中国有心理问题和精神疾病的人口比例高达 7%，总数超过 1 亿人"。由此可以说明，"中国正处于社会转型期，各种社会矛盾增多，竞争压力加大，工作节奏加速，以及重大自然灾害、经济危机等因素，是造成患病人群庞大的原因"。

上述报道中，前提的陈述是："中国有心理问题和精神疾病的人口比例高达 7%，总数超过 1 亿人。"但在这 1 亿人中，是否可能有心理问题的人占绝大多数呢？在社会快速发展的今天，生活在激烈竞争中的人，谁敢说自己就没有心理问题呢，但这能够被说成是患了精神疾病吗？如果真是这样的话，则结论中"患病人群庞大"的说法就失去了根据。因为有心理问题的人不能因此就说他们患病。

在口语的表述中，更容易出现"概念模糊"的问题。看看下列相声中的对话，观察存在什么样的概念模糊问题。

赵本山："地上一个猴，树上 qi 个猴，一共几个猴？"

范伟："八个猴。"

高秀敏："错，两个猴。"

范伟："哥，我怎么又错了呢？"

赵本山的话中，树上"qi"个猴，容易理解为树上有 7 个猴，但也还可以理解为树上"骑"着个猴，这就导致了范伟回答的错误。

3. 模棱两可

一个词如果有不止一个意思，而在语境中我们又不能确定它指的是哪一个意思，那么这个词就是模棱两可的。看下面的对话：

老张说："什么都涨价，油也涨了。"

老李接话说："是啊，汽油都涨了一块多。"

老张赶紧澄清说，"我说的是菜油，最近又涨了 1 块多。"

上述对话中，因为"油"的多义性，使得老李没能理解老张的话。老张所说的"油"，指称的范围很广，可能指汽油，也可以指菜油，需要根据对方说话时的语境来确定对方所指称的真实意思。作为老张来说，既然老李都接不上他的话，说明老张使用概念的指称不明确。

思考一下，试分析下述论证有何漏洞？

"我不理解反对赌博的人是怎么想的。赌博是生活中不可避免的一部分。当我们穿行街道、工作、开车、结婚时，都是赌博。赌博合法化只是承认这个事实。"

上述论证中，"赌博"有双重含义，不同的所指。通常指的是人们普遍反对的"赌博行为"，但也可以用来指称人们在人生中随时都面临的"选择"或偶然性。

二、判断之不讲逻辑

一个论证好还是不好，关键是要考察它的三大要素：前提、推理和结论。其中的前提和结论都涉及判断是否讲逻辑的问题。

1. 判断虚假：事实假判断

事实判断是人们关于事实情况所做的断定。事实假判断是指判断本身与事实不相符合。我们可以根据亚里士多德在《形而上学》中的断言来确定一个事实判断的真假。他说："凡说是者为是，非者为非，则真；凡说是者为非，非者为是，则假。"

试确定下列判断是真还是假？

L1 所有人都是共产党员。

L2 有些大学生不是人。

L3 奥巴马是共产党员。

L4 白马非马。

L5 有些大学生是人。

上述判断中，L1、L2、L3、L4 显然都与客观事实不符，都是假判断。其中，"有些大学生不是人"这个判断，在确保"人"这个概念的确定性，即指一般意义下的人的情况下，显然是假的。在"白马非马"这个判断中，"白马"显然在事实上真包含于"马"，所以，判断本身显然是虚假的。L5 是真的，因为"有些是"意味着至少有一个是，还可能所有都是，而并不意味着"有些就不是"。因此，这个判断是真判断。

2. 判断虚假：逻辑假判断

逻辑假判断是指违背了逻辑上的"不矛盾律"而出现的虚假判断。例如：

L1 我什么都不相信。

L2 没有绝对真理。

L3 没有真理。

L4 不存在客观真理。

L5 所有的话都是假话。

L6 我说的话没有一句是真话。

L7 A 不是 A。

上述判断都是逻辑假判断，都违反了逻辑上的"不矛盾律"，都是自相矛盾的语句，逻辑值都是假的。

《墨经》中，对逻辑假判断取假值而且为何取假值，做了具体阐述。《经下》说："以言为尽悖，悖，说在其言。"认为"所有的话都是假的"，这句话是假的，因为它本身就是一句话。根据墨家这一论证，可以确定上述 L1 到 L7 这样的判断都是逻辑假判断。

3. 句法模棱两可

句法模棱两可是指，一个句子可以有不止一种解释，到底是哪一种解释意思不确定。

有些人说，某某算命先生算得很准啊。这些算命先生为什么"算"得"准"？其实，主要是因为他们掌握了不少在句法上模棱两可的话。他们一般不说话，一说话，都是很"准"的话。比如：

问："请算算我父母的存殁情况?"

算命先生："父在母先亡。"

这里，算命先生的话，如果全面从句法来分析，至少可以存在以下六种情况：

(1) 父亲在，母已亡。

(2) 母还在，父已亡。

(3) 父母均已亡，但母亡先。

(4) 父母均已亡，但父亡先。

(5) 父母均未亡，但母将先亡。

(6) 父母均未亡，但父将先亡。

而前来算命的每一个人，其父母的存殁情况无非就是这六种可能，没有其他情况，所以，一些人说这些算命先生怎么算得这么"准"，也就不奇怪了。再如，在香港某报上，曾经出现过一则征婚启事：

"某女麻子无头发黑脸大脚不大好看。"

结果前来应征的人还不少。来了后，才知道上当。因为他们做出了如下的理解：

"某女，麻子无，头发黑，脸大，脚不大，好看。"

其实，征婚启事还有一层意思是：

"某女，麻子，无头发，黑脸，大脚，不大好看。"

还有一个故事，说的是三位秀才赴京赶考。途中，求算命先生算命，看三人是否能考中，算命先生竖起一个手指头。三位秀才后来全说算命先生算得很准。为什么呢？

原来，算命先生竖起这个手指头，可以表示三人考试所可能出现的各种可能情况。如果没有人考上，就表示一律考不上；如果没有人考不上，就表示一律考上；如果有两人考上，就表示一人考不上；如果有两人考不上，就表示只有一人考上。

4. 判断模糊

判断的模糊性和信息量呈反比。一个判断的模糊性越大，则其所提供的信息量越少；反之，则越多。应对判断模糊情况，需要注意其中的模糊语词。我们来比较以下三个判断的断定情况：

L1 飞机将在 16 点 30 分到达首都机场。
L2 飞机大约在 16 点 30 分到达首都机场。

L3 飞机可能在 16 点 30 分之前，也有可能在 16 点 30 分之后到达首都机场。

上述三个断定中，L1 中的判断没有任何模糊性，表达非常准确，提供的信息量很大，但只要早或晚一分钟都将成为假判断。

L2 中的判断增加了模糊性，提供的信息量变少。但判断为真的可能性大大增加。

L3 模糊性最大，提供的信息量几乎为零。变成了没有用的真判断，也称为"空洞的判断"。"空洞的判断"所包含的信息量为零。

5. 偷换论题

在论证或表达思想的过程中，判断没有保持同一性，通常也称为"转移论题"，或"跑题"。请看下列对话：

张先生对孩子说："只有经历了风雨，才能见彩虹。"

孩子回答说："爸，我怎么经历了那么多风雨，就没有见彩虹呢?!"

张先生所断定的是，"经历风雨"是"能够见彩虹"的必要条件。其女儿则将之当做充分条件的判断（即"经历风雨"是"能够见彩虹"的充分条件）来进行反驳，偷换了其父亲的判断。再看下列论证：

> "这儿有一条狗，它是有儿女的，因而它是一个父亲；它是你的，因而它是你的父亲；你打它，就是打你的父亲。"

上述论证中，存在下列三种"偷换论题"的情况：

（1）将"它是狗的父亲"偷换成"它是一个父亲"；

（2）将"它是你的，并且它是狗的父亲"偷换成了"它是你的父亲"；

（3）将"你打自己的狗，并且它是狗的父亲"偷换成了"你打自己的父亲"。

三、推理之不讲逻辑

推理的前提是否支持其结论？前提真是否必然地推出其结论真？是否能一般地推出其结论？推理之不讲逻辑，正是违反了各种推理的原则和基本要求。

1. 演绎无效

演绎推理要求前提能够必然地推出结论，即当前提真时，必然地可以得出结论为真。如"凡事都是有原因的。所以，你女朋友突然检查你的手机是有原因的。"这个推理显然是一个正确的推理，整个推理具有必然性。

演绎无效说的是推理的前提不能必然地得出其结论。例如：

> 甲："书上说，有精神病的人是不承认自己有精神病的。"
> 乙："那你有精神病吗？"
> 甲："别乱说，我怎么会有精神病呢？"
> 乙："哈哈，这不正说明你有精神病吗？"

在上述对话中，甲和乙的推理究竟谁不讲逻辑？

这里，乙的推理可以整理如下：

> 有精神病的人是不承认自己有精神病的。
> 你不承认自己有精神病。
> 所以，你有精神病。

这个推理显然是不讲逻辑，是一个形式错误、演绎无效的推理。可以举出下列反例来说明其荒谬性：

> 中学生都是学生。
> 大学生都是学生。
> 所以，大学生都是中学生？

思考一下，下列故事中的小李是否食言？小张的推理是否不讲逻辑？

> 小张约小李第二天去商场。
> 小李说："如果明天不下雨，我去爬山。"
> 第二天，天下起了毛毛细雨，小张以为小李不会去爬山了，就去小李的宿舍找他，谁知小李仍然去爬山了。
> 待两人又见面时，小张责怪小李食言，既然天下雨了，为什么还去爬山；小李却说，他并没有食言，是小张的推论不合逻辑。

这里，小李只是说，"天不下雨"是他"去爬山"的充分条件，即如果天不下雨则一定去爬山，而对于天下雨时自己究竟去不去爬山并没有断定。小张否定充分条件的前件，就否定其后件，是一个演绎无效的推理。就好像，如果天不下雨地就不会湿了吗？不是作案者就没有作案的时间了吗？等等，都是演绎无效的推理。因此，上述故事中，小李并没有食言，而小张的推理才不讲逻辑。

思考一下，下列小王、小李和小张三人对天气预报的理解，谁的推理符合逻辑？谁的不符合逻辑？

小王、小李、小张准备去爬山。

天气预报说："今天可能下雨。"围绕天气预报，三人争论起来：

小王："今天可能下雨，那并不排斥今天可能不下雨，那我们还是爬山吧。"

小李："今天可能下雨，那就表明今天要下雨，还是别去了。"

小张："今天可能下雨，只是表明今天不下雨不具有必然性，去不去由你们决定。"

这里，小王从"今天可能下雨"推出"并不排斥今天可能不下雨"，是演绎有效的推理，是符合逻辑的。小李从"今天可能下雨"推出"今天要下雨"，从可能性推出了现实性，是演绎无效的推理，是不符合逻辑的。小张从"今天可能下雨"推出"今天不必然不下雨"，从"下雨具有可能性"推出"不下雨不具有必然性"，是演绎有效的推理，是符合逻辑的。

2. 以偏概全

在从个别抽象一般，或者从事实概括理论判断过程中，要求前提中所枚举的个别情况或者事实，对于结论中的一般情况或理论来说要具有代表性，要能说明一般。否则就容易出现"以偏概全"或"轻率概括"的错误。

《吕氏春秋》说："窥一斑而见全豹"，"见一叶而知天下秋"，"处于室而知天下"。这里的关键就是，"一豹"、"一叶"是否有代表性呢？

再如，欧洲人观察到在欧洲出现的天鹅都是白色后，就做出结论说："所有的天鹅都是白的。"后来在澳洲发现了黑天鹅，从而导致原先归纳的结论被推翻。所以，在归纳概括中特别需要注意所做出的结论的范围。如果当初欧洲人在观察到在欧洲出现的天鹅都是白色后，只是做出"欧洲的天鹅都是白的"结论，而不是做出"所有的天鹅都是白的"结论，就不会出现上述的错误。

思考一下，下述做法在推理上存在怎样的逻辑错误？为什么？

北京某报曾以"15%的爸爸替别人养孩子"为题，发布了北京某司法物证鉴定中心的统计数据：在一年时间内北京进行亲子鉴定的近600人中，有15%

的检测结果排除了亲子关系。

事实上，当年北京某司法物证鉴定中心的统计数据表明了：在北京进行亲子鉴定的近 600 人中，有 15% 的检测结果排除了亲子关系。但问题是，能说整个北京的人甚至中国人中，替别人养孩子的比率就高达 15% 吗？这显然是荒谬的。因为物证鉴定中心的统计数据对于整个北京人或者中国人来说，具有极大的特殊性。因为一般人怎么可能随便送孩子去物证鉴定中心进行鉴定呢？要是一旦鉴定没有问题，以后夫妻关系怎么处呢？你都不信任我，这日子就没法过了啊，夫妻之间主要是靠信任来维系的嘛。所以，一般送孩子去物证鉴定中心鉴定的，都非常怀疑，怎么看都觉得不太像自己的孩子才会送去的呀！

3. 不当类比

在两个或两类对象之间进行类比推理的过程中，要求前提中所提供的相同或相似属性必须与推出属性之间存在着本质上的联系，否则就容易出现"不当类比"或"机械类比"的错误。

类比推理的一般公式是：A 有属性 xy，B 有属性 x，所以，B 也有属性 y。如下事例就是一个正确的类比推理。

我国著名的地质学家李四光，在对东北的地质结构进行了长期、深入的调查研究后发现，松辽平原的地质结构与中亚细亚极其相似，他推断，既然中亚细亚蕴藏大量的石油，那么松辽平原很可能也蕴藏着大量石油。后来大庆油田的开发证明了李四光的推断是正确的。

上述类比推理正确的一个关键就是，地质结构的类似与蕴藏大量石油之间存在着密切的相关性。

中国古代有人为了证明文武不可不并重，曾经做出这样的论证："夫车有两轮，鸟有两翼，是故文武不可偏废也。"这是拿毫不相关的事件来做类比，前二者之有无，对于后者之间没有直接关系，显然是在进行"机械类比"。因为即使车有两个轮子，鸟有两个翅膀，文武还是可以偏废或不偏废。

思考一下，下述论证中所谓的"大树理论"是否合乎逻辑？

成为一棵大树的必要条件：不动。

没有一棵大树，第一年种在这里，第二年种在那里，而可以成为一棵大树，一定是千百年来经风霜，历雨雪，屹立不动。正是无数次的经风霜，历雨雪，最终成大树。启示：要想成功，一定要"任你风吹雨打，我自岿然不动"。坚持信念，专注内功，终成正果。

上述论证中存在的根本问题就是，树和人之间从根本上存在不可类比性。比如，通常就说，"人挪活，树挪死"，说的就是二者存在着本质的不同。

4. 强加因果

两个现象之间具有时间上的先后关系，未必就具有因果关系。否则，就会出现"强加因果"的错误。例如：

王刚："根据确认，超过 80% 的海洛因吸食者都有吸食大麻的历史，这样的数据似乎表明，吸食大麻确定无疑地导致吸食海洛因。"

李艳："或许吸食大麻确实导致吸食海洛因，但引用你提到的统计数据去证实这一点却是荒谬的，因为在吸食海洛因的人中 100% 都有喝水的历史。"

如果"A 先于或伴随 B"，那么"A 就导致了 B"吗？吸海洛因的人同时都吸大麻，不错，但吸海洛因的人同时也喝水啊。所以，因此就认为吸大麻是吸海洛因的原因，与说喝水也是吸海洛因的原因没有什么区别。

思考一下，试分析下述推论中可能存在怎样的错误？

一般认为，出生地间隔较远的夫妻子女的智商较高。有资料显示，夫妻均是本地人，其所生子女的平均智商为 102.45；夫妻是省内异地的，其所生子女的平均智商为 106.17；而隔省婚配的，其所生子女的智商则高达 109.35。因此，异地通婚可提高下一代的智商水平。

"夫妻出生地距离远"与"子女智商高"之间确实存在着某种伴随关系，但由此就可以断定二者之间存在因果关系吗？这显然是荒谬的。

四、论证之不讲逻辑

为什么要研究论证？推理和论证之间存在密切的联系。

推理的目的是论证。论证是推理的应用。明确概念、恰当判断、正确推理，都是有效论证的必要条件。但有效论证还有自己特别的要求，违反这些要求，同样是不讲逻辑的表现。

莱布尼茨曾提出，矛盾原则和充足理由原则是思维的两个基本原则。其中，充足理由律是有效论证的基本原则。这个原则具体来说就是，有效论证不但要求从理由能够推出结论来，而且要求用来论证的论据即理由必须真实。违反前者就会出现各种"形式的推不出"的错误和"非形式的推不出"的错误，违反后者则会出现各种"论据虚假"的错误。

1. 诉诸无知

推理或论证都必须拿出客观的理由，杜绝主观性。

如果因为某个判断没有被证明为假，从而认为该判断为真；或者因为某个判断没有被证明为真，所以认为该判断是假的，就会犯"诉诸无知"的错误。例如，

"迄今为止，还没有人能够证明鬼不存在。所以，鬼是存在的。"

鬼到底存在还是不存在是一个客观事实，不能因为我们不能证明它的不存在就说它存在，也不能因为我们不能证明它的存在就说它不存在。我们不能证明，只能说明我们的无知，但不能因此就宣传客观上鬼是否存在。所以，斯宾诺莎在《伦理学》一书中说："无知并不是论据。"诉诸无知的前提并不能支持其结论。

看看鲁迅先生《阿Q正传》中一个对话：

"阿弥陀佛，阿Q，你怎么跳进园里来偷萝卜？"
"我什么时候跳进你的园里来偷萝卜了？"

"这不是?"老尼姑指着阿Q的衣兜。

"这是你的?你能叫得它答应你么?"

这里,阿Q显然不讲逻辑。他的推理过程是这样的:"你不能叫得这园子答应。所以,这园子不是你的。"这园子不是人,自然不能叫得它答应。但不能因为不能叫得它答应,就断定客观上不是它的主人。

再看下列对话:

张某:"教你一个秘方:用红酒配醋洗头发,这样可以让你的白发变黑!"

李某:"你怎么知道这管用?"

张某:"你竟然认为这没用?你能证明它没用吗?"

这里,张某显然不讲逻辑。因为即使李某不能证明"用红酒配醋洗头发"这个秘方没用,也不能说明该秘方本身在客观上就是有用的。

2. 隐含虚假前提

一个论证表面上看来,前提和结论都是真实的,推理形式也不存在问题。但是,论证的背后却隐含着虚假的前提,从而使得其结论不能成立。例如:

　　某公司董事长冯某用淀粉加红糖制成所谓"营养增高剂"，被骗者甚众。

　　工商管理人员问他："所谓营养增高剂并没有增高效果，这是不是欺骗行为？"

　　冯某说："我又没有害死人。营养增高剂吃不死人，你不信，我现在就吃给你试试，要是我死了，就算是我骗人。"

　　这里，公司董事长冯某，从"营养增高剂吃不死人"，推出"营养增高剂不是骗人的"。背后隐含了一个前提"只有死了人的行为，才是骗人的行为"。这个前提显然是虚假的。再看下列故事：

　　有一天，赵小姐身穿漂亮衣服上班，一进办公室，同事钱先生就问："您今天真漂亮！"

　　赵小姐听后很不高兴，说"你说我今天漂亮，那就是说我过去不漂亮了！"

　　迟到的李先生一进门又对赵小姐说："你的衣服真漂亮！"赵听后更不快，说："说我衣服漂亮，那就是说我人不漂亮。"

　　上述故事中，赵小姐从"我今天漂亮"推出"我过去不漂亮"，隐含了虚假前提"要么我今天漂亮，要么我过去漂亮"，因为今天漂亮和过去漂亮并不矛盾，而是可以并存的。赵小姐从"我衣服漂亮"推出"我人不漂亮"，隐含了虚假前提"要么我人漂亮，要么我衣服漂亮"，因为人漂亮和衣服漂亮并不矛盾，而是可以并存的。

3. 前提虚假

如果用来论证论题的前提或理由本身是虚假的，虽然推理的形式正确，但还是不能保证论证的有效性。例如：

> 所有鱼都是用鱼鳃呼吸的。
>
> 鲸鱼是鱼。
>
> 所以，鲸鱼是用鱼鳃呼吸的。

上述推理在形式上是正确的，但由于其第二个前提"鲸鱼是鱼"是虚假的，所以，结论"鲸鱼是用鱼鳃呼吸的"也不能成立。事实上，鲸鱼是用肺呼吸，而不是用鱼鳃呼吸的。

对于一个推理，当我们发现其推理过程是正确的，却不同意其结论，这时就可以针对其前提进行质疑。例如笛卡尔关于"上帝存在"的本体论证明：

> 上帝具有一切性质。

存在是一切性质中的一种。

所以，上帝存在。

近现代哲学家弗雷格等人，就对其中的第二个前提提出了质疑，认为"存在不是谓词"，即不是性质，而是谓词的谓词，存在是一个二阶概念。这样，上帝就不是个体，而是性质，存在就是性质的性质。而且，上述论证的第一个前提"上帝具有一切性质"也是值得怀疑的。因为难道我们可以说上帝具有它所不具有的性质吗？所以，"上帝具有一切性质"这个命题本身就是一个逻辑假判断，因为它违背了逻辑上的不矛盾律。

4. 滑坡谬误

滑坡谬误从根本上也属于前提虚假的问题。

以两个或多个充分条件假言判断做前提，推出另一个充分条件假言判断的结论，通常称为假言连锁推理，也叫纯假言推理，或者假言三段论。中国古代将这种推理形式称为连珠体。这种推理的一般形式如下：

$$(a_1 \rightarrow a_2)\ (a_2 \rightarrow a_3)\ \cdots\ (a_{n-1} \rightarrow a_n)\ \rightarrow\ (a_1 \rightarrow a_n)$$

这种推理在逻辑形式或者逻辑结构上是没有问题的。但问题常常出现在，前提中的充分条件判断，其前件未必是后件的充分条件，从而导致前提虚假错误。例如：

如果你偷懒，就会令公司蒙受损失；公司赚不到钱，就要解雇员工；遭解雇的人因为失去收入，就会打劫；如果打劫时遇到对方反抗，就会杀人。所以，如果你偷懒，你就是杀人犯。

一个人偷懒，可能导致公司蒙受损失，但不一定就会导致公司蒙受损失。遭人解雇的人因为失去收入，有可能去打劫，但未必就去打劫。每一个假言前提都未必真，所以，结论也就不能成立。

再看下列"没有陈圆圆就没有新中国"的论证：

没有陈圆圆，吴三桂就不会当汉奸。

吴三桂不当汉奸，清军就不会入关。

清军不入关，这几百年来就绝对是汉人统治。

汉人统治就没有反清复明、驱除鞑虏的政治纲领。

没有驱除鞑虏的民族诉求，就没有红花会、天地会，一直到后来孙中山的同盟会。

没有同盟会，中国就会成为一个君主立宪制国家。

君主立宪制的中国就是英国、日本那一套，就不是新中国。

所以，没有陈圆圆就没有新中国。

没有陈圆圆，吴三桂就不会去当汉奸了，不一定。没有陈圆圆，可能别的人或者别的事件会导致吴三桂当汉奸。吴三桂当汉奸，主要是由其内在本性决定的，这种内在本性在外在条件具备的时候就会呈现出来。

下述关于"如果潘金莲不开窗，中国就是当今世界最发达的国家"的论证，也存在上述论证中的类似问题。

如果潘金莲当时没有开窗，那么她就不会遇到西门庆。

如果没有遇到西门庆，那么她就不会被迫出轨，那样武松哥哥就不会怒发冲冠为红颜，这样他就不会奔上梁山。

武松不会奔上梁山，哪怕水泊梁山 107 将依旧轰轰烈烈，但是宋江和方腊的战役，方腊也不会被武松单臂擒住。

只要武松治不了方腊，枭雄方腊就能取得大宋的江山。

只要方腊取得了大宋的江山，就不会有靖康耻，不会有偏安一隅，不会有金兵入关。

金兵不入关，就不会有后来的大清朝。

没有大清朝，当然也不会有后来的闭关锁国，没有慈禧太后。

没有慈禧太后，没有闭关锁国，自然也不会有八国联军侵略中国啊，不会有鸦片战争啊。

没有这些杀千刀的战争和不平等条约，中国说不定凭借五千年的文化首先就发展资本主义了。

发展了资本主义，发展到今天，说不定中国早就超过了美国、日本，已经是最发达的、最强悍的国家了。

如果潘金莲当时不开窗，她就不会遇到西门庆了？西门庆经常在附近转悠，今天潘金莲没有遇到他，说不定明天就会遇到他。

这里，我们想说的是，中国古代运用连珠体的现象并不少见。我们是否曾经考虑过这些推理中前提的真实性问题？例如：

老子做判断多，推理进行得少，所以言简意赅。韩非子为了让大家能够更好地理解老子的真实意涵，对《老子》专门做出解读。下面是《韩非子·解老》关于《老子·五十八章》"祸兮福之所倚，福兮祸之所伏"的解读：

人有祸，则心畏恐；心畏恐，则行端直；行端直，则思虑熟；思虑熟，则得事理。行端直，则无祸害；无祸害，则尽天年。得事理，则必成功。尽天年，则全而寿。必成功，则富与贵。全寿富贵之谓福。而福本于有祸。故曰："祸兮福之所倚。"以成其功也。

人有福，则富贵至；富贵至，则衣食美；衣食美，则骄心生；骄心生，则行邪僻而动弃理。行邪僻，则身夭死；动弃理，则无成功。夫内有死夭之难而外无成功之名者，大祸也。而祸本生于有福。故曰："福兮祸之所伏。"

"人有祸，则心畏恐"，可能大多数人是这样，但未必都如此。而且，很多人即使一时间有所畏惧，但久而久之，就好了伤疤忘了痛，就什么事都敢做了。

《礼记·大学》中有下面的话：

大学之道，在明明德，在亲民，在止于至善……

古之欲明明德于天下者，先治其国；欲治其国者，先齐其家；欲齐其家者，先修其身；欲修其身者，先正其心；欲正其心者，先诚其意；欲诚其意者，先致其知，致知在格物。物格而后知至，知至而后意诚，意诚而后心正，心正而后身修，身修而后家齐，家齐而后国治，国治而后天下平。

"格物而后致知","格物"就一定能够"致知"了吗？不然，王阳明在贵州龙场驿的时候，曾经仿照朱熹的理学主张，进行七天七夜的"格物"实践，却并没有达到"致知"的效果，于是更加坚定了自己所主张的"心学"一派。

总之，充分条件纯假言推理，在形式上是没有问题的。但是，在运用或理解的时候，需要注意其前提却未必真实。每一个前提都很可能只是一个可能性的或一般性的断定，如果将之看成了必然性断定，则易出现滑坡谬误。

第 七 讲

儒家政治哲学何以可为？

彭永捷

一、儒家政治哲学

何谓儒家政治哲学？正像教师回答哲学专业新生的"哲学是什么"的问题时会像黑格尔那样说"哲学就是哲学史"一样，我们也会说，所谓儒家政治哲学就是儒家政治哲学史。这种回答的意味在于，儒家政治哲学并不限于从孤立、抽象的原则出发去建构当代政治哲学，更为重要也更为深刻的，是把儒家政治哲学——无论是历史形态还是当代形态，都不理解为一个个单独的政治思想学说或体系，而看作是植根于儒家文化基本精神且不断寻求最佳实现方式的儒学运动，理解为仁义之道的内在精神所驱动的、在现实世界中追求理想世界的人世情怀，理解为儒家学者群体为开展仁义之道而形成的自我继承和自我超越，理解为从仁义之道出发和以理想之治作为参照而对现实与异端展开的匡正与批判。正是在此意义上，我们主张首先把儒家政治哲学理解为儒家政治哲学史，主张从儒家政治哲学史中把握仁义思想的义理演进以及不断为仁义思想开辟道路的求索精神。

人们从儒家政治哲学史中既汲取政治价值，又汲取理论自信。就政治价值而言，儒家并不倾向从知识论的进路，把关于政治的智慧发展成政治学（即关于政治的知识），儒家也不单纯地追求社会秩序（和法家不一样），儒家更不会宣称价值中立（不会像自由主义那样），而是明确地追求从好的政治价值出发，去达成好的政治秩序，即从仁义之道出发，去达到实现仁义价值的理想之治。因而，儒家立足于仁义之道的政治思想，本质上就是属于政治哲学类型的。

就理论自信而言，由于我们是回到儒家政治哲学史来观察儒家的政治思想，可以发现儒家的政治哲学并不和某种特定的政治制度相关联，也并不必然导致某种政治制度，而是在一切政治制度中去寻求实现仁义之道的最佳形式，并且在某种具体政治制度再也无法容纳儒家的仁义之道，成为实现仁义之道的枷锁和桎梏的时候，儒家也会为仁义之道寻求实现自身的新的形式，例如明末清初黄梨洲、顾亭林、王船山等人对于君主制的批判、对"复封建"的讨论以及对新型政治制度的探索。从历史上看，儒家分别和分封建国的封建制（如周、汉）、中央集权的郡县制（唐、宋）、种族压迫的帝国制（元、清）、民主共和制（民国）都打过交道，这些具体的政治制度，与儒家文化的历史相比，都不过是暂时的历史现象，而儒家的仁义之道作为"须臾不可离"的常道，力图在每一种具体的政治制度中最大限度地展开。换言之，儒家政治哲学可以从中发展出任何一种能够在特定历史时期发扬仁义之道的适宜制度。今天我们讨论儒家与民主政治的关系，完全可以独辟蹊径：仁义之道是儒家政治哲学的价值内核，制度只是儒家仁义之道借助于实现自身价值的历史形式，儒家的仁义之道并不必然专属于某一种历史形式，也不能将儒家仁义之道等同于某一种具体形式。儒家并不必然导致专制，也不必然导致民主。如果一定要坚持说儒家必然导向民主，那么作为论证的前提，我们对民主的认识一定是：民主是实现仁义之道在当代的最佳方式，因此，儒家的仁义之道一定会寻求民主政治作为实现自身的最佳形式。正是在此种意义上，我们也可以说，儒家仁义之道必然导致民主。

综上，正是回到儒家的政治哲学史，我们才明白仁义之道的伟大力量：儒家在历史上不断地衰落，又不断地复兴，正是由于早期儒家的代表人物充分继承和总结了当时传统文化的精华，很早就把握了政治的本质和历史的常道，成为政治哲学领域的伟大先知，让我们看到仁义之道的内在力量和崇高价值。故而儒家政治哲学基于一个深厚而伟大的政治思想传统，这个政治传统从由儒家学派解释和建立起的上古政治史，到儒家学派的原典作家和先秦时期儒家政治哲学的主要奠基人，经由汉唐经学和宋明理学，再到现代新儒学和当代新儒学，是一脉相承的。再从儒家政治传统所成就的事功来看，由儒家文化所主导的中国，在过去的 20 个世纪里，绝大多数时间都走在人类文明历史的前列，仅在距我们最近的两三个世纪，由于文化和制度上较为落后的草原民族入主中原，持续精神压制、野蛮统治，才使中国的发展逐渐失去领先优势。即便如此，仍然是那些由儒家文化所培养的知识分子，在自强不息以追求仁义之道的内在精神支撑和驱动下，不断发起诸如洋务运动、戊戌变法一类的民族自救运动，引入西学和发扬古学，为中华文明克服这场几乎覆灭自身的危机创造了条件。而且，自儒家文化产生后，中国逐渐确立了以仁义立国的指导思想，这使我们无论由衰落中重新崛起，还是在发展壮大后影响于世界，都没有采取那些殖民强盗烧杀抢掠、以众暴寡、以强凌弱的方式。因此，我们有理由期待通过儒家政治哲学史研究，能够从儒家的仁义之道出发，破解当代政治生活中的诸多问题，以仁义之道去重塑我们的家庭生活和社会生活。

二、仁义政治学

儒家政治哲学也可以被称作是仁义政治学。前面我们刚说过，儒家的政治思想是政治哲学而不是政治学，即不是关于政治的知识。但在此处是依据"政"和"治"在汉语里的本来含义来定义政治学。"政"是个会意兼形声字，从支从正，"支"是象形字，手持杖或鞭子。"政"的意思当是强行端正、校正的意思，使一切都回到正确、应有的轨道。"治"则是为政达到理想的效果。"政治"一词的含义是说"政"达到了"治"。故而汉语语境中的"政治学"，可理解为关于"政"如何达到"治"的思想或学说。

儒家追溯尧舜禅让、天下为公的政治传统，继承了夏、商、周三代一脉相承的礼乐文明，所谓"祖述尧舜，宪章文武"，儒家的兴起却基于礼崩乐坏的因缘。有不少学者坚持认为，儒家的创始人应溯源至周公，理由是周公制礼作乐，而儒家是周礼的继承者。其实历史上的确也曾有以周公为圣人、孔子为亚圣的做法，但终究不为儒家学者所坚持。儒家继承了礼乐文明，但仅有礼乐文明并不意味着就有了儒家学派。礼崩乐坏对于一群以司礼为职业的人来说，具有别样的意义，司礼一旦堕落为一个谋生的饭碗，就失去了礼背后的精神。孔子于礼乐之中发现了"仁"，故而方有"礼云礼云"、"乐云乐云"以及"人而不仁""如礼何"、"如乐何"之问，方有"汝为君子儒，勿为小人儒"之训。从带有宗法与血缘特征的礼中，阐扬了渗透于礼制又超越于礼制的"仁"的精神，这是孔子的伟大贡献，于此才确立了儒家文化的灵魂，也才有儒家学派的诞生。

仁是基于血缘的亲情，是爱的基础，是道德的根基。仁、爱两个字在先秦就已经多次被连合在一起当作一个词来使用。仁爱基于血缘，因而是自然而然，具有"直"的特点。仁爱基于血缘，从而又具有局限性，因而需要以"忠恕之道"作为"为仁之方"，从"爱由亲始"，达至"泛爱众"，广泛地爱一切人。仁是儒家建立一切人际关系——无论是家庭、家族关系还是社会政治关系——的基础。无论是其他的道德德目还是人伦准则，例如和仁并列为五常德的义、礼、智、信，或父慈子孝兄友弟恭的具体道德，都以仁爱为基础，都是仁爱的具体体现形式，所谓"理一而分殊"者也。

孔子重视的是内在的仁和外在的礼，强调仁和礼的统一。孟子重视礼背后仁的精神，以及实现仁的恰当方式（义者，宜也），他以"仁者，人心"，"义者，人路"来界定仁和义之间的关系，主张居仁而由义。荀子强调以礼的教化来培养内在的仁（化性起伪）。义是实现仁的恰当方式和对思想、行为是否符合仁的内心裁断。从今天的观点来看，孟子是伟大的政治哲学家，荀子则成为制度儒学的先驱。

在战国时代，孟子以仁义之道划清了儒家与杨（杨朱代表的道家学派）、墨（墨子代表的墨家学派）之间的界限。在唐代，韩退之以仁义之道与佛、老划清界线。在今天，仁义之道是儒家政治哲学区别于其他政治哲学学派的根本标志。马克思主义政治哲学的核心是主张消除阶级剥削和阶级压迫，追求个体平等生活和发展的权利，致力于把人从不平等的社会关系中解放出来，我们可以将马克思主义政治哲学称之为平等政治学；自由主义将自由作为"众善之善"，将自由视作是根本的价值，我们可以称之为自由政治学。儒家的核心价值是仁义，儒家政治哲学是仁义政治学。

仁义是儒家政治哲学的理论基础和价值基础，每一代儒学复兴的标志，都是从重申仁义之道开始。韩文公《原道》"原"的是仁义之道，大程夫子的《识仁篇》首句便开宗明义点出"学者须先识仁"。两宋之间以《仁说》为篇名者比比皆是（如苏东坡、张南轩、朱元晦）。在今天，儒家政治哲学研究，无论是研究儒家政治哲学史，还是建构当代儒家政治哲学，都是在研究和弘扬仁义之道，熟悉儒家仁义之道的求索历程和探求儒家仁义之道的当代形式。从这个意义上，一切以回归、重申、阐扬儒家仁义之道为标志的儒家政治哲学研究，都是儒家文化复兴运动的组成部分。

三、民本政治学

孔子从仁爱出发，提出"泛爱众"的主张。孟子云"四海之内，皆兄弟也"。韩退之在《原道》中将儒家的仁爱表述为"博爱"，张横渠将仁爱表述为"兼爱"。表述虽各有不同，然其旨一也。儒家所讲的仁爱、博爱、兼爱，并不是一些宗教般的诱人词句，不是一些泛泛的口号，而是要在组织人群、构建秩序的政治实践中变成可操作、可落实的组织原理，这便是儒家根深蒂固的民本主义。在儒家的政治哲学中，从仁爱出发，或从孟子所说的、作为"仁之端"的"不忍人之心"出发，"泛爱众"也就意味着"政"如果想要达到"治"，有国者就必须超越只爱自己、只爱自己阶层的思想境界，实实在在地去爱一切人，尤其是爱下层民众，这便是民本思想。儒家在对上古政治传统和政治文献的理解和总结中，敏锐地发现和精心地总结了这一颠扑不破的政治原理，诸如"民惟邦本，本固邦宁"，"民之所欲，天必从之"，"天视自我民视，天听自我民听"，并作为仁爱思想在政治方面的具体体现。

民本思想是儒家政治思想的精华，具有超越具体时代和制度的价值。民本思想也同样不绑定于特定的具体社会制度，而是可以成为一切社会制度的指导思想。民本思想之所以形成，一个重要原因在于，人民显示了自身具有的决定性的政治力量。周人以一小邦，联合其他部落，推翻了庞大的商王朝，以分封建国的形式建立起新的王朝。"武王克商"这一历史剧变，对于取得政权的周人亦是甚为震撼，他们从这一历史经验中总结出"敬德"、"保民"两条基本政治结论，他们认识到人民才是上天保佑的对象，才是政治的主体。在其后的中国政治历史演变中，民本思想在多数情况下都成为新王朝所拥护的执政理念，同时也作为一个王朝政治合法性的理论基础。

在人们普遍关注和讨论民主政治的今天，民本思想依然具有不朽的理论价值，民本思想依然高于民主的价值。我们这么说的理由在于，民本思想反映了政治的本质在于为人民服务。民主只是表达民意并选举政治代表的具体形式。民主也并不必然导致善政，民主选举产生的政治领导集团也不必然维护多数人民的利益。但是民主是当代实现民本思想可供选择的具体形式，我们追求民主的目的，仍然是希望通过一种成熟和完善的民主政治，使政治回归其为人民服务的本质。

我们今天谈论民主政治，不应把民本和民主视做对立的，更不应贬低和忽略民本思想的价值。同样，从儒家文化来讨论诸如自由、人权、平等、公平、正义等问题，也同样不能脱离民本思想的指引。显而易见，泛泛地谈论维护一切人的自由、人权、平等、公平和正义，往往流于空泛，缺乏具体针对性。只有立足于民本主义的立场，讨论怎么落实宪法赋予的广大人民的自由、人权、平等、公平、正义的时候，问题才会真正被揭示出来。儒家文化在政治上是早熟的，他们早把政治的本质和政治的问题看透，认为政治的本质就在于为人民服务，政治出现问题就在于掌握权力的阶层背离人民的利益，一切政治的核心事务都在于使政治回归其应有的本质。

四、理想之治

仁义之道完全实现的社会状态便是理想之治。从儒家的角度看，"中国梦"即是大同梦。《礼记·礼运》所讲的"大同"之治，是儒家追求的最高理想，"小康"之治，则是退而求其次的初级理想。我们看《礼运》篇的这段文字：

大道之行也，天下为公。选贤与能，讲信修睦。故人不独亲其亲，不独子其子。使老有所终，壮有所用，幼有所长。矜寡孤独废疾者，皆有所养。男有分，女有归。货恶其弃于地也，不必藏于己。力恶其不出于身也，不必为己。是故谋闭而不兴，盗窃乱贼而不作。故外户而不闭。是谓大同。

"大道之行，天下为公"，讲的正是"祖述尧舜"，取法的是"天下为公"的唐虞禅让，和禹以下"家天下"的"小康"之治是不同的。就此而言，儒家追求的最高理想，和马克思主义所取法的人类早期无阶级、无私有制的原始共产主义非常接近。"选贤与能"，是讲德才兼备的人掌握和行使公共权力。"讲信修睦"，是讲人与人之间相互信任、融洽的人际关系。"人不独亲其亲，不独子其子"，是讲人们从仁爱出发而超越仁爱的血缘性达到"泛爱众"。"使老有所终，壮有所用，幼有所长。矜寡孤独废疾者，皆有所养。男有分，女有归。"在大同社会里，所有的人民都得到精心体贴的照料，生活都有依靠与保障。"货恶其弃于地也，不必藏于己。力恶其不出于身也，不必为己。是故谋闭而不兴，盗窃乱贼而不作。故外户而不闭。"在这样的社会里，个人图谋的不是最大限度地占有财富，而是让财富为更多的人享用，最大限度地发挥财富的社会价值，个人考虑的不是如何索取，而是如何奉献。《礼运》篇没有像我们展望共产主义社会一样，认为那一定是物质极大丰富的社会，相反认为人们物质生活水平的提高除了依赖于发展生产，更重要的在于实现分配的均衡，故孔子说"不患寡而患不均"，要求统治者"节用"以缓解社会物质总量的匮乏。这些宝贵的思想财富都值得后人汲取。从中我们可以看到，自古以来中华民族所不懈追求的是怎样一种符合人性、适宜人生存和发展的理想社会形态！

理想高于现实，也正因高于现实，理想才有意义。我们并不能因为儒家追求的大同之治没有在现实中实现，就怀疑和贬低理想之治的理论意义。孔子曾以"北辰"来比喻有国者端正自己而为国民起到的表率和指引作用，在中国政治哲学史上，大同之治的理论意义，正是起到了政治"北辰"的作用，对于我们思索现实政治问题发挥着导航功能。理想之治不仅鼓舞着一代又一代的人民不懈追求更好的社会形态，也指引我们从根本上反思中国当代社会究竟要向何处去，我们究竟是接近还是远离了中国人的理想之治，我们的社会是更符合人性还是更背离人性，是更宜于人的发展，还是更不宜于人的发展，是使人更好地成为一个高贵的人，还是更容易使人堕落为一个丧失人性的禽兽。

五、匡正政治学

前文论及"政治"一词的本义是"政"达到了"治"。儒家对于政治的理解，还具有别种深意。《论语》记载：季康子问政于孔子。孔子对曰："政者，正也。子帅以正，孰敢不正？"在孔子看来，所谓为政，就是有国者首先端正自己，率先垂范，这也是德治的内涵，同时也是周人自"武王克商"所得出的"敬德"的政治信条。汉代许慎的《说文》对"政"字的释义，就沿用了孔子的说法，把"政"解释为"正"。《大学》的三纲领八条目，论述了如何从明在我之明德，至"明明德于天下"的路径，丰富了儒家的德治主义。对于"正"字的解释，也颇有意思，"正"被解释为"正其不正"，看似同语反复，但在政治哲学上别有意味。

在把为政理解为"端正"之外，儒家又从匡正、格正的角度来理解"政"字。孟子说："格君心之非"，汉代马融在解释《论语·子路》"冉子退朝"章的"有政"一语时说，"政者，有所改更匡正"。儒家学者把匡正权力，尤其是匡正君主，当成是士人的权利和义务，由此还留下许多有名的佳话，如北宋程伊川给皇帝授课时，批评皇帝课间无故摧折柳枝属害仁的行为，南宋朱晦庵给皇帝授课，天天只讲"正心诚意"四字。儒家对古代的政治生活有着充分的研究，深知不受约束和无法匡正的政治权力必然导致混乱和暴政，夏桀和商纣都是权力滥用而无所忌惮的典型。儒家不断尝试建立起一整套完整、系统的权力制约机制，尤其是致力于对君权能够有效制约，为此他们无所不用其极，发展出一套包括保傅、宰相、封驳、台谏、三司、经筵、制举、轮对、清议等内容丰富的权力制约机制和权力匡正制度。如果人们只习惯于通过流行于影视作品中的清宫奴才戏来概括中国古代的政治传统，恐怕难以理解古代政治传统的正统和真相。儒家总是力图通过种种匡正措施，以使政治在其应有的轨道上运行，然而当种种匡正机制受到破坏而无效，一代政治实在无法挽回时，他们也会毫不犹豫地行使终极的校正手段——效法"顺乎天而应乎人"的汤武故事，以暴力的方式革替天命，改朝换代，一切从头重新开始。例如颇具典型意义的一个历史事件是，虽然孔子的思想比较保守，思想中具有强烈的人民性却缺乏革命性，然而作为圣人子孙的孔鲋，却毅然投身于反抗暴秦的农民起义中，作为陈胜的博士，死于对秦将章邯的作战中。

儒家不仅充分发展了立足于仁义之道的匡正政治学，而且将儒家知识分子群体对于政治权力的匡正发展成为一种相当合理的政治结构。儒生掌握真理，但不掌握权力，帝王掌握权力，但不掌握真理，"君臣以义合"，他们根据儒家的仁义之道结合在一起，儒生用手中掌握的儒学真理来匡正政治权力。就此而论，当前知识分子与政治权力的结构，相较于中国传统政治结构，不仅没有进步，相反还存在较为严重的扭曲。我们今天讨论权力制约问题、宪政问题，从儒家匡正政治学出发，应是一条具有建设性的思路。

六、批判儒学

儒学从仁义之道出发，对不仁不义、贼仁贼义的思想和行为，一直给予批判。从孔子开始，儒学就带有强烈的批判性。孔子提出"攻乎异端，斯害也已"。孟子辟杨、墨，荀子著《非十二子》和《解蔽》，对先秦许多代表人物思想的片面性给予批驳。韩文公辟佛、老，主张以行政的方式攻异端，"人其人，火其书，庐其居"，宋代理学则将"攻乎异端"的"攻"理解为"攻治"，从而将儒学发展为理学形态，力图从自身理论建设上胜过佛教和道教的影响。

今天的儒学，更多的功夫花在为自身辩护上。虽然中国在近代遭遇到从未有过的严重挫折，遭遇"数千年未有之变局"，但国人还没有对儒学彻底失望，康有为依然以"托古改制"的方法推动变法，张之洞依然以"中体西用"的方式订立京师大学堂章程。"五四"新文化提出"打倒孔家店"以降，儒家文化一直处在被批判和被边缘化的状态，至"文化大革命"发展至登峰造极，因而儒学的主要任务都是自我辩护式的，包括对自己做无罪辩护或轻罪辩护，以及为自身具备回应现实挑战的能力做辩护。

在我们看来，既然反传统、反儒学的新传统的习惯势力依然强劲，对儒家的妖魔化依然颇有市场，那么为儒学辩诬的工作就仍有必要。但是，儒学最重要的工作是弘扬仁义之道，我们仍然应当继承儒学"攻乎异端"的一贯做法，立足于仁义之道，对今天贼仁贼义的思想、学说、文化、社会和政治现象，展开理论上的、学理上的、价值上的批判，因而当代儒学必须发展为批判儒学，作为当代儒学的一支，儒家政治哲学是一种价值哲学，更有理由从价值哲学的角度，广泛地对当代的人文学、社会科学以及社会文化开展批判，在批判活动中挺立儒家仁义之道的价值，并确立儒家的经典解释学（经学）在人文社会科学中的基础地位。

七、诠释历史与历史诠释

儒家政治哲学史属于中国政治哲学史的一部分。中国政治哲学史的研究方法，可以对比有关中国哲学史研究方法的讨论。以往中国哲学史研究方法，更多地强调从当代思想的角度来重新理解和诠释古代思想史料，因而中国哲学史的研究方法，一直就是解释学的，区别在于用何种学说作为指导思想和由何种话语提供语言工具来诠释史料。这种研究方法，有时也表述为用现代的语言来诠释中国古代思想史料。所谓现代的语言，具体落实为提供语言工具的某一家思想，多数情况下是某种现代西方的学说，所以所谓用现代的语言来诠释中国古代思想，也就是借用或套用某种现代西方学说来解释中国古代思想史料。对于依赖上述方法建立起来的中国哲学学科模式的检讨，在学术界关于中国哲学学科合法性问题的讨论中已经涉及很多，此不赘论。

在今天，我们不满足于把关于中国古代思想的研究，仅仅限制在"中国哲学史"的领域，也就是说，"中国哲学史"对我们而言，不仅当作是思想的历史，而且把中国古代思想史当作是当代史，中国哲学学科也试图生产思想，由中国哲学史生成中国当代哲学，因而在方法论上也需要有相应的变革。在过去，我们重视的是用当代来诠释古代，用西方的思想来演绎古代史料，在今天，虽然我们依然重视这种解释向度，重视借鉴现代西方哲学的经验和语汇，但我们也应该重视从古代来认识和解释当代。在中国政治哲学研究领域中，我们研究和讨论政治哲学史的目的，一方面是试图让我们了解和理解古代思想家如何思考和处理政治问题，了解他们的问题、话语和思维方式；另一方面，我们也在这个过程中逐渐尝试以古代思想家的致思方式和价值立场，来理解、看待、评价当代的政治问题。这就如同世故的老人和资深的戏迷，会以他们从历史教育、文学戏剧中接受的古老观念，来评判世道的变迁、政治的清浊。例如当代政治生活中仍然具有浓厚的民本主义色彩，诸如"权为民所用，情为民所系，利为民所谋"，毫无疑问是传统民本思想的现代表达。无论是中国哲学史的研究，还是政治哲学史的研究，都可以大力拓展这个新的解释向度，从历史中学习，获得灵感和视角，来观察和诠释当代。当代开展的经学研究，也需要通过这种解释向度，以经典所承载的价值和义理，充分地参与现实生活。两种解释方式相互结合，有可能解决政治哲学史通向当代政治哲学的方法问题。

在史料运用方面，中国政治哲学史的研究又具有与中国哲学史研究稍有不同的地方：中国哲学史必须严格地甄选材料，认定材料所反映的思想的确切时代。中国政治哲学史，就其作为中国政治思想的一般通史而言，也必须遵照同样的选材方式。但是，对于我们从古代史料中汲取政治方面的思想和价值而言，古代的一切史料都可以作为研究对象。例如《古文尚书》一般被学术界视为伪书，但即使是伪书，也仍被古人视作经典，我们仍然可以从中汲取许多宝贵的思想，至今仍为人们传诵的许多经典语句，都出自《古文尚书》。古代的伪书数量是非常庞大的，但只要我们不把这些伪书所反映的思想纳入严格的思想史序列，而只是从中汲取古人的政治智慧，那么中国政治哲学史的研究，就能扩展更广阔的史料范围，一些长期因作伪原因而被排斥在思想史研究之外的史料，也将实现其研究价值。

综上所论，儒家思想的核心是仁义之道，儒家政治思想是以仁义之道为核心价值来求索实现仁义之道的最佳方式，因而儒家思想天然便是属于政治哲学类型的。儒家政治哲学史是仁义之道实现自身价值的探索史、发展史，立足于仁义之道，儒家当代政治哲学可以具有仁义政治学、民本政治学、匡正政治学、批判儒学等多种面向，其主要任务是为仁义之道寻求实现自身的当代方式。

爱欲与哲学

刘 玮

哲学是对大智慧的追求和趋近，这也正是哲学被说成是 philosophia——爱智慧——的关键所在。哲学是爱，是追某种理想，追求某种大的智慧，某种超越你自己，甚至是超越时代的东西。

哲学是爱，是对这些大的、超越、超人的东西的爱，对这种爱最经典的定义来自哪里？就是柏拉图的《会饮》。从柏拉图开始，philosophia 变成了一个术语，一个人们广为接受的概念；而在这部作品里，柏拉图最好地诠释了哲学作为对智慧的爱。选择这个作品，首先是因为它最好地界定了 philosophia 这个东西；同时也因为大家正处于一个充满爱欲的年龄。你们在大学里可能会寻找到自己的伴侣，不管是同性的还是异性的。同性伴侣并不丢人，因为我们一会儿就会看到这部作品里就有对同性爱情的褒扬。

希腊语里和"爱"有关的动词主要有三个：一个是 *eraō*，是一种爱欲，身体上的吸引，从这个词的主动分词而来的 *erastēs* 就是爱者（lover），也就是付出爱的一方；被动分词 *eromenos* 就是被爱者（beloved），也就是接受爱的一方。第二个词是 *phileō*，也就是我们说的 *philosophia* 前面那半部分的动词，它通常翻译成"友爱"，范围比较宽泛，更多指精神上的一种吸引，可以指家庭成员或者朋友之间的关系。第三个词是 *apagaō*，这个词的意思是以友好的态度对待你、欢迎你，后来在基督教里面变成了主导性的表达"爱"的概念——博爱，把所有人当作兄弟去爱。我们重点讲的是前面这两种，在这部作品里面，第二种爱被当作了第一种爱的一个表现形式，也就是说 *eraō* 被当作了最宽泛的"爱"。

如果讲柏拉图和爱，我们最先想到的大概就是"柏拉图式的爱"（Platonic Love），这个词最开始是文艺复兴时期的柏拉图主义者斐奇诺（Marsilio Ficino，1433—1499）发明的（*amor platonicus*），就是基于他对于《会饮》的理解。"柏拉图式的爱"在斐奇诺那里指的是他所建立的柏拉图学园的同人或朋友之间彼此的感情，这种感情把这个学园团结在一起，并且把他们最终引向上帝。而今天我们用这个词的时候，指的是人与人之间的爱慕，但是没有身体上的欲望，只有精神上的爱。我们很快会看到这个词到底在什么意义上是符合柏拉图意思的，在精神性的意义上，它表达了柏拉图的意思。但是在柏拉图那里，真正的爱并不是异性之间的，甚至不是人与人之间的，而是你对智慧的爱，或者说你对理念知识的爱，那才是柏拉图最高意义上的爱。因此今天当我们说"柏拉图式的爱"时，其实已经偏离了柏拉图的原意。

古希腊的"会饮"

说到这里，我们需要先交代一些背景。我们今天要讲的"会饮"（symposium）在古希腊是一种非常重要的活动。会饮是通常发生在贵族家里的一种社交活动，有钱人会请朋友来到家里，一边吃饭，一边喝酒，同时有一些吹

希腊墓葬中发现的描绘会饮的壁画

箫的、弹琴的女子在旁边助兴。你们看到躺在床上的这5个人都是男人，有胡子的是老人，没胡子的是青年。会饮时的情况通常就是一老一少躺在同一张床上，有吃有喝有聊，老年男子在这个过程中教授年轻人很多道德规范、公民价值、政治智慧。古希腊的教育在很长一段时间内并不是通过文字进行的，而是通过口口相传的方式传下去的，而会饮提供了一个重要的教育方式。同时在这个过程中，也在培养和训练节制的德性，老年人总是会对年轻人垂涎欲滴，但是会饮不允许一上来就动真格的，而是要先进行各种教育，最后才满足身体的欲望。在古希腊，这种同性之间的交往被看作是高贵的、阳刚的，先吟诗作赋再干那件事情。我们看几个很有代表性的希腊瓶绘，就反映了希腊同性之间的这种肉体上的关系。在希腊同性恋非常非常普遍，但不意味着希腊人全是今天意义上的同性恋者。今天我们讲同性恋是一种性取向，是一种自然的东西。但是在希腊，同性恋更多是一种文化现象，他们认为男人跟男人之间的这种爱慕，乃至发生关系，是一种非常高尚的事情，非常高雅的事情，并且对他们来讲是承载着非常重要的教育、文化、社会、政治功能。同性恋的行为并不影响男人们从俗地娶妻生子，延续家族的香火。

大家如果有兴趣，可以去看 K. J. Dover 的名著《希腊同性恋》(*Greek Homosexuality*)，这本书是研究希腊同

希腊瓶绘中的会饮场景

希腊瓶绘中的会饮场景

性恋问题的奠基性著作，使得学者们开始严肃地对待这个希腊文化的标志性现象。这本书除了极高的学术价值之外，还有好几十页的图片，大多是希腊瓶绘和雕塑，刻画了各种同性关系的场景。

交代完这些背景，我们进入今天的正题。

柏拉图的《会饮》

我们先来看一幅描绘柏拉图《会饮》的名画：费尔巴赫（Anselm Feuerbach，1829—1880）的《柏拉图的会饮》。

画面中间的这个端着杯子的人就是这家的主人，他叫阿加通（Agathon），是一个悲剧诗人，30岁上下，他刚刚在雅典得了第一次悲剧竞赛的头奖，这是一个巨大的荣誉，然后在他家召开庆功会。头一天晚上已经喝得烂醉如

费尔巴赫：《柏拉图的会饮》（1869）

泥，第二天他又邀请了一些挚友继续庆祝。但是第二天庆祝的主题从吃喝变成了谈话。在阿加通旁边趴在床上的这个穿绿袍子的人是埃吕克西马库斯（Eryximachus），这个人是一个医生（因为他旁边的灯柱上盘着一条蛇，而蛇是医神阿斯克莱皮奥斯的象征）。在阿加通身后穿红袍子抱着腿的这个人是泡萨尼阿斯（Pausanias），一个四十多岁的雅典人，他爱着阿加通。在阿加通右后侧这个杵着腮帮子的年轻人是斐德罗（Phaedrus），很帅，大约三十岁，他是一个被爱者，而埃吕克西马库斯是他的情人或爱者。斐德罗再往右就是苏格拉底，他对面的就是阿里斯托芬（Aristophanes），雅典最著名的喜剧作家。苏格拉底是阿尔西比亚德的爱者，宣称自己爱着阿尔西比亚德。阿尔西比亚德就是穿着红袍子、喝得酩酊大醉、半裸着身体、怀抱着姑娘的这个年轻男子。这幅画描绘的就是阿尔西比亚德在他们谈话的中间闯入阿加通家，阿加通起身迎接他的场景。这幅画其实不是非常忠实地在描绘柏拉图《会饮》的场景，在柏拉图的描绘里，大概是按照斐德罗、泡萨尼阿斯、阿里斯托芬、埃吕克西马库斯、阿加通和苏格拉底的顺序坐成了一个圈，每两个人坐在或者躺在一张床上。

《会饮》首先有一个引入这场会饮的对话，是阿波罗德罗斯（Apollodorus）和一个商人朋友之间的对话。阿波罗德罗斯是苏格拉底的"粉丝"，非常喜欢看苏格拉底诘问别人，基本上是苏格拉底去哪里，他就跟到哪里。有一天，阿波罗德罗斯在街上碰到了这个商人朋友，这个朋友问他，能不能给我讲讲十多年前发生的那次会饮，他们讨论了些什么问题。大家知道当年有这么一场会饮，但并不是所有人都知道当时都谈了什么。阿波罗德罗斯说自己对此很有准备，因为他从苏格拉底的另一个"粉丝"阿里斯托德慕斯（Aristodemus）那里听到了那天发生的事情，并且跟苏格拉底核实过，也给别人讲过这个故事。朋友看到他这么兴奋，就揶揄他，说他一提起苏格拉底，一提起哲学就兴奋。这时阿波罗德罗斯说了一段话：当我去讨论哲学，或者听别人讨论哲学的时候，不管这些东西是不是对我有直接的好处，我都以巨大的热情享受这种谈话，不管是去听还是去说。而你们这些人，尤其是你们这些富有的商人，让我觉得很无聊，甚至让我觉得恶心，我对你们充满悲悯。这还不是一个真正的哲学家，只是一个对哲学有点浅尝的人，已经对哲学的门外汉们充满了同情。他说，你们这些人以为你们在做些什么，但其实你们什么也没做，只有哲学才有意义，挣钱仅仅是手段而已。或许从你们的角度看，你们觉得我非常不幸，我承认你这么"认为"是对的；但是至于你呢，我不仅仅认为你很不幸，我还"知道"你很不幸。这里就引出了一个很重要在 think 和 know 之间的区分，前者最多是某种意见，而后者才是知识。think 是一种意见（*doxa*, opinion），是你这么觉着；而 know 是知识，是确凿的、板上钉钉的，有足够的证据表明它们确实如此。你可能认为我非常惨，没关系，我承认你这么认为有你的道理，但是你更不幸，而且我不仅这么认为，还确确实实知道你非常不幸。

下面阿波罗德罗斯就回忆了他从阿里斯托德慕斯那里听到的故事。有一天苏格拉底碰到了阿里斯托德慕斯，苏格拉底那天洗了澡，穿了一身干净的衣服，还穿上了鞋（苏格拉底平时是一个非常不修边幅的人，很少洗澡，从来不穿鞋，即便是冬天走在冰上也不穿）。苏格拉底就叫上没有受到邀请的阿里斯托德慕斯一起，去参加阿加通家里的庆祝。结果在路上走着走着，苏格拉底就陷入了他惯常的深思，遇到了他的神灵 *daimonion*。苏格拉底就站在那里出神，他把阿里斯托德慕斯打发走，让他先去阿加通家，自己站在隔壁的门廊前面开始思考问题。等阿里斯托德慕斯到了阿加通家，阿加通想要派人去叫苏格拉底，被阿里斯托德慕斯拦了下来，告诉他苏格拉底经常如此，让他想一会儿就好了。

之后苏格拉底姗姗来迟了，他来的时候会餐已经过了一半。进来之后，阿加通就招呼苏格拉底，说你想了那么长时间，一定有伟大的发现，你赶紧坐在我身边，让我离你近一点，这样你的智慧就能传给我。苏格拉底说，这哪行啊？智慧哪里是这样传递的呀？就像一个杯子高一个杯子低，高杯子装满了水，然后拿一根细线，就能把水从高杯子引到低杯子里了吗？等苏格拉底落座之后，大家就开始讨论今天干点什么，医生埃吕克西马库斯就提议，昨天晚上已经喝高了，今天不能再喝了，今天得干点别的，我们不喝酒，只谈话，并且把助兴的歌女舞女都打发走，于是会饮就变成了会谈，这些大男人就或坐或躺，讨论一个非常严肃的话题——赞美爱神。因为他们看到很多人给各种各样的人、各种各样的东西写过颂词，甚至是赞美盐这种琐屑的东西，但是居然没有人赞美爱神这么伟大的一个神，于是就决定围绕这个主题每个人做一篇赞美爱神的颂词。从斐德罗开始，之后就按照座次轮流。

斐德罗第一个讲，在他看来，爱神是最古老的神灵。因为根据赫西俄德的记载，天地开出是混沌（Chaos），之后是地母盖亚（Gaia），之后就是爱神厄洛斯（Eros），厄洛斯是一个没父没母的神，因此是最老的神之一。有了爱神，才有了结合，有了孕育，有了秩序。他还引用了哲学家巴门尼德的话来支持这一点。之后他说爱神给我们带来了巨大的好处，他给我们植入了一种我们每一个人都需要的指引。这个东西是什么呢？就是羞耻感和荣誉感，对丑陋事物的羞耻感，以及对美好事物的荣誉感。每当一个爱者在一个被爱者面前，或者被爱者在爱者面前，他们都最害怕做那些羞耻的事情，而一定要展现最美好、最高尚的那一面。因此爱给人带来的最大的好处就是让你有最清醒的认识，什么事能做，什么事不能做，并且真的能够坚持这些认识。斐德罗说，假如有一支军队，完全是由爱者和被爱者组成，那么这支军队将会无往而不胜；假如一个城邦里面只由爱者和被爱者组成，那么这个城邦会有最好的制度，因为这个城邦里即便没有法律，人们也会自觉地去做那些高尚的事情，自觉地避免羞耻的事情。这种羞耻感和荣誉感就是爱神带给人们最大的好处，是我们人生的指引。有了这个，人生才会变得有序，才会变得好。最后他还讲了一些经典的为爱者或被爱者牺牲的故事，说神会嘉奖这些行为。

泡萨尼阿斯接着斐德罗开讲。他首先纠正了斐德罗讲词中的一个在他看来有问题的地方，在他看来其实不是只有一个爱神，而是有两个。因为爱神总是跟着阿芙洛狄忒（Aphrodite）的（关于他们的关系有不同的版本，有的说厄洛斯是阿芙洛狄忒的孩子，也有的说是阿芙洛狄忒的一个伴侣）。泡萨尼阿斯说，根据我们的神话，有两个阿芙洛狄忒，因此也应该有两个厄洛斯。意大利伟大的画家波提切利（Sandro Botticelli，1445—1510）正好有两幅名画描绘了这两个阿芙洛狄忒。一幅画叫《维纳斯的诞生》，它描绘的是泡萨尼阿斯所说的"属天的阿芙洛狄忒"，她是高尚的，跟灵魂有关，跟美德、智慧有关，崇拜这个爱神，你就会爱这些东西。这个阿芙洛狄忒的诞生是一个非常血腥的故事：最老的天神乌拉诺斯（Ouranos）的阳具被他的儿子克罗诺斯（Kronos）割下来之后扔到了海里，从乌拉诺斯的精液里面生出了这个阿芙洛狄忒。另一个阿芙洛狄忒是《春》这部作品描绘的，这个阿芙洛狄忒是宙斯和凡间女子狄俄内（Dione）的女儿，因此有一部分凡人的血统，被称为"大众的阿芙洛狄忒"或者"属地的阿芙洛狄忒"。在泡萨尼阿斯的描述里，这个阿芙洛狄忒代表了对低下的感官欲望的爱，就是不管见到谁都想发生关系的爱欲。泡萨尼阿斯说，我们雅典人应该追求属天的、灵魂意义上的阿芙洛狄忒，而要避免这种属地的、只知道

波提切利：《维纳斯的诞生》（1486）

波提切利：《春》（1477）

身体满足的爱欲。

之后他赞美了雅典关于爱的习俗。一方面是那个被爱者一定要表现得很羞怯，你越是穷追不舍，我越是要表现得很矜持。这个年轻人一开始要躲躲闪闪，要考验他的追求者，要让追求者展现自己确实是一个有价值的爱者，能给我带来不管是金钱、地位、政治影响、教育还是其他什么东西，要让追求者受尽折磨，之后才能说 yes，跟他发生关系。雅典习俗的另一个方面是给老男人很多自由，允许爱者去做一些很极端的事情，比如当街跪地，在公开场合匍匐在被爱者脚下，恳求被爱者；晚上跑到人家里去唱歌或弹琴；给被爱者做牛做马。所有这些在其他场合看起来非常羞耻的事情，在爱的关系中都是允许的。在泡萨尼阿斯看来，为了培养教育年轻人，为了追求那个属天的厄洛斯，这些看似羞耻的东西都没有问题。雅典习俗里面最极端的是，为了爱，人们甚至可以发假誓，神会原谅你，只要你是为了追求你的爱。本来诚信是维持人类社会，甚至是维系神所在的那个社会最基本的品质，但是在爱这样一个事情里面，甚至连这个东西都可以被推翻掉，可见希腊人给爱者多大的自由。西方有一句名言是"everything is fair in love and war"——人类有两个场景是可以最肆无忌惮的，你可以无所不用其极，一个是战争，另一个就是爱情。在你追求另一半的时候，只要你能得逞，能有一个好的结局，幸福地生活下去，那么之前做过的所有事情都可以被人原谅，非常类似于战争那种你死我活的较量。

下一个要讲话的本该是阿里斯托芬，但是这个喜剧作家走到哪里都要搞点乐子出来，轮到他讲话的时候，他开始打嗝，而且打个不停。于是他就问旁边的医生埃吕克西马库斯该怎么办，这位医生给了他三招儿：第一个是闭气，第二个是漱口，第三个是打喷嚏，同时医生和他交换了讲话的顺序。

于是埃吕克西马库斯开始讲，他同意有两个阿芙洛狄忒和两个厄洛斯，但是认为泡萨尼阿斯讨论的范围不够大，都是个人层面的爱与被爱，而埃吕克西马库斯是一个医生、一个科学家，他要把爱欲的范围扩大到整个自然、整个世界。他说的两个厄洛斯，一个是无序的、任意的爱，而另一个是和谐（harmonia），也就是按照恰当的方式结合在一起。希腊医学是讲水火土气四种元素的和谐，类似于中国中医里面的金木水火土。每个人的健康都是四个元素的均衡比例。假如你的身体不健康，这几个元素就会发生混乱，这个时候产生的爱和欲望就不对了。因此我们要追求有序的爱，而避免这些无序的爱。他说这两种爱，放眼整个世界都是存在的。当这个好的爱神、带来秩序与和谐的爱神处于支配地位的时候，就风调雨顺；相反就是无序的爱神带来的情况。他举了很多例子来说明这个情况，有医学、锻炼、农业、音乐、人与神的关系等，所有这些领域都有这两种爱神，我们应该追求的是前一种。

埃吕克西马库斯讲完之后，阿里斯托芬也缓过来了，他说我试了闭气和漱口都不管用，最后迫使自己打了个喷嚏，才终于止住了打嗝，可以开始讲了。他说你们之前讲得都很好，但是都没有触及问题的根本。首先，你们都没有从人性（human nature）讲起。我们是作为人在赞美爱神，因此我们首先需要知道人是怎么回事，然后才能知道人为什么要去赞美他，为什么需要他。这才是正确的研究顺序。之后他讲了一个非常精彩的故事，一个在古典时代最著名的关于爱的故事。人本来是一个球形的生物，每个人都有两张脸、四只手、四条腿、两套生殖器，我们是雄雄同体、雌雌同体或者雌雄同体。雄雄同体的人是太阳神的后代，雌雌同体的人是大地的后代，而雌雄同体的人是居间的月亮的后代。这些原初的人很强大，于是他们就像赫西俄德记载的泰坦神一样想要挑战天神。宙斯当然非常生气，就准备收拾他们。怎么收拾呢？宙斯有不同的方法，最简单的方法就是把他们都灭绝，就像《旧约》里的上帝那样。但是宙斯想了想，这个方法不太好，我们还需要人给诸神提供的祭品，于是他就把这些球形人一分为二，就像用线切松花蛋一样。对于宙斯来讲，这个手术非常好，因为一方面人的力量减弱了，变成了原来的二分之一，不能再挑战天神；另一方面人的数量也翻倍了，因此神的祭品也变多了。在做完了这个切割手术之后，他让阿波罗把伤口缝上——这个就是我们的肚脐，还要把人的头扭过来，能够看到身上的这个伤疤，让人们记住，当年你们违抗过天神，这是天神对你们的惩罚，提醒自己要对天神虔诚。宙斯想着，如果你们还敢违背天神，我就再给你们一刀，这样你们每个人就只能一条腿蹦了。做完了第一次手术之后，出现了一个宙斯始料未及的问题，就是每个人因为被切开了，都会感到缺乏，总是想找到自己的另一半，当初雄雄同体的就想找一男的，雌雌同体的就想找一个女的，雌雄同体的就想找到一个异性。这就是阿里斯托芬口中同性恋的来源——他们是不同的神的后代，天生就有着不同的性取向。他们都很努力地在找自己的另一半，但是茫茫人海，充满了不确定性，一旦找得感觉差不多了，两个人就抱在一起，不吃不喝，什么也不干，直到一方死去，另一方再去找下一个，继续抱着。于是人伤亡惨重。宙斯就做了第二次手术，把人的生殖器移到身体的前部，这样就可以通过交媾获得一种暂时的满足，可以让他们过分强大的爱欲得以释放，交媾以后还能各干各的事情，能够消除那种一旦抱在一起就再也不分开的欲望。但是即便如此，人们依然感到十分匮乏，依然觉得自己很不完整，依然要去寻找自己的另一半。这就是爱欲的产生。爱欲是每个人天生的，因为我们每个人都是缺乏的，我们必须找到另一半才变得完整，爱使得我们那种原始的、古老的本性可以得到恢复，能够让我们由二重新变成一。我们本来都是一，但是被神劈成了二，我们还想回到一，这就是我们每个人都有这样一种爱欲的最根本原因，爱就是能够让我们从二回到一，结束二的东西。现在谈恋爱的时候，我们总是说要找到自己的另一半，这个说法就是从这里来的。阿里斯托芬继续说，有时候我们一辈子跟一个人在一起，到最后却说不出来为什么要和他在一起。到底为什么呢？因为这个灵魂在被创造出来的时候已经卜见到自己的需要，你就要这个东西，但是你又说不清楚这个东西到底是什么，这就是一种对原始自然的复归。爱欲使你最后回到整全，能够重新成为一个真正的人，一个完整的人。爱神使得我们缺乏的本性得以变成完整的一，所以我们都尽最大的可能去赞美他，因为他太重要、太伟大了。

这个故事一方面告诉我们爱有多么伟大；另一方面告诉我们要敬神，不要与神为敌，因为神会让你终身生活在痛苦之中。这个从喜剧作家口中讲出的故事，听上去是所有讲词里最具有悲剧色彩的。你们想想世界上有多少人，如果想要找到最开始被切掉的那一半，是多么困难的一件事啊！所以如果你找到了这个人，你的 Mr. Right 或者 Miss Right，就一定要好好珍惜，要抱在一起尽可能长一点。这个关于爱的特别著名的故事，即便在今天依然有某种指导意义。你们是不是觉得在缺乏爱的时候，你处在一种特别不幸中？你是不是渴望被爱，渴望去爱？渴望找到一个对的人去实践这种爱？阿里斯多芬在这里给出了这些现象的解释，并且给了三种不同性取向一个非常有趣的解释。

下面要讲话的是阿加通，也就是这场会饮的主人。他也是从纠正前面几个人讲词的错误开始的，他说他们都没有按照正确的顺序进行讨论，我们应该首先确定爱神是什么，之后再讨论爱神有什么样的性质，给我们带来什么好处。这个顺序是苏格拉底对话里面经常会强调的研究顺序——先要知道一个事物的定义，也就是"是什么"，之后才能讨论其他的问题。阿加通说爱神是最年轻的神、最美的神，同时也最优雅、最娇嫩。他的基本原则就是同性相吸，因为爱神总是跟年轻人相伴，跟漂亮的人相伴，所以他也是最年轻、最漂亮的。他最娇嫩，因为他甚至不是走在人的头上，而是走在人的心中——心是人身上最柔软的部分。爱神还是最正义、最节制、最勇敢、最智慧的。这是希腊人心中最重要的四种德性。他论证的方式很有意思。他说爱神最正义，因为和正义相反的就是不义，不义就有纷争，而有爱的地方就没有纷争，爱神所到之处，人们都心甘情愿为了你爱的人肝脑涂地。为什么最节制呢？因为爱欲比别的欲望都要强大，而节制就是控制自己的欲望，压制自己的欲望。爱作为一种最强大的欲望，当它一来，其他欲望就都望风披靡，所以它是最节制的，这确实是一个类似诡辩的论证，因为希腊人通常讲节制，最应该节制的就是这种爱欲，而他却认为，爱欲最强大，可以压制其他的欲望，所以他就是最节制的。爱神是最勇敢的，因为他能够征服希腊神话里最勇敢的战神阿瑞斯。阿瑞斯一见到阿芙洛狄忒就浑身酥软，最勇敢的战神都能够被爱欲轻易击败，所以爱神比阿瑞斯更勇敢。最后，爱神也最智慧，因为他是一个诗人，他可以把所有触及的人都变成诗人，即便这个人毫无文化。当你爱上一个人的时候，你一定会想尽各种办法去歌颂他／她，赞美他／她，这个时候你就可以写诗了——诗最重要的是一种情感的表达，一种真挚的、强烈的感情以一种诗意的方式表达出来。当你爱上一个人的时候你会文思泉涌，如果你们过两年去看一看自己当年发过的短信微信或者写过的情书，一定会惊讶于，当年我居然写过这样的话，如此肉麻！不管怎么样，这依然是你们当时最真切的情感的表达，这是诗人所需要的。这是说爱神最智慧的一个方面，另一个方面是他让有所爱的人能够在某个方面达到成就，在这个意义上他也是某种"诗人"。因为诗人这个词 poiētēs 的本意其实是"制作者"，只是后来获得了更加狭窄的"诗人"或者制作美妙言辞的意思。他说厄洛斯首先是一个诗人，并且能够让别人变成诗人。其次，他可以在一个更基本的制作者的意义上让人成为"诗人"。因为任何人，只要被爱欲充满，他就会做出很好的作品。我们说兴趣是最好的老师，你只要爱一个东西，就会不断钻研这个东西，经年累月之后，你就很可能在这个领域里面取得很高的成就。他这里举了很多例子，比如说太阳神在弹琴方面，缪斯女神在各种文艺方面，工匠神在各种技艺方面，宙斯在统治方面，有所成就都是因为他们爱这个东西。这就是阿加通讲词的核心，就是爱神能够给人注入某种激情，让你像爱一个异性或者爱一个同性那样，有不顾一切、奋不顾身的感情，当这个东西被用到任何一种技艺上的时候，它就能够引领你取得很高的成就。

对于你们来讲也是如此，大学这几年学什么具体的东西其实不是那么重要，你们可以去听任何专业的课，但是大学这几年一定要找到一个你爱的东西，一个愿意为之付出努力的东西，千万别混学分。现在这个时代，你只要在任何一个领域里能够做到顶点，做到极致，你都能生活得很好。只要你真的发自内心地去喜欢这个东西，并且有一些正确的方法，还有这个东西大体上适合你的本性，你就总是能够有所成就。最怕的就是方法不对，或者没有真正进去就认为自己已经学通了，比如哲学领域里面就有很多所谓的"民哲"（民间哲学家），在科学领域也有很多所谓的"民科"（民间科学家），他们就是没有受过最基本的训练，看了一点东西，就觉得自己掌握了宇宙的奥秘，沿着一条不归路走了下去。

下面就轮到了苏格拉底。他先跟阿加通聊了聊，这是苏格拉底常用的伎俩，就是用问答的方式将其他人置于自相矛盾或者自我否定的境地，这个被称为苏格拉底的诘问法（elenchos）。他质疑阿加通说的爱神又年轻、又漂亮、又有德性。他问阿加通，假如你拥有了足够的金钱，你还想要金钱吗？假如你已经是世界上最美的人了，你还想要美貌吗？假如你已经是世界上最健康的人了，你还想要健康吗？他驳斥了阿加通之前的那个基本原则——同性相吸。如果是这样，那么阿加通说的关于爱神的那些性质就是错误的。因为爱就意味着要去欲求某个东西，如果他已经是这样了，他为什么还想要这个东西呢？所以厄洛斯不是你说的那样。

那么根据苏格拉底的看法，厄洛斯是个什么样子呢？他应该不年轻、不漂亮，不是很优雅，也没有那么多德性。他想要这些东西恰恰表明了他还没有这些东西。而神是最完美的存在，因此神是不会匮乏的，拥有所有这些美好的东西，人是匮乏的，在神与人之间的东西也是有所缺乏的。因此厄洛斯不是一个神，而是一个精灵（daimōn），一个居间者（metaxu，in-between），一个沟通神与人的精灵。他作为居间者的身份是来源于他的身世，于是苏格拉底就从厄洛斯的身世讲起，正式开始了他的讲词。这个讲词其实不是苏格拉底自己的知识，而是一个叫狄俄提玛（Diotima）的女祭司告诉他的。

厄洛斯为什么总是和阿芙洛狄忒相伴呢？因为他是在阿芙洛狄忒降生的那一天受孕的。为了庆祝宙斯与狄俄内的女儿，那个"属地的阿芙洛狄忒"的降生，众神齐聚宙斯的宫殿，献上各种各样的赞美和礼物。丰足之神波罗斯（Poros）喝多了，就躺在花园里睡着了。这个时候来了一个叫佩尼亚（Penia）的贫乏之神（更可能是一个精灵），看到丰足之神睡着了，很高兴就过去和丰足之神躺到了一起，然后就怀孕了，之后就生下了厄洛斯。因为他在阿芙洛狄忒降生的这一天受孕，所以厄洛斯总是和阿芙洛狄忒相伴。因为是丰足与贫乏的后代，厄洛斯就兼具了父母双方的特征：一方面，他有母亲的那种贫乏，他很穷，远非优雅美丽；相反，他有点丑陋，非常粗俗，穷困潦倒，无家可归，也不穿鞋，没有床铺，就躺在地上睡觉；另一方面，他也继承了父亲的丰足，他在精神上非常富足，能够谋划出很多美好的事情，他非常勇敢、热情，善于编制罗网去捕猎。这些对厄洛斯的描述在很大程度上都是苏格拉底的写照。他很穷，从来不穿鞋，虽然有家但是从来不管家里的事情，一天到晚跟人聊天，但是他在精神上非常富足，有各种各样的办法去诱惑别人，尤其是那些年轻人，让他们跟着自己学习德性和智慧。

厄洛斯是一个智者，一个巫师，他必然是爱智慧、爱美的。因此厄洛斯必然是一个哲学家（爱智慧者，philo-sophos），他是在智慧与无知之间的居间者，他自己没有智慧，但也不是彻底没有，他至少知道自己没有。这也是苏格拉底的写照，苏格拉底很喜欢说的一句话就是，"我知道自己是无知的"。但正是因为这句话，使得苏格拉底比别人更加智慧，因为苏格拉底有这个自我意识，知道自己无知，而别人甚至不知道自己无知。苏格拉底知道自己那点智慧不算是真正的智慧，因为真正的智慧是属于神的，只有神才不缺乏任何智慧，所以他永远是无知与智慧的居间者，永远是智慧的追求者。

厄洛斯还是一个在生与死之间的居间者。他是一个精灵，不是神，因此会死，但是他也会重生，并且在他死的那一天重生，他不断进行着一种周而复始的运动，就像灵魂的转世一样。灵魂会离开肉体，这个肉体就会死去，然后灵魂还会进入另一个肉体，一个新的生命也就重新生成。厄洛斯就是这样不断地、循环往复地居于生与死之间。灵魂不朽也是柏拉图哲学中一个非常核心的学说。

厄洛斯作为精灵，还居于神与人之间，他是神与人之间的信使。我们马上就会看到他怎样使得有朽的人分享神的不朽。苏格拉底也宣称自己是神派来的使者，神送给雅典人的礼物，告诉雅典人要关注灵魂，关注德性，应该过经过检审的生活，而不应该懵懵懂懂一天到晚追求金钱、地位、荣誉之类的东西。所以厄洛斯在这几个意义上都和苏格拉底非常像，都是一个在贫穷与富足之间、美与丑之间、智慧与无知之间、生与死之间、神与人之间的居间者。

讲完了厄洛斯的身世之后，或者说厄洛斯是什么之后，苏格拉底继续讲了他有什么样的作用。在苏格拉底看来，厄洛斯最大的作用就是让有朽的人尽可能达到神的不朽。达到不朽是有朽的人最大的渴望，甚至是人之为人最大的悲剧性所在。人作为一种有朽者，永远都会渴望不朽，这个张力如何解决，决定了人这一辈子要如何生活。厄洛斯的伟大正是在于可以通过两方面的作用解决这个张力或矛盾。一方面是在肉体上，一方面是在精神上。因为在肉体上和精神上，每个人都是可以受孕的，都是可以孕育的。肉体上的受孕很容易理解，就是当人达到了成熟，他就有这种传宗接代的欲望，爱欲让他去寻找某个美的对象，和他／她结合在一起，生下孩子，成为两个人生命的延续。在这个意义上，人可以实现不朽，也就是爱欲帮助肉体实现不朽，用今天的话说就是让你的基因可以传递下去，也让这个种族可以不死。苏格拉底说这是整个自然界都通行的规律，这在某种程度上呼应了埃吕克西马库斯关于爱神的颂词。这就是为什么发情的动物那么痛苦，雄性动物彼此搏斗，一定要分出高下，以此争夺交配权，就是爱欲的驱使作用。这些动物，不管是雌性还是雄性，都是怀孕的，而怀孕不能生产就非常痛苦，只有雌雄得以结合到一起，身体里孕育的那个东西才能降生下来，也才能够得到解脱，对不朽的渴望才能得到实现。这就是在肉体的意义上，爱神如何帮助我们实现不朽。

精神上的不朽是说当一个人的灵魂中产生了美好的东西时，他就在精神上受孕了，也要去找到美好的对象，就是那些在他们看来美丽的青年。看到他们以后，这些精神上受孕的人就像阿加通说的那样，被爱神附体，变成诗人。一个老年男子看到了一个美丽的青年男子，不管这个老年男人是一个政治家、诗人，还是任何一方面有所成就的人，当他的灵魂受孕之后，他就会找到一个青年，教给他东西，用这种方式把灵魂中孕育出来的美好的东西传递下去，同时让自己的灵魂或者美名得以不朽。苏格拉底说他是一个精神助产士，自己头脑中并没有孕育美好的孩子，但是他有能力把别人灵魂中的孩子接生出来，就像他的母亲是一个真的助产士，可以把别人的孩子从肚子里接生出来。

接下来的就是苏格拉底讲词里面最重要的内容，狄俄提玛在传授给他这套关于爱欲的知识时，甚至称这是某种神秘的东西，并不指望苏格拉底能够完全听懂。这部分内容被成为"爱的阶梯"（the ladder of love）。就是说我们虽然都爱美的东西，但是爱有高下之分，就像爬梯子一样。最开始从一些具体的、美的对象入手，我们先是爱一些美丽的对象，一些个别的、美的东西，比如漂亮的男孩女孩。之后我们发现在这些对象里有一些共同点，比如面部或身体的恰当比例，我们开始注意到一些共性的东西，我就从个体上升到了更普遍的意义上的爱。这些都还是可见的，再往上我就开始去欣赏灵魂上的美，比如这个人英勇作战、高风亮节，我们开始欣赏各种德性之美。继续向上就是欣赏知识之美，比如毕达哥拉斯定理，或者相对论的公式 $E=mc^2$，这些知识也是美的。我们就这样经历了从个体到普遍，从可变的东西到越来越稳定的东西。在最后，在一般意义的知识上面，还有更高的对象。在"爱的阶梯"的最上面，是"美的理念"（the Form of Beauty）。这就是柏拉图最著名的理论——理念论（Theory of Form），这也是所谓的"柏拉图主义"的核心学说。就是存在一个跟这个可变的和可感的世界相分离的、另一个永恒不变的、只能用理智认识的世界，所有这个可见世界中的事物都是因为分有了那个理念世界中的理念，才得以拥有了这些可感的性质。理念世界是现实世界的根据和原因。这些理念不能用任何感觉认识到，只能用理智之眼看到。柏拉图这样来描述美的理念：它总是它所是，不会变化，不会生成或毁灭，不会生长或减少，不会在一方面美在另一方面丑，不会在一个时间美在另一个时间丑，不会相对一些东西美而相对于另一些东西丑，不会在这里美在那里丑，也不会对一些人来讲美而对另一些人来讲丑。它总是以它自身独立存在，它就是独一无二的个体，而其他美的东西都是因为分有了它的美，而在分有的过程中，其他一些东西可能会生成毁灭，而它却永远不会减损分毫。这个才是你在寻求美的过程中最终要达到的，一旦你用灵魂或理智之眼看到这个美的理念，之前的一切寻求就都圆满了，那些具体的美的事物和这个美的理念完全无法比拟。

这就是柏拉图在《会饮》里面讨论到的最高的美，是我们爱欲最应该指向的对象，也就是"柏拉图式的爱"在最原初的意义上所爱的对象。我们现在再回到哲学（philosophia）这个概念上。我们之前基本上是在讲前半部分"爱"（philein），而这里柏拉图讲明了他所谓的"智慧"（sophia）。这个"智慧"是什么？至少在柏拉图看来，就是最高的实体——理念，它们才是我们最终要追求的东西。你爱的所有的对象都是美的东西，最后你发现了最美的"美"本身，当然会奋不顾身地扑上去爱它。这种爱要远远强过你见到自己的另一半，面对另一半，你会希望尽可能长地跟他／她在一起，甚至想和他／她生下后代；面对美的理念也是同样的感觉，你总是想要尽可能长地和它在一起，用理智之眼凝视着它，甚至想要用自己的灵魂与它生下孩子。柏拉图在《理想国》里就用到了"交媾"那样的词来描绘我们和理念之间的关系：你要跟这个理念交配，和这个理念生下美好的后代——知识，这个是爱的最高境界。在柏拉图看来，这是对"智慧"的界定。

今天讲这个导论，讲哲学是"爱智慧"，当然不是要说服大家都相信柏拉图的这个理念世界，但是我们确实都应该相信存在比日常生活，比金钱、权力、名声更重要、更高的东西。"爱智慧"重要的是爱和追求的过程，你要沿着这个阶梯不断地上升，不断逼问自己，你之前所相信的那些东西是不是真的。直到你逼问不下去，找到了某一个点，从那里出发，你可能能够构建起一个新的世界，不管这个世界是不是柏拉图的理念世界。

苏格拉底讲完这些以后，大家赞叹有加。这个时候，我们的另外一个主角进来了，就是那位喝得醉醺醺的美男子阿尔西比亚德。他当时三十四五岁，是雅典最帅的青年，也是最有前途的政治家，他将在下一年带着雅典历史上规模最大的舰队远征西西里，但是这场远征以惨败收场，因此他们的统帅阿尔西比亚德被雅典以渎神的罪名判处死刑，之后他就叛逃到了雅典死敌斯巴达那边。但是这场会饮发生的时候，阿尔西比亚德非常风光。他昨天就喝得酩酊大醉，错过了阿加通的庆祝，今天又喝得醉醺醺的，进屋之后给阿加通献上了一个象征胜利的桂冠，之后坐在了阿加通身边。突然一回头，看到苏格拉底在这儿，立刻傻了，惊讶于苏格拉底为什么总是会出现在他出现的地方。然后他就提议大家继续喝酒，并且抛开了对爱神的赞颂，改成赞美自己身边的人，他首先发表了一篇对苏格拉底的赞词。

阿尔西比亚德把苏格拉底比作塞勒努斯（Silenus），

鲁本斯:《喝醉的塞勒努斯》(1617)

他是酒神的伴侣,他长得很丑,大腹便便,还秃顶,苏格拉底长得确实有点像他。但是如果把神像的肚子打开,里面藏着很多漂亮的金子做的小雕像。他说苏格拉底就是这样一个人,像希腊神话里面的塞勒努斯,平时总是酩酊大醉,疯言疯语,但是只要你能让他敞开心扉,他就能给你说出很漂亮的话,能给你很多指导。苏格拉底平时看起来,甚至脏兮兮的有点恶心,但是他的头脑里装满了美好的东西，假如你可以跟他谈话，可以让他把这些东西都释放出来，他就会给你无限的教益。阿尔西比亚德还用另一个比喻来形容苏格拉底，说他像神话里的塞壬女妖（Siren），她们有着女人漂亮的面庞和鸟的翅膀，她们飞在海上、唱着歌，诱惑那些水手，让他们放弃自己的工作，使船触礁，然后把他们吃掉。苏格拉底就有塞壬女妖的本事，他只要说起话来，阿尔西比亚德就会泪流满面，没有办法自控。阿尔西比亚德说，每一次见到苏格拉底，我的心就开始怦怦直跳，甚至比听到让人们纵情狂舞的克里班特密仪的音乐还要激动。他一边说话我一边流泪，因为只有他能够迫使我意识到，我现在做的这些政治事务一钱不值。我好像很关心我自己，好像想要成就我自己，但是我一天到晚关注的这些政治事务并不是我自己，我并没有真的关心自己的灵魂。他是全世界唯一的一个人，能够让我在他面前感到羞耻，只有他能够不断用那些看上去非常老生常谈的话语告诉我，我现在做的这些事情跟智慧大相径庭，跟我希望实现的灵魂的卓越大相径庭。每一次在苏格拉底面前我都泪流满面，深刻反省；但是只要一离开苏格拉底，我就又回到了政治生活里，又去享受人民对我山呼海啸的赞美，所以我始终处于一种近乎分裂的状态：因为胸中的政治激情非常强大，我不想听他的，想要离开他，想要闭目塞听；但是这个人的教导又如此美妙，我又禁不住想要听他说话，想要跟他在一起。我会盼着苏格拉底死去，这样就没有人再让我如此痛苦了；但同时我也知道，假如他真的死了，我会生活得更糟糕！这就是苏格拉底对一个充满政治野心的青年施加的影响，苏格拉底的死可能跟阿尔西比亚德对雅典的背叛和伤害有关，雅典人认为苏格拉底教出了这样的学生。但是苏格拉底其实是那个能够让阿尔西比亚德不那么疯狂，能够在一定程度上克制住他的人。我们不能简单地因为学生的恶劣就指责老师，老师可能尽了自己的全力去教导学生走上正路，但是他们的本性使得他们依然偏离正轨。

阿尔西比亚德之后半认真半戏谑地指责苏格拉底的"装样子"（*eirōneia*），指责苏格拉底对自己的"侮辱"。苏格拉底总是说自己爱美丽的青年，因此阿尔西比亚德曾经试图"色诱"苏格拉底，希望跟苏格拉底上床，认为这样苏格拉底就会教给他更多美好的东西，甚至是让苏格拉底属于他一个人所有。阿尔西比亚德本来是一个被爱者，是一个令很多雅典人垂涎欲滴的美丽青年。但是他甚至放弃了雅典习俗中被爱者的自尊，主动地去勾搭苏格拉底。有一次他去找苏格拉底聊天，并且打发走了自己的奴隶，但是聊完了什么事都没有发生。第二次在运动场，他脱光了和苏格拉底一起运动，苏格拉底依然不为所动，聊聊天走了。第三次，他请苏格拉底来他家，但是苏格拉底吃完饭又走了。最后一次，他又把苏格拉底请来吃饭，之后准备了一大堆的问题，跟苏格拉底聊，直到天色很晚，就以此为由留苏格拉底过夜。晚上阿尔西比亚德躺在苏格拉底身边，盖上了同一条毯子，结果依然什么都没有发生。阿尔西比亚德感觉受到了奇耻大辱。对雅典最帅的青年、最有魅力的被爱者而言，颠倒了自己的角色，投怀送抱，居然被人拒绝了！但是同时，他也不得不承认，苏格拉底是他见过的最节制的人，也是在战场上最勇敢的人，苏格拉底还在一次战斗中救过阿尔西比亚德的命。就像我们前面讲的"爱的阶梯"里说的，当苏格拉底的爱欲被疏导到更高的对象——智慧——上去之后，这些美丽的个体就变得不值一提了。苏格拉底总是宣称自己爱美的青年，宣称自己见到美丽的青年就迈不开步，但是他的意思其实是他对这些青年的身体毫无兴趣，只是爱他们的灵魂，希望能够教育他们。当一个人作为爱智慧者，达到了"爱的阶梯"更高的阶段之后，你的灵魂就会享受着这种最高的哲学对象，你就会对其他人产生一种悲悯之情，同时也希望他们也能够跟随自己一起上升。

我们最后来看一下这幅拉斐尔（Raphael，1483—1520）的名画《雅典学院》，这里面的哲学家有各种各样的姿态，各种各样的神情，但是我相信有一点是他们共同的——他们真的找到了某种他们一生挚爱的东西，并且愿意为之付出一生的努力。希望每一个人都能够找到这样一个一生挚爱的东西，并为之付出一生的努力！

拉斐尔：《雅典学院》（1509）

第 九 讲

达·芬奇密码:《最后的晚餐》的美学意蕴

吴 琼

"达·芬奇密码",看到这个题目,许多人立即会想到美国畅销书作家丹·布朗(Dan Brown,1964—)2003年出版的同名小说,但此处要说的并不是这部用秘史、野史、性、谋杀和悬疑堆砌起来的末世学作品。我要讨论的是达·芬奇的名作《最后的晚餐》(1495—1498),我将尝试在一定的社会历史语境中来重构图像生产与图像接受的场景,让参与图像运作的众多因素在场景中复活,以显示它们与图像意义生产之间的复杂关联。

熟知并非真知

对许多人而言，达·芬奇《最后的晚餐》的权威性和它的家喻户晓都是毋庸置疑的，或则这两者根本就是一回事，以至于我们都搞不清楚它到底是因为毋庸置疑的权威性而变得家喻户晓的，还是因为家喻户晓而具有了毋庸置疑的权威性，反正对于呈现在我们面前的东西，我们似乎已经无所不知，就连沃尔夫林（Heinrich Wolfflin, 1864—1945）和贡布里希（Sir Ernst Hans Josef Gombrich, 1909—2001）这样杰出的品鉴家与批评家，在说到这件作品的构图和主题的时候，也免不了那些家喻户晓的连篇套话，例如它的构图和主题，俨然这些是可以脱离作品从生产到接受的建制与语境独立存在的。

在日常的观看活动中，对于习以为常的东西，虽然它们清楚明白地呈现于眼前，我们常常还是什么也看不见，有时候，真相或秘密明明就摆在那里，我们还是视若无睹，就像爱伦·坡（Edgar Allan Poe, 1809—1849）的小说《被窃的信》（1844）里那个愚蠢的警察局局长：王后的密信明明就放在大臣的桌子上，他居然就是看不见，因为在他的意识里，被窃的密信当然是要放在隐秘处。在达·芬奇《最后的晚餐》中，也有此类因太过寻常或自以为已经了然于胸而让我们视而不见的东西。

对于这件作品，我们所有的人都知道它画的是"福音书"里面的故事，都知道那上面有几何透视法，有古典艺术或古典美学的对称法则、有机统一原则和文艺复兴绘画惯用的金字塔构图，也知道正是它们造就了画面的秩序感、稳定感和庄严风格。求知欲更强一点的人，还知道那幅画是画在一个修道院饭厅的墙上的，并能知道画中十二门徒的名字和位置，甚至还能如观相学家一般历数每个门徒的动作的性格表现。进而，读过丹·布朗的小说的人，还知道这位小说家依据捕风捉影的传闻和野史所做的离奇推定，即画面中坐在耶稣右手且显出女性般忧伤的人物并不是传统所说的使徒约翰，而是和耶稣有着暧昧关系的抹大拉玛利亚——其依据之一就是画面中"她"和耶稣正好穿着"情侣衫"。然而，即便你对所有这一切都了然于胸，甚至知道得更多，仅凭它们就能完成对作品的理解和阐释吗？仅凭它们就能凝定作品的意义吗？达·芬奇能够在同时代画同一题材的众多画家中脱颖而出，所凭借的究竟是什么？

还有，我们现今在各种画册和美术史书籍中都可以看到《最后的晚餐》的复制图片，可我们是否知道，这个为所有人熟悉的"图像"其实是一个脱离了原初语境的"纯绘画"。就是说，我们看到的并非画作的"全貌"，我们对它的谈论从来都不是基于"设身处地"的情境式观看。我们看到的和谈论的都只是作为"艺术品"的《最后的晚餐》，即便那些曾经直接面对原作的人，比如沃尔夫林和贡布里希，也都是只看到了一件与环境或语境相脱离的艺术品，画作周围环境的物质性在场在观看中被刻意省略。我们的这一视而不见还不够令人诧异吗？——要知道，对于文艺复兴时期的意大利绘画，尤其是教堂壁画而言，环境即是文本的一部分，画作的存在语境对作品的意义生产有着至为关键的作用。因而，针对那种追求纯审美功能的艺术拜物教倾向，需要强调的一点是：对画面的审美式孤立或者说对作品环境的净化处理不过是现代美学话语为建构对象的"知识"而采取的一种策略。

如果说《最后的晚餐》真的隐含有达·芬奇的密码，那破译这个密码的编码程序就变得尤为重要了，而这个程序不在别的地方，就在画面可见的结构中，在画作的总体性存在中，关键就在于如何让这个存在从被遗忘的晦暗性中解放出来，让被省略的结构性要素重新回到文本的构成中。在下面，我想从另外的角度来重新打开"藏匿"在作品的可见性结构中的那些褶皱，我要对文本做一些回置性的处理，以此来重建它的建制性环境，为图像阅读打开新的维度。

教堂壁画

《最后的晚餐》是一件"教堂壁画",这是尽人皆知的事实。可我们对这个事实的意义又知道多少呢?极少有人想过这是一个值得思考且必须思考的问题。因而在进入图像阅读之前,有必要对教堂作为绘画的空间环境或建制性语境做一理论的探讨。

文艺复兴时期虽然不乏可移动的板上画,例如许多祭坛画和人物肖像画,但画在教堂墙面上的湿壁画无疑是这个时期意大利绘画(尤其在佛罗伦萨和罗马)的主导类型。图像的这一物质性支撑绝非毫无意义,仅就图绘的方面说,它给图绘者提出了一系列不同于可移动的板上或布上画的技术要求,其中有三点值得特别关注。

第一,大尺度。再大尺寸的布上油画与壁画比起来也是小巫见大巫。壁画通常会占满一面或半面墙壁,其巨大的尺寸给画家提出了诸多技术难题,其中最重要的一个就是画面的安排,尤其是画面空间的配置,如人物在空间中的排列、人物与环境的关系、空间秩序的设定、背景空间的设置等。总之,面对大而空的墙壁,空间的秩序化是每个画家都首先要去处理的。同时,大尺度也给画家提出了观画者位置的问题:哪个位置是理想的观看位置——观画者在哪个位置既可以对画面一览无余,又不会产生视觉压迫感；既要让观画者产生身临其境之感，又要让他的视觉对画面空间有一种主导感？实际上，如何处理好观画者的位置不仅涉及观看的效果，还涉及艺术家对赞助人要求的满足。总之，大尺度的问题根本就是空间的问题，透视法作为一种处理空间的技术，它的"发明"很大程度上就是为了解决这些问题。

第二，不可移动性。壁画的另一特征就是它的不可移动性，一旦被绘制到墙上，它就会永久地存在于所处的空间和环境中，并会对空间和环境产生持久的影响。这意味着艺术家在进行构思和设计的时候必须充分考虑环境的因素，比如图画所处建筑空间的功能、图画与建筑内景的匹配、这面墙上的画与其他墙上的画的关系，还有画面与天顶、墙面、地面、柱、门窗的关系，画面尺度与建筑的空间尺度的关系等。总之，作为建筑内景的有机构成部分，壁画的不可移动性要求画家在创作的时候充分考虑并利用绘画与环境的相互影响和相互作用，例如拉斐尔（Raffaello Sanzio，1483—1520）为梵蒂冈教皇宫"签字厅"绘制的一组作品就是处理这种关系的一个典范。

1508 年，经建筑师布拉曼特（Donato Bramante，约1444—1514）推荐，年轻的拉斐尔离开佛罗伦萨来到罗马，为梵蒂冈教皇宫的四个办公大厅绘制四组壁画，其中以第一大厅即教皇"签字厅"的一组四幅最为有名，四幅

拉斐尔：《雅典学院》（1509）
湿壁画，底边长 770cm，现存梵蒂冈教皇"签字厅"

拉斐尔：《圣礼之争》（1510）
湿壁画，底边长 770cm，现存梵蒂冈教皇"签字厅"

画的主题分别为"神学"（《圣礼之争》）、"诗学"（《帕那苏斯山》）、"哲学"（《雅典学院》）和"法学"（《三德像》）。

签字厅面积不算很大，纵长9米，横向约6米，上面是布拉曼特式的天顶。为了与建筑的内部空间相呼应，为了让观者在建筑内部的视觉运动具有连续感，四幅画都采用了半椭圆形构图，巧妙利用建筑物拱形作外框，每幅画的顶部还绘有寓意四个主题的圆形女神像，而在四幅女神像两两之间，又绘有取自《圣经》和希腊神话故事的四幅长方形画作。

四幅主题作品中，又以《雅典学院》和《圣礼之争》最为经典。在《雅典学院》中，拉斐尔采用焦点透视法，前景、中景和后景按照透视线的延伸而逐渐缩短，众多人物以拱廊为中线，分组配置在两侧，而柏拉图和亚里士多德被置于中线末端的位置，起着视觉引导的作用。

与《雅典学院》正对着的是《圣礼之争》，同样是半椭圆形外框，但人物配置不再是沿纵深中线从前景向后景延伸，而是以水平云层作横带，将画面分成上下两部分，上方表达的是神界秩序，下方表达的是人间的真理追求。天界和人间均以弧形排列，但弧形运动方向相反，下方的弧形形成了远近法的透视结构，使画面空间效果得到加强。同样是透视法，但两者在布局上迥然不同：《雅典学院》采用的是建筑学的配置，高挑的拱门形成了开阔的空间，人物的活动便在这个空间中进行；而在《圣礼之争》中，画面结构是由井然有序的人物排列来表示的，神启的真理通过一系列同心圆的结构而获得象征性的表达。

第三，宗教题材。毫无疑问，既为教堂壁画，自然以宗教题材为主。按中世纪以来的传统，教堂壁画不只是为了装饰或美化教堂的环境，更是为了对信众进行宗教教育，这意味着艺术家应尽可能选用信众比较熟悉且具有宗教感染力的题材。而这类题材的选择总是与一定时期教会及社会在宗教崇拜上的风气有关，最终导致了同一题材的大量重复，比如"受胎告知"、"基督诞生"、"三博士来拜"、"圣母子"、"最后的晚餐"、"哀悼基督"等就是文艺复兴时期重复得最多的题材。这种重复给了艺术家同台竞技的机会，对图绘技术的不断完善无疑是一种推动和促进。为了最大限度地发挥图像的宗教教育目的，为了让图像的能指系统和诱惑点能够与观者的视点或观看期待达成一致，艺术家们发展了各种"现实主义"的幻觉技术，如自然的现实主义、心理的现实主义和象征的现实主义，以制造身临其境般的观看效果。

大尺度、不可移动性和宗教题材，教堂壁画的这三个特征为艺术家的图像制作提出了一系列技术要求，它们就像是来自图像家族及社会共同体的一系列他者指令，以各种可见或可知的图绘惯例规制着艺术家的选择，而艺术家为确立自己身为艺术家的主体位置，就必须通过参与到同惯例的符号游戏中来树立属于自己的风格标识。达·芬奇在《最后的晚餐》中就最大限度地利用了各种惯例的要求，确切地说，是把这些惯例的要求利用到了极致。在那里，不论是图像空间的安排，还是图像的表征空间与观者所处的现实空间之间的关系配置；也不论是画面诱惑点的置入，还是图像的构成对观看主体的召唤与引导，无不是对信仰者共同体的视觉无意识的"逐步突破"。

图像与经文记忆

实际上，对于教堂壁画的宗教题材，还有一个因素需要考虑，那就是图像的经文参照。至为关键的一点在于，教堂里的图像是为人们"阅读"经文而设，或者说是要求人们通过图像回想起经文的叙事及其宗教含义，因此，观者对于图像细节及其主题的识别是与经文记忆的启动联系在一起的。

贡布里希在讨论《最后的晚餐》的时候说，关于它的来源和演化，几乎没有文献存世，除了它的创作年代可以推断出来以外，其他许多信息都只能依靠猜测。不过有一件事是较为确定的：同处于相同处境的其他艺术家一样，达·芬奇在创作的时候有两个可以依赖的资源，一个是他所面对的"艺术传统"，另一个便是"福音书的内容"，而后者本身也是艺术传统的组成部分。但这两个资源对《最后的晚餐》的创作究竟起到了什么样的作用？或者说它们在作品中究竟有何体现？对此贡布里希并没有给以正面回答，也许在他看来，这两点对西方人而言已经人所共知，无须再费口舌。可从图像生产的角度说，这两个方面实际正是惯例意义上的建制传统。既然它们对图像的构成及意义传达有着至为重要的作用，就表明它们有可能恰恰是引领我们进入图像阅读的关键，只是这意味着我们需要在建制的框架里对它们做语境化和历史化的运作。

如果说"福音书的内容"是《最后的晚餐》的基本参照，那达·芬奇参照的是哪一部福音书呢？——因为"最后的晚餐"的故事在四部"福音书"中都有记载，但细节上互有出入。贡布里希说：主要是《约翰福音》，但也参照了《马太福音》。理由是：在四部福音书中，人们（更确切地说是画圣餐礼的画家）历来偏爱《约翰福音》。可《约翰福音》对使徒约翰的姿势的描述——先是"侧身挨近耶稣的怀里"，后又"就势靠着耶稣的胸膛"——与画面明显不符，对此贡布里希解释说，"福音书"的那个记载是因为古人习惯斜倚在卧榻上就餐，而这个古老习惯早已被忘记了，人们现在习惯描绘使徒是坐在桌旁。沃尔夫林似乎也持同样的观点，且理由也大致一样，他说，达·芬奇放弃圣约翰卧倒在基督胸前的"传统母题"，是因为这个姿势与坐在桌边的"新式的"就座位置结合在一起时会变得很别扭。贡布里希和沃尔夫林如此重视达·芬奇的这个细节处理，是为了强调艺术家对传统母题的创造性修正，因为传统在处理这个题材的时候正是依照《约翰福音》的记述而常常让约翰斜靠着基督。可我们为什么不可以换一个角度来理解这个修正呢？即达·芬奇对传统母题的创造性修正恰恰是来自他对四部"福音书"的综合参照和利用。

实际上，在基督教的释经学传统中，恰恰是把四福音书的前三部即《马太福音》、《马可福音》和《路加福音》视作一个整体（又称"同观福音"），《约翰福音》因成书较晚且与前三部差异较大而被另列。达·芬奇的创造性修正就在于：以《约翰福音》为主要参照，同时以"同观福音"的方法来处理其他各"福音书"在细节上的差异。于是在画面上我们看到的"最后的晚餐"是一个"拼接"版本，即不论你偏爱哪一部"福音书"，都能够在画面上找到相关的细节作为印证。

四福音书中，《马太福音》成书最早，对"最后的晚餐"的叙述也最为完整。这一叙述记录在第26章第20—28节：

到了晚上，耶稣和十二个门徒坐席。正吃的时候，耶稣说："我实在告诉你们，你们中间有一个人要卖我了。"

他们就甚忧愁，一个一个地问他说："主，是我么？"耶稣回答说："同我蘸手在盘子里的，就是他要卖我。人子必要去世，正如经上指着他所写的。但卖人子的人有祸了，那人不生在世上倒好。"卖耶稣的犹大问他说："拉比，是我么？"耶稣说："这是你说的。"他们吃的时候，耶稣拿起饼来祝福，就劈开递给门徒，说："你们拿着吃，这是我的身体。"又拿起杯来祝谢了，递给他们，说："你们都喝这个，因为这是我立约的血，为多人流出来，使罪得赦。"

《马太福音》的这个记述包括这么几个情节：耶稣告知被卖的消息；众门徒的反应；耶稣暗示卖人子者的特征并对他发出诅咒；犹大的发问；耶稣制作和分发圣餐。《马可福音》（第14章第17—25节）、《路加福音》（第22章第14—23节）和《约翰福音》（第13章第21—30节）的记述在情节顺序上不完全一致，个别细节也有出入，但都包含上面的基本情节。若采用叙事学的术语，不妨称那几个情节构成了"最后的晚餐"总体叙事的基本行动要素，整个叙事因为它们而变得完整，细节上的差异则属于叙事的修辞学处理。

为什么要特别提到"福音书"的叙述呢？理由很简单，"福音书"是《最后的晚餐》的潜文本。所谓"潜文本"，在此指的是主文本（图像文本）的指涉文本或参照文本，它作为主文本的建制化背景而存在，却有效地参与到了主文本的意义建构中。单就此处的主文本和潜文本的关系而言，如果我们把主文本视作一个凝定意义的意指系统，则作为被指涉对象的潜文本就是它的表征参照，这时候，两者间的关系是隐喻性的，一个是另一个的视觉化表征，或者说是以视觉为中介的文本替代；但如果把观画者也加入到这个关系中，这时，图像化的主文本是一个能指系统，即相对于观者而言，《最后的晚餐》是一个能指系统；而作为指涉文本的"福音书"相对于观者而言是另一个能指系统，且两者之间是一种邻近的转喻性关系，一个是另一个的图像化呈现，文字系统和图像系统在相互的对照中进行着意义的增补。但这一关系的实现有赖于观者的经文知识或经文记忆，就是说，若是没有信徒对福音书的经文记忆，《最后的晚餐》的意义是无法如其所愿地实现的。例如，在一个毫无信仰背景且对"福音书"一无所知的观者那里，或者如果这幅画不是出现在宗教场所，而是出现在某个贵族的客厅，它就有可能沦为一件风俗画或寓意画。图像学家欧文·潘诺夫斯基（Erwin Panofsky，1892—1968）曾经说过，澳大利亚丛林中的居民就无法识别《最后的晚餐》的主题，对他们而言，这幅画所传达的思想只不过是一次令人兴奋的聚餐而已。

前面说了，用图画来描述《圣经》故事是中世纪以来的一个传统。图画是无字之书，它不仅可以美化教堂的环境，还可以向不识字的信众传播宗教知识，更形象、更生动地传达经文的圣意，启发和强固信众的信仰。这些也都是《最后的晚餐》的功能。为了最大限度地发挥图画的这一教育学功能，图画的表征性或艺术性被提到重要位置，《最后的晚餐》能够拥有毋庸置疑的权威性，不仅是因为它那无与伦比的艺术技巧，也是因为它借此对文字文本的完美重现。

作为"福音书"的视觉化表征，达·芬奇在此必须要处理的一件事情就是图像文本和文字文本的关系。

简单地说，文字的叙述是历时性的，对它的阅读也是历时地展开的，而图像的再现和观看是共时态的，传统美学理论把这称作"诗与画的界限"，并强调"诗"（叙事）可以表达作为过程的行为，而"画"（图像）只能再现作为瞬间的动作。图画要想再现过程，就必须按时间性对动作进行分解，文艺复兴时期祭坛画中常见的所谓"三联画"就是这样来处理叙事的，比如"博士来拜"的题材就常常被分解为"三博士得知圣子降生的讯息"、"三博士前往伯利恒"和"三博士朝拜"三个情节；有时人们也在同一幅画中表现连续的叙事，比如在"受胎告知"中，就让"圣灵感孕"和"天使来报"两个情节并置出现，其中圣灵感孕通常是由透过窗户射向玛利亚的光柱中的一只白鸽来表示。

可在宗教绘画中，诗与画的"美学"界线是可以被突破的，因为宗教画的叙事题材对身为信众的观者而言是十分熟悉的，他们完全可以运用已有的经文记忆来对图像的暗示性动作做叙事化的完形。达·芬奇在《最后的晚餐》中处理图像和叙事的关系时就采取了一个非常的策略，他将历时的叙事共时化，把福音书描述的多个事态同时性地并置在画面空间中：主告知将要被卖的消息；众门徒的反应；犹大的反应；祝谢圣餐等，这些不再是存在于一个个分离的画面片断中，而是存在于一个个分解的动作暗示中。例如耶稣向前摊开双手的动作，既暗示他在告知被卖的消息，也暗示他对众门徒的追问的回应，还暗示他赐福圣餐的场景；众门徒形态各异的动作显示了他们听到主被卖的消息后的反应；犹大的动作则暗示了他听到耶稣的诅咒和跟耶稣对质后的惊恐。所有这一切被统一在一个整一的画面中，构成了"最后的晚餐"的叙事的"完整"版本。

将一个历时地发生的故事共时态地并置在同一个画面中，但观者并不会因此产生混乱和错位的感觉，因为观画者或者说画家假定观画者已经熟知经文的叙述，他们可以依照经文记忆把图像的片断完形为或组织为一个连续的整体，或者说他们可以依据这些分解的动作来还原经文的叙述。不在场的文字文本和在场的图像文本在此共同运作，建构了一个视觉情境，一个意义生产场，而信仰共同体的经文记忆就是使这一运作得以可能的前提。

那么，经文记忆在信众的观看中到底如何发挥作用？信众在这个叙事性的图像面前到底可以看到什么？他的观看只是为了回忆经文的故事吗？或者图像的动作分解和统一只是为了完整地讲述那个故事吗？要弄清楚这些问题，需要再回到经文本身，特别是回到经文中众门徒发问的段落。

在逾越节夜晚的筵席上，耶稣说："我实在告诉你们，你们中间有一个人要卖我了。"但他没有说这个人是谁。常规来说，门徒们的反应除了愤怒、不安、悲伤等之外，应当是立马追问："这个人是谁？"可经上不是这样说的——只有《约翰福音》中的约翰有此一问，他问："主啊，是谁呢？"——而是说他们听到这个消息后甚为忧愁，就一个一个地问耶稣："主啊，是我么？"

这个修辞大有深意："是谁？"的提问是本能性的和推拒性的，意即出卖者肯定不是我，而是别人；"是我么？"的提问则是自反性的，是自疚的、自责的。"是谁？"之所问是别人，"是我么？"之所问是自己，意即主是不是在怀疑我，觉得我还不够忠诚；或者在主的眼里，我终究还是罪人；再或者我的内心里有没有过怀疑主的时刻和背叛主的意念，哪怕是一闪念等。并且这也是众人忧愁的原因之一，他们既为主的赴死而忧愁，也为自己在主面前的欠缺和亏欠而忧愁。所以，"最后的晚餐"这个主题的宗教力量不在于找出罪人和对罪人做最后的审判，而在于警醒每个人：面对自己的罪和不义，我们当时刻自问"是我么"、"我有过这样的想法么"、"我有过对不义的屈从么"。达·芬奇的画作虽然没有直接表现这个自问的场景，但熟悉经文的观者站在画的面前一定会感受到这个自问的巨大力量，因为被启动的经文记忆一定会把这个自问带到他们的面前。

所以，记忆在这里是一个触发机制，它把观者从图像文本引到经文文本，它让观者用经文文本来增补、充实图像文本。而正是经文记忆的这个机制，使得图像本身具有了一种询唤功能，它召唤观者进入经文叙事，在记忆的想象性触发中直接面对那个自问的时刻："主啊，是我么？"宗教的本质不就是要求个体在神圣的存在面前不断地自问自省么！我们不是只有在这种严峻的自我拷问面前才能领会到主的恩典么！宗教画的宗教力量不就是来自它的这一询唤功能么！就像《最后的晚餐》，当你站在画幅面前，看着耶稣向前伸展的双手，你看到的不就是一种邀请么！邀请你做什么？当然首先是去做自我拷问，然后才是去分享圣餐。

"主啊，是我么？"在信仰的世界里，每一个站在画幅面前的人，一定都会听到这个声音，一定都会领受这个指令；每一个能听到且听从这个声音的人，一定能得享圣主的祝福。也正是在这个意义上，相对于观者而言，达·芬奇的图像文本和《圣经》的福音书文本通过记忆的连接共同形成了一个召唤机制。这个机制就代表了建制的目光，它行使着他者凝视的功能，在画面中，耶稣的低垂的目光和手心朝上的手势就标记了这个他者凝视之所在，我们想象那个神圣的他者在看着我们，在向我们发出邀请，"主啊，是我么？"就是他发送给我们的指令。

细节的力量

经文文本和图像文本的互文作用还只是启动观看效果的机制之一，《最后的晚餐》终究是以图像的可见性而为人所知，因此我们必须转向图像本身，看一下画面的修辞和结构。在此，贡布里希所言的"艺术传统"将通过达·芬奇的修正和完善而发挥出重要的作用。

下面是那个省略了图像语境的"纯绘画"文本：

《最后的晚餐》是达·芬奇受米兰公爵的委托，画在一个修道院餐厅的泥灰墙上的。整个画幅长880公分，宽460公分。达·芬奇摒弃传统的湿壁画画法——颜料必须在石灰墙面"未干"时就被涂上以便它慢慢变干变硬——

达·芬奇：《最后的晚餐》（1498）
壁画，460cm×880cm，米兰慈悲圣母玛利亚修道院

首次大胆尝试把自己调制的蛋彩颜料直接画在干燥的墙面上。但由于米兰空气潮湿，且达·芬奇的颜料涂得很薄，致使画面在半个多世纪之后就开始出现霉斑和剥落。接下来是一次又一次的修复甚至毁损。这些修复让原作的面貌变得越来越模糊、恍惚，在今天，我们面对的只能是一个衍生的文本，一个不断被叠加、不断被修正或被重新"阐释"的文本，原始文本已经被"擦除"，只留下不断被涂写的"踪迹"。我们看到的只是涂写的踪迹，并且是多个异质的踪迹的叠置，是踪迹本身。

依照面对画幅的观者位置来看，画面上 13 个人物的排列从左到右依次是：巴多罗买、小雅各、安德烈、老彼得、犹大、约翰、耶稣、多马、老雅各、腓力、马太、达太、西门。对于这 13 个人物各自的表情、姿势及对应的内心活动和性格表现，贡布里希有生动而具体的"观相学"描述：

耶稣两旁的人物三个一组，其中每个人都在其小组内，并与邻组构成一个统一体。紧挨耶稣右边的是约翰、犹大和彼得。

彼得坐得最远，听到耶稣的话后，他从犹大身后迅速站了起来，动作与他那暴烈的性格相吻合。而此时，犹大内心恐惧，双眼向上看，他斜靠在桌子上，右手紧握钱袋，同时左手却做了一个不自觉的痉挛动作，仿佛在问："这话是什么意思？会发生什么事呢？"彼得一面用左手抓住向自己斜靠过的右肩，一面指向耶稣，向那位受主宠爱的门徒表示，要他询问谁是叛徒。彼得右手握着一把小刀，他偶然地、无意识地用小刀捅犹大的肋部，犹大惊恐向前猛扑，打翻盐瓶——这是一个极具独创性的效果，这组人物可以被看作是第一组，也是最完美的一组。

在耶稣的右边，温和的动作预示着即将来临的复仇，其左边的人物则流露出对背叛的恐惧和憎恶。老雅各向后退缩，双臂以恐惧的动作展开，目光凝视，俯首向下，仿佛双眼目睹着他用耳所听到的令人震惊的事件。老雅各的肩后是多马，他向耶稣探着身子，在额前竖起右手食指。这组中的第三个人物是腓力。他极为可爱地转过身子倾向耶稣，他双手放在胸前，仿佛在表白："主啊，不是我——你知道——你看得见我纯洁的心——绝不是我!"

这边最后三个人物给我们的沉思提供了新的素材。他们正在谈论刚刚听到的可怕消息。马太带着一副急切的表情转过脸去看他左边的两位同伴。同时，他朝耶稣急速地伸出手……圣达太表现出极度的震惊、怀疑和猜测。他的左手平放在桌上，举起右手仿佛正要用手背打击左边的人……西门带着极度的尊严坐在桌子的尽头，因此他的整个身子都能看到。他是众使徒中年纪最大的，身披长袍。他的面部表情和动作表明他的困惑，正在沉思但并不震惊，几乎不为所动。

如果我们将视线立刻转向桌子的另一端，我们会见到巴多罗买。他右脚单立，左脚交叉于右脚上，身体前倾;双手扶桌，稳稳地支撑着身躯，他仿佛在听约翰从主那里得到的回答，因为向耶稣宠爱的使徒发出的请求似乎都来自于这边。靠近巴多罗买身后的是小雅各，他的左手放在彼得的肩上，动作与彼得的手放在约翰肩上相似。不同的是小雅各显得温和些，因为他只是在听消息;而彼得似乎想要复仇。而且，正如彼得位于犹大身后，小雅各也从安德烈身后伸出手。安德烈也是画中最重要的人物之一。他那半举的手臂、向上的手心，最明白不过地表示了他的恐惧。

不过，对《最后的晚餐》而言，仅停留于这种观相学的描述是不够的，我们还需要在细节上进一步验证图像的效能和艺术家对传统的修正。这里讲四个图像细节。

首先是上帝的忧愁。

在《马太福音》和《马可福音》的叙述中，都是众门徒听到耶稣被卖的消息后，就忧愁起来，但在画面中，我们看到，只有主耶稣是忧愁的，众门徒中约翰的神情是忧伤的。达·芬奇的这个处理依据的是《约翰福音》的说法，在那里，耶稣心有忧愁地告诉众人他被卖的消息："耶稣说了这话，心里忧愁，就明说：'我实实在在地告诉你们，你们中间有一个人要卖我了。'"但达·芬奇有所演绎，他把耶稣的忧愁一直延长到赐予圣餐的时刻。这种语义延伸是否有违释经学的传统，还是留给神学家去解决，对于作为观者的我们而言，重要的是这个圣容的修辞学效果。

在达·芬奇那里，强化耶稣的忧愁显然是一个修辞手法，旨在增添场景的悲剧效果和感染力。耶稣所忧愁的当然不是自己被出卖，更不是自己要上十字架，因为他知道那就是他身为人子的命运，是他道成肉身来到人世间的使命，他必须以自己的死来代偿人的罪。犹大的出卖是一种必然性，是人的罪的一次彰显，耶稣是因这罪而死，也是为这罪而死。所以他不是为自己忧愁，而是在为人类忧愁，为人的罪忧愁。再者，从构图形态来说，耶稣的忧愁是动作的静态，却是精神的动态；而门徒们的反应是行为的动态，但在精神上显然要逊色许多：身为圣徒，他们的表现太不淡定了，他们对耶稣的命运太缺乏深刻的理解了。这一动与静的相互对比把耶稣的未来性（以自己的死来代偿人的罪）一下子就提升到了崇高的位置，耶稣面对死亡的从容淡定不是因为他不怕死，而是因为他为了使命敢于去死、甘愿赴死。

但这样一种修辞学效果究竟从何而来？或者说观者对这一修辞学效果的阅读靠的是什么？是靠图像本身吗？当然不是，图像之所见只是忧愁、沉着的圣容，可它并没有告诉我们耶稣因何而忧愁和凭什么而沉着。我们所"见"的那些效果实际是我们想象出来的，我们之"所见"乃是我们凭着圣容的召唤想象出的一个理想镜像，而这个想象是与《圣经》传统的期待结构和召唤结构密不可分的，更确切地说，达·芬奇的图像修辞就是那一传统的召唤结构的能指化或视觉化，观画者对修辞意义的阅读、确认和认同，乃是想象的自我与象征的世界的交互作用。

其次是对犹大形象的处理。

在达·芬奇之前和他的同时代，画"最后的晚餐"这个题材的人有很多，比如之前有乔托（Giotto di Bondone，1266—1336）、杜乔（Duccio di Buoninsegna，约1250—

1318)、卡斯塔尼奥（Andrea del Castagno，约1421—1457）等，同时代有基朗达约（Domenico Ghirlandaio，1449—1494）、佩鲁吉诺（Perugino，1450—1523）等。但有三个技术因素使得这个题材对每位画家都是巨大的挑战：故事主题的处理；人物的安排以及犹大位置的安置。

如同福音书的记述显示的，"最后的晚餐"的故事并置了两个主题：耶稣告知被卖的消息和耶稣创设圣餐礼。这一并置不过是"福音书"惯常的宗教主题——背叛和救赎——的结构性重复。但在图像中如何处理或调和这两个主题的关系却一直是个难题，因为在背叛的主题下是群情激奋的动态，是对出卖者的审判，而在救赎的主题下是恩宠的降临和至福的分享，是与耶稣的肉身的神秘契合。以往的常见做法是以创设圣餐礼的主题为主导，由此形成了以庄严肃穆作为画面主调的艺术惯例或"艺术传统"。通过表现那一神秘而庄严的时刻，圣福的降临、神圣的开显和此在／存在的涌现成为了一个共时态的事件，而观者对此一场景的观看既是对神圣的见证，也是对至福的分享。例如乔托1305年为帕多亚的斯克罗维尼（圆形广场）礼拜堂画的《最后的晚餐》中，耶稣端坐在桌子的一端，约翰倒在他的怀里啜泣，其他人物神情严肃，整个画面的气氛静谧而充满神圣感。

但这样也就意味着背叛的主题必须淡化处理，比如必

乔托：《最后的晚餐》（约1305）
湿壁画，200cm×185cm，现存帕多亚圆形广场礼拜堂

须让人物的表情和动作尽量克制，尤其必须消弭犹大在视
觉上过度的可见性，但又必须有视觉暗示，既便于观者的
识别，又不会因此而破坏画面的整体气氛。为此艺术家们
采取了多种做法，比如对犹大头上的光环做模糊处理，在
犹大身上画一个钱袋，或是让犹大的手和耶稣的手伸进同
一个盘子。乔托就是通过取消光环和手的动作来暗示这个
主题的。

　　第二个困难是人物安排。按"福音书"的记述，参加
最后晚餐的人数包括耶稣在内共有 13 个人——有些画家

还把恩主或赞助人也纳入到这个场景中，那人数就更多了——如何在画面中安排这众多的人物，就成了每个艺术家都要面对的一个难题。由此形成了两种构图模式：或是让人物以围合式或半围合式方式就座；或是让他们沿长形餐桌一字排开。

所谓围坐模式，指的是以餐桌为据点，基督和十二门徒以全围式或半围式围坐在一起。相较而言，文艺复兴早期的艺术家喜欢使用这一模式，例如乔托和杜乔。围坐模

杜乔：《最后的晚餐》（约 1309）
板上蛋彩，50cm×53cm，锡耶纳大教堂博物馆藏

式的人物排列比较紧凑，较为适用于表现圣餐礼的神秘意义。但它有无法避免的缺陷：人物安排比较拥挤，靠近观者方向的前排人物只能表现出背部或侧面形象，例如乔托就是让他们背对观者，而杜乔就采用的是侧面形象。

杜乔是文艺复兴早期锡耶纳画派的画家，他的作品有着拜占庭美术的那种淡泊和装饰性，富有韵律的线条、绚丽的色彩以及抽象的金色背景赋予了他的画作一种特殊的抒情意味。在这件作品中，画家采用全围式构图，坐在耶稣左侧的圣约翰好像趴在餐桌上睡着了，坐在前排的五个门徒都没有画圣光环，且采用的是侧面形象。整个画面着力于表现圣餐礼的庄严肃穆，对犹大的形象标识也采取了弱化处理。

在第二种模式中，所有人物面朝观者方向呈一字形排开，主要人物置于中间，画面结构对称且富有秩序感，比如卡斯塔尼奥、基朗达约、佩鲁吉诺以及达·芬奇等都选择了这一模式。这种构图方式使画家有更多画面空间来表现人物的细节，但它也有自己的缺陷，就是人物排列比较拘谨，虽然有很强的仪式感，但整体气氛不足。

但不论采用哪一种构图模式，都要涉及第三个技术问题，那就是犹大形象的处理，尤其是犹大位置的安置。一般地，人们把钱袋、伸向盘子的手和头上的光环视作犹大身份的标记，也就是说，它们已经成为表现犹大形象的图像惯例或艺术传统。例如在围坐式中，犹大的形象虽然被刻意淡化，但还是会通过这些标记暗示出来。而在15世纪更为流行的一字形模式中，我们看到了另一个表现方法，那就是把犹大从众门徒中分离出来，单独置于一字形长桌的另一边，且侧身或背对着观者。就这样，通过对犹大位置的特殊设定，通过犹大的异位，或者说通过在十二门徒中将犹大他者化，一字形模式把"最后的晚餐"的叙事重点或者说主题做了一个挪移，即从侧重表现圣餐礼的神秘性和神圣性转向侧重表现犹大的背叛。

卡斯塔尼奥是佛罗伦萨的画家，他的这件作品也是绘制在一个教堂的餐厅。画家把13个人物置于一个透视空间中，犹大被单独安排在一边，侧身对着观众，耶稣和其

卡斯塔尼奥：《最后的晚餐》（1447）

湿壁画，453cm×975cm，现存佛罗伦萨圣阿波罗尼亚修道院

他门徒挨个坐在长条形餐桌的另一边，圣约翰趴在耶稣身旁好像睡着了。这一安排显示了当时人们有关于这个主题的构图惯例。

是的，十三个人当中，犹大和耶稣两位属于"例外状态"，他们是故事的真正主角，故而需要另行处理。正如我已经强调的，在"福音书"传统中，"最后的晚餐"的故事是一个整体，罪和救赎或者说背叛和牺牲并非分离的两个事件，而是存在于同一事件内且相互之间具有特定神学功能的两个主题，将它们分开来处理，无疑会损害到整个叙事的宗教效果。文艺复兴时期的艺术家并不是没有意识到这一危险，他们也很想同时性地将两个主题表现出来，于是他们采取了一个策略：一方面把犹大从众门徒中分离出来，以加强画面的冲突氛围；另一方面又让众门徒表现出庄严肃穆的神情，以传达圣餐礼的神圣意味。一字形的构图模式显然就是为此而发明的。可这一模式要求艺术家妥善地处理好各人物之间的关系、人物和背景空间的关系，以及耶稣和众门徒的关系，否则就会造成严重的后果，比如画面结构呆板、人物动作僵硬、缺乏明确的主题、缺乏统率一切的中心等，就像沃尔夫林评论的："在早期大师们的作品中，场景缺乏统一性：当基督说话的时候，使徒们却在相互交谈，而且所描绘的场景是宣告有人背叛还是创设圣餐礼，并不总是很明确的。"

　　基朗达约的这件作品采用的是当时流行的构图惯例：餐桌两端伸出，犹大独自坐在靠近观众的这一边，其他12个人坐在桌子的另一边，圣约翰趴在基督身边睡着了，坐在基督另一边的彼得似乎在质问犹大。沃尔夫林在分析它的构图时说，基朗达约的图画"没有中心的聚合，差不多是独立的半身人像一个挨着一个坐着，被框在桌子和墙壁两条明显的水平线之间，他们的脑袋顶着上楣"。

　　在此尤其要注意的是对犹大位置的处理：将犹大从众门徒中孤立出来，并安置在靠近观画者的一边，让他背对或侧对观者，以造成排斥和审判的效果。这样做实际上把深沉的信仰问题世俗化和道德化了，因为你一眼就能看到

基朗达约：《最后的晚餐》（约 1486）

湿壁画，400cm×800cm，现存佛罗伦萨圣马可教堂

那个叛徒，知道罪人就在那里，通过认同面对着你的众门徒的"目光"，你可以不假思索地把自己归于审判者或声讨者的一方。可是，在基督教的语境中，罪是相对于人与上帝的关系来说的，恶才是相对于人与人的关系来说的。犹大出卖的是"人子"，是他的主人，且是对他颇为信任的主人，他所犯下的或者说他的行为所象征的是罪，他是因为罪而成为恶的。

犹大的背叛不只是他个人的背叛，而是人类的背叛，他是人之罪的代理，如同耶稣是代人之罪而死一样。也就是说，犹大的罪即是我们的罪。如果说耶稣是人的代罪羔羊，那犹大就是作为耶稣之对体的另一个代罪者。正是在这个意义上，卡斯塔尼奥、基朗达约等人将犹大从众门徒中分离出去的做法对"最后的晚餐"的神学力量是一种损害，因为他们在这里建立的是一个指认他人之罪的场景，一个审判的场景，可在上帝的面前，我们不都是罪人么！除主耶稣之外，我们当中谁有资格去论断和审判他人的罪！

达·芬奇的处理就与众不同，就像我们看到的，虽然他袭用了一字形排开的构图传统和以钱袋作为辨识标记的图像惯例，但他放弃了让圣约翰卧倒在基督胸前的传统母题，并取消了让犹大独处的特殊位置，而是让犹大和包括耶稣在内的其他人并排坐在一起。沃尔夫林说，相比起基朗达约让人物全无支配次序的并排安置，达·芬奇这样做可以使场景获得更强的统一性，众门徒可分为对称的两组列于耶稣基督的两侧，耶稣的中心地位亦可由此而确立。沃尔夫林的这个观点想必是所有人都会认同的，这一构图上的效果是显而易见的。可我们的观看或图像"阅读"不能仅仅止步于此，形式结构上的对称并非造成这幅画恒久的感染力的唯一原因，甚至不是最根本的原因。

对达·芬奇而言，把犹大置于众人之间，甚至还很靠近耶稣，但似乎又想要从那里逃离，这个微妙的处理无疑更具修辞学效果，也更符合经文的叙述。

按《马太福音》中的记述，在众人一一问过"主啊，是我么?"之后，耶稣回答说："同我蘸手在盘子里的，就是他要卖我。"在《马可福音》中，我们读到："是十二个门徒中同我蘸手在盘子里的那个人。"《路加福音》则是说："看哪，那卖我之人的手，与我一同在桌子上。"所以你看，在达·芬奇的处理中，谁的手在桌子上并要和耶稣同蘸一个盘子?

再往后，《马太福音》记述说，犹大最后一个问耶稣："拉比，是我么?"耶稣的回答是："这是你说的。"真不愧是福音书的作者，居然有如此的辞章! 和其他门徒的提问——"主啊，是我么?"——相比，犹大的提问有一个根本的差异，他把"主"换成了"拉比"，把独一的、不可替换的神圣呼名换成了可替换的俗世称谓。再有，我们一定要知道，犹大的提问——"是我么？"——不是如别人那样的自问，而是一种推诿，是心虚的表现，因为在这个场景中，除主耶稣之外，只有他是知道真相的。耶稣的回答更巧妙，"这是你说的"，意思是到底是谁你自己心里最清楚。听到这句话，犹大会作何反应？当然是惊恐不已，因为在这之前耶稣已经说了："卖人子的人有祸了，那人不生在世上倒好。"

在传统的人物处理中，犹大以及耶稣形象的辨认是至关重要的，这是一个建制化的要求，是"最后的晚餐"的题材对观众发挥其宗教效能——罪的指认和救恩的分享——所必需的。达·芬奇也不能无视这个建制要求的存在，他必须让犹大带上罪的标记，紧握在右手中的钱袋，因恐慌而后退的身体，处在暗影之中的脸，这些都充当了标识功能，也是达·芬奇对建制性的图像惯例的引用。

而另一方面，达·芬奇通过让犹大"回归"门徒的行列，避免了传统画法因为将犹大从众人中分离出来而造成的不恰当的审判效果。实际上，在达·芬奇的处理中，犹大形象的辨认不再是最重要的，他已经把背叛的主题转向了自省式的自问，每个观者在这里不再是充当罪的审判者，而是作为带罪的卑微者去领受圣恩的荡涤。

再次是手的功能。

有关十二门徒的排列、动作、表情及构图方式，随便一本艺术史的书上都可以看到，例如前引页布里希的描述就很详尽，在此不再重复。这里要说一说画面上十三个人的手。

画面中，十二门徒每三人一组被分为四组，并以耶稣为中心呈水平对称地排列两旁。可对称法则并不是让这部作品成为杰作的理由，因为文艺复兴时期的许多画家都可以做到这一点。达·芬奇的伟大之处在于，他将对称法则和金字塔式的构图结合在一起，以整饬的结构将它们精神化和象征化，使古典美学的法则成为了对神圣秩序的言说。

我们都知道，这件作品的秩序感和庄严感来自其画面结构的有机统一性。但古典美学和古典艺术的这个根本原则并非基于对称这样的纯形式排列，而是基于中心化。所谓中心化，简单地说，就是以某个对象、某个想象的轴线甚或某个点为中心，其他的各个部分都朝向这个中心，向这个中心汇聚，由此而建立起来的部分与部分、部分与整体间的相互联系才是真正的有机统一。在达·芬奇这里，位于中轴线上的耶稣当然是统一整个画面的中心所在，那么，画面构图的有机联系靠什么来建立呢？——手。

达·芬奇是一个画手的高手。例如《蒙娜丽莎》（1503）中那只无与伦比的手，与嘴角和眼睛过于外显的视觉捕获相比，那双紧张地交叠在一起的手无疑更具观相学的特征。还有《岩间圣母》（1483—1486），在那里，手成为建立画面结构的关键，原本散漫的四个人物因为手的"对话"而被组织进了一个整体，尤其画面右边的三只手，各以不同的姿势凝定在半空，散发出摄人心魂的力量。达·芬奇在他的绘画笔记中曾对肢体动作与情感表现

达·芬奇：《岩间圣母》（1483—1486）

板上油画，199cm×122cm，巴黎卢浮宫藏

达·芬奇：《岩间圣母》（局部）

的关系有专门论述，其中也涉及手的表现性，比如他说，手和手臂的动作应当尽可能表现出促使它们活动的思想意图，让人们一眼就能领会这些动作的意义。

在《最后的晚餐》中，同样是手在引导我们的视线，在帮助完成从一个分组到另一个分组的过渡，并由左右两个方向汇聚到耶稣这里。在耶稣的左边，同属一组的西门和马太的手在同一水平线上，并朝向相邻的另一组和耶稣的方向；在耶稣的右边，分属不同小组的小雅各和老彼得的手也在同一水平线上，并同样朝向耶稣的方向。同时，这两条水平线一高一低：左边的水平线较低，与之相邻的另一组的三个人的手则向上举起；右边的水平线较高，而巴多罗买和犹大的手是向下放在桌子上，这种高低错落有致给画面造成了像乐谱线一样的节奏感，人物动作的动态则因为这些水平线而受到某种程度的抑制，这使得激愤的瞬间反应不会影响到画面的秩序感。

与众门徒的手旋律线般的布置相对照，耶稣的手则显得沉着有力，最具表现性和观相学意义。画面中，耶稣双手向前摊开，双肘、双臂、双肩和头呈一等边三角形。他低头看着自己的左手，那是分发圣餐的手势，亦即是一个牺牲的手势，他把自己的身体通过一片面包的象征奉献出去；同时，他伸出右手同犹大分享一份食物，这与其说是在暗示谁是叛徒，不如说是表示耶稣对命运的接受和担当。

因此，如果说门徒们的手在水平线上的组合是对激愤的情绪和显出上升态势的身体运动的一种视觉抑制，那耶稣的向前伸展和打开的手就是对救赎之至福的一种承诺，是对信仰和未来发出的一个邀请，亦是对犹大的背叛的扬弃和否决。那是一双跨越罪的窄门的手，是见证神圣之在场的手。

最后要说一下众人面前的餐桌。

实际上，造成画面秩序感的不只是手，横亘在众人面前的餐桌也发挥了同样的功能，但它的运作比我们想象的要复杂得多，因为这涉及达·芬奇对透视法的表征惯例的修正性引用。

按照阿尔伯蒂（Leon Battista Alberti，1404—1472）的论述，在透视法中，画框或景框是我们朝向外部世界的窗口，画面即是我们站在一定距离从窗口所看到的景象的复制或摹写。因此在意大利文艺复兴的透视绘画中，景框、灭点（或没影点）和视距是建构观看效果的三个基本要素，其中景框就是那个敞开的窗户的标记，并且在画面中总是用门、柱、拱廊等来表示它的存在。景框不仅可以为观者框定视景范围，还可以为构图建立布局的层次。如同灭点的想象性在场是一幅透视绘画的标记性惯例一样，画框或景框的设定也是意大利透视绘画的视觉惯例，是透视法建制的组成部分。

可是，在《最后的晚餐》中，并没有制造围合空间的可见形式，虽然天顶的边沿暗示了一个景框的存在，可景框的其他部分处在一种开放状态，景框似乎在向画面以外运动，就像法国艺术史家达尼埃尔·阿拉斯（Daniel Arasse，1944—2003）论述的：

从达·芬奇设计的透视法来看，上帝门徒的长桌横亘在整个前景中，显得太大了。透视有三个要素：景框、没影点和距点——达·芬奇正是在景框上做文章。在景框设计上，画中的人物形象都靠得很紧，而同时，画中的天花板还没伸到人物的头顶就终止了——也就是说，上方的天花板在纵深方向上被从中截住：它取景紧凑，悬于画面之上。这样一来，上帝门徒和长桌完全来到了透视的"前方"——他们并不在透视之中，而是处于两者之间，即作为观众的我们（或者是慈悲圣母玛利亚修道院的修女们）实际所处的空间和画中用透视法表现的后景空间之间。上帝的门徒仿佛在两个空间当中出现——这样一来，就制造出一种充满修辞感染力和临场感的美丽效果。

在此重要的不是达·芬奇取消了可见的边框，而在于他用从左到右横贯画面的桌子替代了被取消的边框的视觉框定功能和构型功能。餐桌的边与画面边界平行，十三个人沿桌子水平排列，并以分组和动作造成有节奏的动感，以对称造成秩序感，以藻井天顶上一系列水平平行线的缩短法处理造成画面的纵深感和统一感。

尤其是，达·芬奇对前景空间的处理也没有完全遵循透视绘画的建制惯例。前面已经说到，画在教堂内部墙壁上的壁画有巨大的空间尺度，就像《最后的晚餐》，长8米多，宽4米多，比人体的尺度要大很多。壁画的这一物理存在直接影响到了画面构图，比如，艺术家需要借一定的方法来对视觉重点——即他想要观者看到的东西——进行框定，需要以背景透视来"推出"前景，还需要在前景到后景的纵深方向上以画面结构的不同层次来进行空间配置，以造成纵深的秩序感和节奏感。除此而外，壁画的大尺度也对观者的位置提出了要求，即他不能距离画面太近，他必须站在一个恰当的位置，必须与画面保持一个恰当的距离。为了缓解巨幅画面可能带给观者的视觉压力，透视惯例还时常把前景的叙事画在靠后一点的位置，以便在它和观者之间留出一个视觉上的缓冲空间，其视觉标记通常就是前景的广场或空地。

可在达·芬奇的《最后的晚餐》中，这个缓冲空间被取消了，矗立在眼前的餐桌没有给我们留下视觉缓冲的距离。由于桌子和桌布明显靠前，与观者之间的视距很小，加上背景的透视纵深给前景带来的前置效果，造成十三个人连同桌布一起，如一堵墙一般朝向观者。于是，在这里，不再是我们面对一扇窗户远距离地观看另一个世界的景象，而是那个景象在向我们这边"运动"，桌布与观者之间的"零"距离造成了创设圣餐的神圣空间向观者所在的世俗空间的视觉延伸，仿佛我们看到的这个景象就发生在我们的旁侧，仿佛我们的餐桌与画中的餐桌是在一起的。我们直接面对着耶稣向门徒（也是向我们）摊开的双手以及摆置在两手间的圣餐，我们成了主耶稣的景观，成了圣餐的受赠者，人子既在向门徒也在向作为观者的我们发出召唤："你们拿着吃，这是我的身体……你们都喝这个，因为这是我立约的血，为多人流出来，使罪得赦。"

因此，我们在这里再次看到了达·芬奇与已有的视觉建制之间的某种"商谈"。一般地说，所谓建制，总意味着规制和设定，意味着社会的他者指令对主体的驯服，在视觉建制中同时还意味着对空间的配置和对主体感官的分配。但是，具体到建制运作的时候，主体与建制之间的关系不可能固定不变，建制的功能不是"决定"主体只能怎么做，而是为主体"规定"可能的言述路径，就像语法与言说者的关系，语法提供的只是语言生成的语境，而不可能决定个体的言说行为。透视法作为"时代之眼"，其建制功能单靠自身是无法实现的，它必须有主体的参与，这个参与可以是主体的完全顺从，但也可以是主体以局部修正的方式与建制的"商谈"，甚至还可以是主体对建制的"对抗"和"遗弃"。达·芬奇对透视建制的调用就是商谈性的，他正是通过对景框功能的修正达成了建制效能的最大发挥，因为透视建制的目的就在于让画面作为召唤机制去实现（宗教的）意识形态主体的生产，达·芬奇通过餐桌前置造成的画面空间延伸就大大地增强了圣餐场景的感染力和召唤力量，让这个空间在世俗空间里的"剩余价值生产"达到了最大化。

图像的视觉政治

以上对图像细节的阅读看似散漫无序，实际都围绕着一个焦点，那就是图像生产与文本惯例、表征惯例等建制因素的商谈关系。可是，在意大利文艺复兴时期的绘画中，参与商谈的还有一个十分重要的因素，那就是赞助人或委托人制度。至少就壁画创作而言，没有赞助人或委托人的资金支持，一切都是不可想象的。图像的视觉政治就与这个制度有关。

文艺复兴时期艺术家的社会地位远不像我们今天想象的那么尊贵，他们是工匠，需要受雇于教会、王公贵族、银行家、行会组织等，或是接受工程委托，或是直接接受资助。而赞助人或委托人的动机也各不相同，或是出于宗教虔诚，或是为了社会声望，有的带有炫富的性质，有的是为了城市形象，还有的可能是基于政治或宗教论辩的目的。不管怎么说，赞助制度终归是一种交换和酬报制度，赞助人或委托人出资，艺术家用图像作为回报。

但另一方面，古典学问的复兴和人文主义的兴起也大大激发了艺术家的世俗意志，他们渴望名誉、地位和金钱，他们希望借艺术来提升自己的身价和社会地位。就这样，绘画无形当中要承载双重任务：一方面艺术家必须满足委托人或恩主的要求，让图像发挥后者想要的功能，让他们看到想要看的东西，或者让他们在理想的观看位置获得对自身的主体性确证，以及对画面意涵的想象性占有；另一方面艺术家又要通过绘画来彰显自己的权力意志，借把绘画提升到科学的地位来为自己赢得和恩主或委托人进行"商谈"的资本。"绘画是一门科学"。文艺复兴时代艺术家们的这个说辞与其是对绘画性质的界定和说明，还不如说是为绘画和艺术家注册的一个象征资本，是艺术家借复兴古典科学的旗帜向赞助人及社会提出利益诉求的手段。

正是艺术家与赞助人制度的这一互动关系，正是绘画的这一双重任务，最终在图像表征中出现了一个象征性的解决，形成了透视绘画中"诗学"方面和"科学"方面的并存，前者是为了满足恩主或委托人的视觉需要和社会需要，后者是为了满足艺术家图绘技术的需要和提升自身地位的需要。并且这两个方面必须是统一的，为此所付出的代价通常就是让后者服务于前者，让科学的秩序化服务于诗学的修辞，让艺术家的科学冲动服务于恩主或委托人的视觉要求和社会要求。诗学和科学的统一，是文艺复兴的艺术追求，是透视绘画的历史胎记，它是"时代之眼"的表征惯例和视觉惯例，也是时代的文化意志和政治意志的视觉化呈现。我们现在需要弄清楚的是：这个统一的视觉谋划在《最后的晚餐》中是如何实现的？

绘画是一门"科学",这个科学指的就是几何学,是绘画中的透视法。在图像中,汇聚于背景位置的透视结构不只是为了建构空间秩序和制造深度幻觉,也是为了支撑中景和前景的叙事或"表演",是为了实现画面主题的"诗学"展示。就像在《最后的晚餐》中,整个故事的"讲述"被置于前景当中,通过各种修辞手段的巧妙运用,为观者形象地复现了"福音书"记述的场景。可另一方面,我们又在前景的背后看到了一个严谨得如同教科书般的透视景观。这个景观恰恰是有边框的:餐桌靠里的边沿、顶部藻井边沿、左右两边靠外的挂毯。也有视距和灭点;还有景深深处的两扇窗户和一扇门,在视线尽头则是透过窗户和门所看到的景色。这是秩序井然的围合空间,相对于前景的戏剧性表现而言,它要安静、肃穆得多。如果说前景是一种诗学,那么这个后景就是一种数学;前景是说服术,后景是科学。两者的统一就像是舞台背景和前景展示的结合,为台下的观者建立了一个完美的视觉秩序。

其实,但凡一个优秀的艺术家都可以很好地完成这项任务,让诗学和科学的统一臻至完美之境,就像达·芬奇所做的那样,他用精湛的技艺让"科学"一心一意为"诗学"搭建舞台,既使艺术家个人的意志藏而不露,又把委托人的世俗欲望掩饰得天衣无缝。但对视觉图像的思考不能止步于此。诗学与科学的统一不过是艺术家的个人意志、恩主或资助人的社会需求以及绘画的表征建制之间相互商谈的一个结果，不论艺术家的掩饰技巧多么高超，恩主或资助人的社会需求终归要在作品中有所表现。所谓"掩饰"，其实是世俗欲望的转义性实现，尤其当世俗欲望带有某种不足为外人道的成分时，艺术家就必须以一种幽隐的方式来使其得到满足。就是说，在诗学和科学的统一中，一定会留有一个缝隙，使世俗的欲望至少能得到象征性的满足。

那么，在一幅教堂壁画中，面对诗学与科学完美统一的画面，我们从哪里可以找到"插入"世俗欲望的那个缝隙呢？艺术家的处理方法有很多，最常见的有两种：比如马萨乔在《圣三位一体》中就是把捐助人直接画到画面中，一些画"最后的晚餐"的画家也采用过这种做法；还有一种就是利用画作的环境，靠空间和语境的延伸来实现现实和想象、虚构和真实的褶叠，这时你只在画面中是找不到"世俗欲望"的信息的。就像我们在各类艺术史著作中看到的达·芬奇的《最后的晚餐》，那是一个被纯化的、与环境完全脱离的图像，你在那里根本看不到赞助人及其世俗要求的踪影。但这并不是一幅纯粹的宗教绘画，它存在于一个现实的空间——尽管会被想象为一个神圣的空间——它和空间中的其他要素之间有一种语法上的关联，你只要进入到现实的观看场景，它的意义生产就会受到这个关联的影响。

前面已经说了，文艺复兴时期的教堂壁画很少是作为独立的艺术品而存在，许多时候，它们只是众多画幅或物品中的一件，与周边其他绘画和物品之间总会形成这样或那样的互涉联系；即便是单一的一件，它也与周围环境、建筑的空间存在某种关联。在这个意义上，不妨说，文艺复兴的壁画就是一种环境绘画或语境绘画，画作与环境的互动对观看和画面意义的效果生成会发挥关键作用。达·芬奇的《最后的晚餐》同样是如此，但你需要把它回置到画作的环境来重建观看的语境。

这幅画是画在修道院狭长餐厅的北墙上的。贡布里希对它的空间环境有这样一段描述：

正对着入口，厅堂的狭窄的一边摆着院长的桌子。如同院长的桌子，两侧沿墙的僧侣们的桌子比地面高出一个台阶。当陌生人走进房间，转身就可以看见在第四面墙上略高于门处画着第四张桌子，基督和使徒们坐在那里，仿佛他们也是修道士中的成员。在进餐时，看到院长的桌子和基督的桌子面对面相对，修道士们夹于其间，这种场景一定会给人留下深刻的印象！因此，把僧侣用的桌子作为画中桌子的原型也

《最后的晚餐》的空间环境

与绘画智慧相和谐。毫无疑问，画面上那餐布，餐布上的褶折、条纹和图案，甚至其角落的结团都是修道院实景的写照。而那些碟盘餐杯和其他器皿也都很可能是模仿修道士所用的物品。

　　沃尔夫林也有一段描述，他是围绕画面光源和实际光源的关系来还原空间环境的作用的：

　　　众所周知，该画装饰了一间窄长餐厅的顶端墙壁，只有一边射入光线将餐厅照亮。莱奥纳多把实际的光源作为画的光源，这不是什么独特的想法。光线从左侧高处照射下来，所以画中对面的墙壁只有部分被照亮，而且明暗色调变化如此显著，以致相形之下，基朗达约的画似乎总是单调而平板的。桌布被光照亮，十分显眼，人物头部的闪光使头部在暗墙的衬托下具有强烈的立体感。通过使用这种实际光源还获得了另外一种效果：虽然犹大不像以往那样处于独处状态，而是安排在其他使徒中间，但他依然是一个孤立的人物，因为他是唯一完全逆光而坐的人，所以他的脸部完全处于阴影之中。

但实际的情形比上面两位描述的还要复杂。达·芬奇不只是借用了空间环境，还以自己的方式改造了环境，他通过画作和环境的视觉关联来实现作品的"剩余价值"，他让画作变成了对环境进行运作的机器，他利用观者的视觉运动来完成委托人的意愿的符号化。要理解这一点，就需要看一下这幅画的创作背景。

这幅壁画是受米兰公爵卢多维科·斯福尔扎（Ludovico Sforza，1452—1508）的委托，为慈悲圣母玛利亚修道院的餐厅绘制的。卢多维科·斯福尔扎是一个雇佣兵队长的次子，他的父亲弗朗切斯卡·斯福尔扎（Francesco

Sforza，1401—1466）曾受雇于佛罗伦萨的美第奇家族，出任雇佣兵队长，但这个军人是一个野心家，一心想要建立一个属于自己的邦国。1441年，弗朗切斯卡迎娶了米兰维斯孔蒂王朝的公主。1447年，维斯孔蒂王朝面临灭亡的政治危机，弗朗切斯卡受雇统率一支军队占领米兰城，建立了自己的政府，并受封成为米兰公爵。1466年，弗朗切斯卡去世，他的长子继任公爵，次子卢多维科在宫廷中服务。1476年，卢多维科在兄长死后用尽各种阴谋手段成为米兰的摄政王。1494年，在神圣罗马帝国皇帝的帮助下，他成功地宣布自己为米兰公爵。和他的父亲一样，卢多维科的执政缺乏合法性，为了巩固和美化自己的统治，他可谓费尽心机，其中就包括延揽各地著名的文学家和艺术家到宫中为他服务。

达·芬奇是1482年自荐来到米兰的。那时他才30岁，还没有名扬天下，在写给时任摄政王的卢多维科的自荐信中，他谋求的职位并非宫廷画师，而是军事工程师，并许诺会尽自己之力为大公效劳。他的才干得到了卢多维科的赏识。1496年左右，他受卢多维科的委托为慈悲圣母玛利亚修道院的餐厅绘制"最后的晚餐"这一传统题材。

卢多维科是靠着强盗般的行径取得了米兰的统治权的，他急切地想要为家族的权力与荣耀进行符号包装，修建修道院以及延请达·芬奇做内墙"装饰"都与这个"卑贱"的政治图谋有关。达·芬奇当然清楚公爵的意图，并以自己非凡的技巧把这个意图转义性地嵌入了画作的语境中。下面就是这幅画的完整面貌。

《最后的晚餐》的视觉语境

我们在壁画上方的半圆壁上看到的正是斯福尔扎家族的盾徽和徽章，中间的盾徽上刻有卢多维科和他的妻子的名字，两边则是他们的两个儿子即继承人的徽章。一个王朝的谱系赫然在此。这组盾徽和徽章并非画作的一部分，它们作为一个整体被囊括在壁画上方的半圆壁内，构成了壁画的空间环境。达·芬奇巧妙地把壁画的透视线沿着天顶边缘延伸到了半圆壁的两侧，这样，画面原本的平展空间在视觉中变成了一个隧道式的幻觉空间，或者说，家族标记从现实的世俗空间被纳入了宗教的神圣空间,现实得到幻化,并在幻化中得到升华,卑贱的"物"变成了"物神",变成了对委托人而言可做拜物式观看的神圣对象。一个看似纯粹的宗教图像就这样不知不觉地成了满足政治图谋的手段。

画幅内部是诗学与科学的完美统一,画幅"外部"则是艺术和政治的巧妙合谋。通过前者,或者说借助于记忆中的经文文本对图像文本的完形和补足,借助于整饬的图像秩序对画面空间的严格配置,艺术家为包括我们在内的所有观者建构了一个视觉上的超然之物,一个崇高的审美客体,一个可以让宗教的和政治的意图在观看的认同中自动重复的询唤机器;通过后者,或者说借助于象征的神圣空间向现实的视觉空间的延伸,借助于外部的物质性向画面的视觉性的引入,艺术家在图像和观看之间建立了一个缝合机制,让图像表征的神圣性和作为表征之表征的政治性完美地合体。这就是达·芬奇的密码,是《最后的晚餐》的视觉政治。

第 **十** 讲

权力的游戏

田 洁

　　政治哲学乍听上去可能是哲学分科里最为无趣的一个分支：大多数的人很难对哲学抱有好感，更难对政治哲学产生兴趣。古今中外，政治哲学在很多时候都有可能被误解成意识形态的灌输或者国家宣传的手段。大家听到这个主题，可能会想，还有什么比听一个哲学家絮絮叨叨地分析陈词滥调的国家政治言论更无聊？

　　为了让大家对于政治哲学产生一点兴趣，我们先来看看政治哲学家们曾经试图回答的问题，这些问题有大有小，有的关于宏大理论，有的关于日常生活。比如，是不是每一个群体，无论文化传统，任何关于公共问题的决定，都需要通过民主表决呢？一些人的教育程度和素养水平要高于社会一般水平，在一个投票选举的体制下，他们是不是应该有权投两票，甚至更多呢？如果政府决定去打一场一个人在道德上不认同的战争，他可不可以去给对方做义务间谍呢？政府立法限定某些药品的价格，是对自由市场经济的干预吗？政府有尊重市场经济的义务吗？如果国家因为烟草和酒精对于公民的健康有危害，而对于这些商品征收重税，那么为什么不对一块不健康的油炸鸡胸肉征收额外税费？如果一个人不经过训练就驾车上路，有可能伤害他人，政府因此要求每个取得驾照。而生儿育女、将一个生命养大成人这件高难度的事情，却不需要任何技术认可就可以做了，难道政府不应该设养育证考核吗？政府禁止成年公民阅读色情杂志或者立法要求人们开车系上安全带，是不是妨害了他们的自由，不尊重他们的选择？在一个政治社会里，一个人有没有品位低下的权利，或者不顾及自己死活的自由？

　　如果你曾经偶尔想到过这些问题，或者在看见这些问题时会眼前一亮，那么也许学习一点政治哲学会是一件有趣的事情。需要注意的是，在学习政治哲学的过程中，就像所有的哲学学习一样，我们会发现问题越来越多，考虑的过程越来越长，但是答案越来越少。这个过程，就像剥一个洋葱，一层一层，剥茧抽丝，甚至有可能越剥越让人难以忍受，还有可能剥到最后甚至看不到一颗实实在在的核心。有同学可能会问，如果政治学习是这样一个过程，我们为什么还要学习它呢？因为问题本身可能比答案更重要。而从政治哲学的角度提出问题，是反思我们日常的、与他人互动的公共生活的开始。通过政治哲学的学习，我们有机会反观一下我们习以为常的社会规范和公共秩序，从而重新理解我们为什么有了今天这样的规范和秩序，可不可以有其他的规范和秩序，甚至可不可以完全没有这些规范和秩序？

今天我们要讨论的这个问题，也可以算得上是政治哲学的最初、最原本的问题：我们为什么要政治生活？政治究竟是为了什么？具体一点说，为什么我们需要在社会中建立一个权力中心？这个中心拥有暴力手段，比如军队、警察等机构，我们围绕这个中心，分享一种支配和被支配的关系，并遵守各种规范秩序。这种秩序和生活方式究竟从何而来，它的合理性在哪里？国家、政府、军队警察、法律秩序，为什么是必需的和重要的？简而言之，政治，无论何种形态，究竟有什么用？对这一问题的回答，从古希腊时期就有哲学家一再地讨论。16 世纪的英国哲学家托马斯·霍布斯在他的政治巨作《利维坦》中以现代性的视角做出了系统性的回答，而他的回答一直在影响现当代

霍布斯（1588—1679 年）

政治哲学关于政治权力合法性问题的研究。我们就从霍布斯的理论开始，来学习对当代政治哲学最原初问题的一种极端回应，希望通过理解霍布斯来激发我们自己对于政治哲学的根本思考。

霍布斯著作的题目《利维坦》，是《圣经》当中描述的一个海怪。利维坦身大无比，情绪反复无常，常常暴怒就张开大嘴把整个海洋煮得沸腾起来。霍布斯在书中把利维坦比作一个国家机器，在他看来，国家就像一个强大无比的怪物。这个怪物肆意妄为、无所顾忌，对于周边的其

利维坦

他弱小的海洋生物毫无怜悯之意。而国家，或者说一个独裁的君主，对于他的臣民，也具有相同的权力。霍布斯的问题是，我们为什么需要这么一个力大无穷、不受控制、喜怒无常的怪物来统领我们呢？通过《利维坦》，霍布斯希望让我们明白，如果我们想要过上文明和平的生活，如果我们想要生活在一个有序稳定的社会，那么一个绝对的、无限的、巨大的权力中心是必需的。在政治哲学上，我们称霍布斯是最简单意义上的极权主义辩护者。按照我们当下对于政治社会的理解，一个不受限制的绝对政治权力是极其危险的，我们必须对它多加警惕、限制和管控。那么霍布斯是如何解释一个不受控制的政治权力是必要的、有价值的呢？

在我开始解释霍布斯的理论之前，我们先来看一种哲学上的方法论：反证法，或者称为悖论论证（Proof by Negation）。反证法的方法论的直觉逻辑其实十分简单。假设我们要证实 X 是有价值的，那么我们就把"非 X"作为第一前提，然后根据这个第一前提推演，如果推演的结果是我们不能接受的，或者说以"非 X"为前提的论证结论为一个悖论或者一个我们不能接受的结果，那么我们就可以证明 X 是必要的、有价值的。现在把这种方法论应用到政治权力的推论上来。如果我们要证明政治权力是必要的，那么我们就从考察政治权力不存在的假设前提开始。如果通过考察政治权力不存在的状态，我们发现这给我们带来一些无法接受的后果，那么我们就有理由说，政治权力的存在是必需的。

在霍布斯那里，这种不存在政治权力的情况，也就是前政治状态，被称为"自然状态"。在自然状态里，没有一个已经建立起来的政治权力，没有人人都服从的社会法律秩序，这是一个人人各自为政的状态。在自然状态里，霍布斯认为，我们最有必要对人性进行考察，我们需要看看，人，这样一种造物，拥有哪些特质，而这些特质使得人类聚集在一起之后会形成怎样一种状况。自然人是什么样的呢？这是一个很有意思的问题。在对政治哲学的深入学习过程中，我们会看到不同的哲学家对于这个问题有十分不同的回答，而这些形形色色的回答为他们对于政治社会的构建提供了不同的基础。总的说来，詹姆士·麦迪逊在《联邦党人文集》中提到的状况很形象地概括了自然人和政府的关系。麦迪逊说："政府存在本身难道不是对于人性最好的刻画吗？如果人人都是天使，那么我们不需要政府来管理；如果人人都是野兽，那么我们根本没有办法形成一个政府。"换句话说，正是这种界于神圣和兽性之间的人性，为政治的产生提供了必要性，也提供了可能性。

那么在霍布斯看来，人性是什么样的？霍布斯的人性观，虽然在几百年前，却和现代科学的理解十分相近。霍布斯在当时已经深受新科学研究的影响，将人看作是一种几近物质化的复杂机器。人的构成没有任何神秘的东西，比如灵魂。人由一堆血肉构成，听从内在的心理机制，根据外在环境的变化做出相应的行为。霍布斯说，我们的内在心理机制可以很简单地被分为两类：趋向性和回避性。对于我们喜欢的，我们欲求的，我们就会向它靠近；而对于我们讨厌的，或者害怕的，我们就会避开。而这所有的趋向和回避，都有一个最终驱动，即人类的自我生存。综合起来说，如果一个东西或者环境有利于我们的自我生存，那么我们就会趋近它，喜欢它，想要它。反过来，如果一个东西或者环境不利于我们的生存，我们就会躲避它，讨厌它。这种简单的利己主义心理学是霍布斯对于人类本性理解的基本原则。在这个基础上，霍布斯进一步地分析了由一群持这样的利己主义心理的人会构建出一个什么样的自然状态。首先，霍布斯认为，自然状态中我们有一种天然的平等，换句话说，人是生而平等的。霍布斯的自然平等概念与大多数的政治哲学家的理解很是不同，有点"奇葩"。霍布斯认为，我们拥有两个重要意义上的平等。首先我们每个人都有平等的欲望，也就是保障自我生存。其次，我们有平等的能力，也就是导致其他人死亡的能力。也许有人会说，这第二项很明显不对。一个更为强大的人和一个弱小的人角力，那个强大的人杀死弱者的概率要高很多，因此能力上他们是不平等的。霍布斯说，无论一个人多强大，他总是有入睡的时候，他总是有抵不过很多弱者共谋袭击他的时候，因此在这一意义上，他也总是有被人杀死的可能的。这样一来，欲望的平等和能力的平等就给我们带来了麻烦。同时，霍布斯认为，在自然状态中，因为没有国家法律和社会秩序，所以也就谈不上合法或者不合法、正义或者不正义、应该或者不应该。存在的只有自然权利，这个权利就是每个人用自己能够使用的资源来确保自我生存。这个权利也包含了这个人利用别人的资源，甚至别人的生命来保存自己的生命。在自然状态中，现代社会中的所有权不存在，没有谁能够在正当的意义上拥有什么东西，因为在任何时候其他人都可以出于自我保存的需要剥夺另一个人的财产、自由甚至是生命。总而言之，在霍布斯看来，在自然状态中，人们对于一切事物都有着自然权利，他们有相同的欲望、平等的能力，而且没有成型的法律和秩序。简单一些说，为了自我生存，一切都是可以的。现在我们可以想象一下，在这种情况下两个人相互遭遇了，会是什么情景。甲方想要生存，并且会尽一切可能生存下去，其中包括伤害乙方利益和人生的可能。乙方同样想要生存，并且为此也不惜伤害甲方。甲方知道乙方的意图和计划，乙方知道甲方的意图和计划。甲方知道乙方知道，乙方同样也知道甲方知道。这个时候，甲乙双方的互动就符合一个博弈论的假设情景，即囚徒困境。我们先花点时间来理解一下什么样的决策模式符合囚徒预设。

假设有两家公司，在一个财政年度之初决定一起开发一个新的市场，并且期待年末共同受益，我们来叫他们巨硬公司和鸭梨公司。如果巨硬和鸭梨公司都一起付出前期投资，然后好好合作，到年末，他们各自的纯收益预计将达到五百万；如果其中一个公司决定不好好合作，在前期投资的时候偷工减料，让另外一个投入更多，但是到后期收益的时候却参加分红，那么使诈的那个公司将获得六百万的年收益，而被骗的公司将损失四百万。如果两个公司都不好好合作，只是在前期投资的时候做做姿态，谁也不把投资计划执行到底，那么年末两家公司都将损失三百万。为了让读者更直观地看到这个博弈模式，这两个公司的决策表显示如下：

		巨硬	
		合作	不合作
鸭梨	合作	5/5	− 4/6
	不合作	6/− 4	− 3/− 3

从上面的决策表中我们可以看出，对于两家公司中的任何一家来说，每一个决定都面临两个可能后果。如果决定合作，那么根据对方合作或不合作，可能的结果是收益五百万或者损失四百万；而如果决定不合作，可能的结果是收益六百万或者损失三百万。根据一种博弈理性计算，选择不合作是具有绝对优势的。一旦选择不合作，如果对方合作那么公司获益将达到六百万，而如果对方不合作，那么公司的最大损失是三百万，而不会是最差的损失

四百万。因此，无论对方的决定如何，选择不合作要么带来最大收益，要么避免最大损失。所以，不合作就成了博弈论中的绝对理性选择，或者称为占优策略，或者支配性策略（dominate strategy）。

现在把这个博弈论的模型应用到霍布斯的自然状态下两人的遭遇情景。如果我们更具体一点地去设想自然状态下，两个人彼此遭遇的情境。一个人在自然状态下，遇见了另一个人。作为一个自利的人，这个人需要的是首先保证自己可以绝对平安地生存下来，其次是能够更好地活下去。而作为一个理性的人，这个人会从这里出发进行思考，而且同时他也知道，对方思考的出发点也是一样的。同时，对方也知道这个人考虑的全部内容是关于自己的生存，以及他会尽自己所能去保障这一点。除此以外，遭遇的双方都十分清楚，在自然状态下，双方都拥有霍布斯意义上的平等地位。说得直接一点，就是有杀害别人的能力和被杀害的可能，即双方都有剥夺对方首要利益的能力和自己首要利益被对方剥夺的可能。

在这种残酷的平等状态之上，我们必须还要考虑，霍布斯对于社会正义和社会道德的另一个说法。霍布斯指出，无论是社会正义还是社会道德，都是一种社会秩序或者说社会规范。然而，在自然状态中，没有立法者，没有强制力，也就谈不上有什么秩序，因此也就更谈不上有什么正义和道德、应该的和不应该的。唯一存在的权利和法则就是自然权利和自然法则。所谓的自然权利，在霍布斯看来，就是每个自然状态下的人都有权利使用一切他拥有的资源和方式，尽他所能地采取所有必要的手段，保障自己的生存。这意味着，如果一个人认为对他人财产的掠夺有利于自己的生存，那么这个人也就有权去侵占他人的财产；更骇人的是，如果一个人认为掠夺他人的生命有利于自己的生存，那么他也就有权去杀害他人。换句话说，在这个自然状态里，谈不上任何的财产权、自由、生命权。唯一的自然权利就是一个人倾尽所能去保证自己生存的权利。同时，在自然状态下，也谈不上正义或者不义、应该或者不应该。一个人如果出于自我保护的动机，掠夺别人的财产、能力和生命，都只不过是他自然而然会做的，而我们不能够用我们现有的正义、道德和对错观念去评判这样的做法。同时，也没有任何的法律和政治秩序来阻止和审判这样的行为。任何人对任何人做任何事都是合理的、自然的，谈不上是非对错，或者正义不正义的。所有出于生存考虑做的事情，都是可以的。

现在让我们再回到自然状态下，看两个人的遭遇。在没有法制、没有政治秩序、没有道德的状态下，遭遇到一个有权利伤害自己的人，并且这个人有可能出于自我保护的意愿真正地去这么做，在这个情况下，一个有理性的、自利的人会做出什么决定呢？霍布斯预测认为，一个自利理性的人在自然状态下，首先，不会放弃自己的自然权利，也就是说他会随时警惕，并且为对方可能对自己发出的任何攻击行为做好准备；其次，更进一步，他还有可能采取提前攻击的方式来提前制止对方可能对自己带来的伤害。而提前发起攻击，甚至威胁并掠夺对方的生命这样的做法，并不能受到任何谴责。恰恰相反，这被看成是理性加上自然权利必然会得出的行为结果。

现在我们用博弈论的模式来看一下在自然状态下遭遇的二人的可选项。在自然状态下，一个人和另一个人遭遇的时候有两种可能的选择，同时取决于对方的选择，这两种选择会带来四种可能的情景。下面我们来仔细地梳理一下这四种情景。这个人可以选择信任对方，采取合作态度，放弃自然权利，不去伤害对方，并试图和对方建立共存的关系，这个选择有可能带来两个结果。如果一切顺利的话，对方也采取信任和合作的态度，那么双方之间就会产生一种和平的关系。在和平的前提下，双方可以共处，可以一起合作，一起进行劳动，甚至从事劳动分工，并且一起分享劳动成果。这种双方都决定合作的可能情景下，双方的受益一致，和平相处。然而，如果对方并不采取信任和合作的态度，决定保有自己的自然权利，去伤害这个人，去掠夺这个人拥有的财产甚至生命的话，那么这

个人最初做出的选择，去信任、去合作的决定，就会为这
个人带来极大的麻烦，甚至是生命的终结。换句话说，一
旦一个人在自然状态下做出信任对方、放弃自然权利的选
择，那么他就面临着两种可能的后果：第一，在理想的状
态下，他可能可以和对方和平相处，开始稳定繁荣的生
活；或者，如果事情不理想的话，他可能受到伤害，遭到
攻击，甚至失去生命。在这两种后果之间，如果说和平是
较可取的情况，那么死亡是绝对不可以接受的情况。而在
自然状态下的个人还可以有另外一个选择，就是选择不信
任或者不合作，或者按照霍布斯的说法，保有并且行使他
的自然权利。同样地，取决于对方的决定，这个选择也有
可能带来两个后果。如果对方选择信任合作，放下自己的
自然权利，那么这个原初选择不信任、采取敌对态度的人
就能够攫取对方所有的财物甚至生命，从而独自生存下
来，直到遇见自然状态下的下一个人，重新开始做一次选
择。第二种选择的另一种可能结果是遭遇到了另一个人也
选择不信任和不合作，保留自己的自然权利。在这种情况
下，两个同样选择不合作、不信任的人，在自然状态中遭
遇，都想要在这场遭遇中极尽可能地使用一切手段保障自
己的生存。在霍布斯看来，在这样的两个人之间将会永远
存在敌对的状态，或者说潜在的战争状态的。那么，当自
然状态下的人们看清楚了这两种选择，以及这两种选择可

能带来的四种结果，人们会做哪一种选择呢？

霍布斯认为，自然人的认知状态具备以下两个特征：第一，每一个自然人是自利的，而且这种自利最大、最重要的内容是自我保存，或者换句话说，免于突如其来的暴力死亡；第二，每一个自然人都拥有工具理性，也就是可以根据自己的最终目的来决定应该做的事情。这两个人性的特质结合在一起，就决定了在面临自然状态下的遭遇情景时，自然人必然会选择不合作、不信任的做法。因为，选择合作和信任的做法，虽然最好的结果是带来二者之间的和平，但是最坏的结果是自己生命和财物被掠夺。而选择不合作、不信任的做法，最好的结果是自我生命的绝对保全和生存资料的额外获得，最坏的结果是与对方陷入到永久战争之中。每个自然人，在霍布斯看来，最为关键和重要的是自我生命的保存。因此，自我财产和生命的被剥夺是从理性上看来无论如何也无法接受的结果。因此，选择合作或者信任是一个理性自利的人在自然状态下不会采取的决定，换句话说，在自然状态下，每个人和另外一个人遭遇都会选择不合作、不信任的态度。这样人和人之间永久的理性敌对状态让自然状态下的人永远处于战争状态，或者潜在的战争状态。而且这种战争是每个人和每个人之间的、无休无止的战争。这种状态使得任何人之间彼此相互离异、相互侵犯摧毁，在这种社会中，"产业是无法存在的，因为其成果不稳定。这样一来，举凡土地的栽培，航海，进口商品的运用，舒适的建筑，移动与卸除须费巨大力量的物体工具，地貌的知识，时间的记载，文艺，文学，社会等等都将不存在。最糟糕的是人们不断处于暴力死亡对恐惧和危险中，人的生活孤独，贫困，卑污，残忍而短寿"。

　　这样的凄惨卑微的自然状态，因为基本人性的恒久稳定，也会一直持续下去。对于每一个理性的自然人来说，这种人和人之间如狼似虎一般的永久战争状态，并不是最佳的选择，但的确是能在最大程度上规避暴力死亡风险的状态。说到这里，可以重温一下我们从开头想要论证的问题，以及霍布斯的处理方式，和到目前为止他已经完成的论证部分。霍布斯为自己在《利维坦》一书中所订立的任务是为一个绝对的国家主权提供合法性的论证。论证的程序将遵循反证法的逻辑。到目前为止，霍布斯关于自然状态的讨论其实是在论证反证法的第一步，也就是在向我们描绘一个国家政权不存在的生存状态。通过细致的讨论和描述，霍布斯让我们看到，在自然状态下，人和人之间必然存在这种永恒敌视和永恒战争的状态，而这种状态是我们不想要得到的。那么解决的办法是什么呢？究竟自然状态下的人如何能够脱离这种永恒战争的状态呢？在这个时候霍布斯就给出了他想要给出的答案，也就是绝对的国家主权是结束这种悲惨状态的解决方案；换句话说，自然状态下人与人之间的永久斗争只能通过第三者，也就是一个绝对的国家政权，来得到救赎。

我们再来看一下自然状态下的契约选择。为了促成人和人之间的和平状态，就意味着两个人都需要共同选择相互信任、共同合作。更准确地说，任何在做决定的一方都需要在确认对方会做出合作决定的前提下，也同时采取合作的态度。但是，在自然状态下，如果这个博弈仅仅是发生在两个自然人之间，他们没有任何理由，也没有任何保障去相信遭遇的另外一方会放弃自然权利。因此，双方的合作必须有第三种力量的介入，这种独立于博弈双方之外的力量，最重要的功能就是去保证任何一方在同意合作之后，都不能够毁约，不能背信弃义，在真正有所行为的时候必须服从契约，否则将施加巨大的惩罚机制。一旦这样的第三种力量成功建立起来，并且充分地履行这样的职责，那么订立契约的双方就有了充分的理由和动机，放弃自己的自然权利，寻求共存合作的关系。人和人之间的和平状态、社会秩序、道德规范也就都随之建立起来，并获得各自的有效性。这种保证社会契约顺利执行的力量，也就是主权国家。

在霍布斯看来，如果仔细反思这个主权国家确立的过程，我们就会得到下面的一些结论。首先，主权国家和它的公民之间并没有任何的合约关系。因为主权国家是一切契约获得其效力的根本，或者说任何有效的契约的基础是一个强有力的、能惩罚违约者的主权国家。在逻辑上和契约的执行上来说，主权国家的存在绝对优先于社会契约的存在，换句话说，如果没有主权国家的话，是不可能有社会契约的。这也就决定了主权国家不可能是签订契约的一方，因为主权国家是任何契约签订之所以可能的基础。如果要打个不精确的比方的话，签订合约的公民就像是参与一个比赛的选手，而主权国家是维持比赛秩序的裁判员。如果没有主权国家，一场比赛就不能公正地进行下去。但更为重要的是，主权国家，或者说裁判本身是不能够参与到比赛当中去的。用比较哲学化的话语来重复一下这个问题：我们说主权国家和公民在这里占据着不同的逻辑性和规范性上的位置，这里的不同位置是在层级上的不同，主权国家使得社会契约有了可能性，而进一步使得自然人变成社会公民有了可能性，主权国家和公民不是一个等级上的政治范畴。因此，契约并不发生在主权国家和公民之间，而仅仅发生在公民和公民之间。这一点对于主权的政治属性非常重要。因为主权是在社会契约之外，或者说在社会契约之上，在这个意义上，说主权做任何的事情都是不可能违背社会契约的，因为本身主权就没有参与到社会契约签订之中，因此也就不应该受到契约的限制。换句话说，主权的任何行为都谈不上违约。

这个特征为主权的行为和公民的行为的道德判断带来了巨大的不同。让我们回顾先前所说的自然状态。霍布斯认为，在自然状态当中，是没有善恶对错的，因为在自然状态当中，没有律法，没有立法者，因此也就没有合法或者不合法、应该或者不应该。人和人之间的社会契约一旦建立，社会的法律和规范也就因此建立起来。人和人之间的行为就有了合法不合法、违规不违规的问题。比如说，霍布斯就指出，一旦主权国家建立，如果其中有公民违背国家法律，其实就是违背了自己当初所同意的社会契约，因此也就做了违法的事情。但是主权作为一个在社会契约之外的主体，或者说主权作为使得立法可能的主体，本身不受到社会契约的控制，因此也不受国家法律社会规范的约束。简单一点说，主权的任何行为都称不上是违约的行为，因此也就不会有不合法行为，不会有不应该的行为。善恶对错这样的判断对于主权来说是无效的，因为主权本身是这些概念的起源，而主权的存在是这些概念获得效力的根本。说得再直白一点，主权的任何行为都是允许的，主权必须存在，不可以被侵犯、被挑战，甚至被推翻。同时主权的所作所为是谈不上对错的。

这样一来，一个绝对的、不受任何限制的、不允许质疑和挑战的主权国家就得到了辩护。那么霍布斯是怎么理解政治哲学传统上的公民不服从问题的呢？通常我们认为，当一个国家或者一个集体要求他的公民违背自己的良心和最基本的道德判断，强迫他们去做一些不应该做的事情的时候，公民是有权利不服从的。在霍布斯看来，公民不服从的权利是一个虚假的概念。因为一个社会的基本道德判断，或者说应该不应该的概念，在没有主权之前是不存在的。如果一个公民要出于这些原因来反抗主权，在霍布斯看来，他犯了一个逻辑上的错误。同时霍布斯还指出，在实践上这样的选择也是不明智的。我们来假设公民王小二因为某种原因，无论是道德原因也好，家族忠诚也好，宗教信仰也好，领导起义组织革命，反抗主权国家。霍布斯邀请我们来仔细看一看王小二此举将会让他自己陷入到一个什么样的境地。一旦王小二做出反抗主权的行为，也就直接导致他否定了自己在主权国家领导下的公民身份。一个放弃了国家公民身份的人会回到哪里呢？自然状态。王小二的起义和革命使他恢复了自然人的身份。而在这个新的自然状态当中，王小二所面对的另外一个人是庞大孔武有力的主权国家。因为回到自然状态当中，王小二和主权国家之间就不存在任何的法律规范、应该或者不应该。这个时候主权国家对于王小二采取任何的行为，都谈不上合法或者不合法、道德或者不道德、应该或者不应该。可想而知，在一个没有约束和规范的自然状态下，一个弱小的个人和一个强大无比的主权国家遭遇将会发生什么。但无论这个主权国家对于弱小的个人做什么，我们都没有办法在合理的意义上做任何评价。

如果来自公民个体的反抗、改变主权的尝试在霍布斯看来不值一提，那么，来自主权内部的不同意见呢？现代政治体制中很多国家都采取三权分立的方式，把执行不同政治职能的权力中心分立开来，让执法、立法和行政的权力部分相互制约，试图通过政治权力之间的监控和管制保持政治权力的廉洁公正。然而，在霍布斯看来，这样的做法十分危险。如果将一个绝对的国家主权分割，形成不同的权力中心，在这些不同的权力中心之间缺乏一个独立的、强大的、更高的力量，那么这些权力中心之间在出现冲突时就没有办法有效地达成契约，因此也就不可能达成和谐有效的合作。换句话说，这些权力中心之间的关系就像人和人在自然状态下的关系一样，它们之间也将会是永久的战争敌对状态，整个社会也会因为绝对主权国家里出现的权力分割而重新陷入到混乱的自然状态当中去。因此主权国家的权力是不能够受到限制的，也是不能够分割的。

到此为止，霍布斯已经完成了对国家主权的合法性做出的所有解释。他希望他的读者可以看到，如果我们想要避免人和人之间的永久战争敌对状态，必须引入一个强大的第三力量。而这个力量是不应该被挑战的、没有限制的、不可分割的绝对力量。任何的限制和分割都有可能让这个力量失去原本应该实现的功能，让公民社会重新回到混乱不堪的自然状态中。

我们可能对于霍布斯的理论抱有复杂的感情。一方面，我们可能会觉得他对于人性的理解虽然可能过于简单，却十分现实。此外我们也可能认为他对于人们从自然状态进入公民社会的契约过程推理比较严谨，他对于绝对主权的无保留捍卫却令人感到十分不安。我们究竟该如何评价霍布斯的这些观点呢？接下来我们来谈一谈霍布斯理论的一些特色、可能存在的问题和其他政治哲学家为我们提供的不同的社会契约路径。

首先霍布斯的政治理论呈现出了非常明显的现代性。这一点主要体现在他对于人性的理解上。通常我们说霍布斯的人性论是物质主义的，也就是说他十分关心人的生理和心理的一些特征对于人类行为的影响。这一点在当代哲学理解中习以为常，但是在四百年前的欧洲社会，在宗教神学大行其道的英国，霍布斯坚定的物质主义理解使得他的观点具有了相当大的前瞻性。霍布斯坚持认为，科学的办法是可以理解人的行为，而政治生活的构成就是人的行为，因此政治生活可以有一个科学的解释。这种对于政治理解方式的科学坚持使得霍布斯的政治理论呈现出现代政治理论的面貌。

其次，霍布斯对于政治目的的理解，也就是说对于国家主权和政府行为的目的的理解，也具有相当的现代性。在中世纪和启蒙之前，甚至是在古希腊，人们的政治生活总是被赋予了某种高尚和神圣的含义，人们认为政治生活的目的是向着好的、善的目标前进发展，而对于政治生活的安排和讨论往往开始于"什么是好的？""什么是善的？"这样一些讨论。哲学家们往往首先把握这些高层次的大问题，回过头来再去看怎样在这样一个大的框架下安排具体的个人需求和个人生活。而霍布斯的政治理论恰恰在讨论方向上做了一个反向性的思考。霍布斯认为政治的合法性首先是来自于对个人的情绪和需要上的满足。政治的合法性并不是来自于人们理性的对于政治价值的思考。我们回顾刚刚学到的内容，就会想起引发政治主权的最根本的动力是每个人对于因暴力引起的无故死亡的恐惧。这种恐惧说到底是一种感受和情绪，本身并不是理性的，或者是不需要经过理性思考就可以得到。这只是人这样一种存在物最直接、最本能的东西。而且恰恰是需要满足这种低级的本能的情绪和感受，人们才通过一系列的博弈和思考，理解了政治权利存在的必要。

最后，我们认为霍布斯的政治理论带有一些现实主义的意味，这和古典的浪漫主义也形成了鲜明的对比。霍布斯政治生活当中的个体并没有因为政治和社会的进步和发展就改变了人性，变得更好、更高尚、更道德。相反地，霍布斯政治哲学对于个人的期许总是最小化。霍布斯眼里的人，无论是在自然状态还是在政治社会中，仅仅是自利和理性的。换句话说，只要每个人能在自己的心中找到自我保存的欲望和理性计算的能力，这个人在霍布斯看来就是一个合格的政治人。他不需要道德操守或者高尚的理想，他也不需要有传统的美德和人生梦想。仅仅借助于最本原的能力和智力，霍布斯依然可以为我们解释为什么政治秩序可以在这样一群最原初的人当中生发出来，为什么人和人之间的合作和和谐共处依然可能。也就是说霍布斯用了最少量、最现实，甚至有些悲观的前提，依然给出了一个我们需要得到的解释。

有的批评家可能会指出，霍布斯的理论虽然说明了主权国家存在的必要性，却没有办法向我们解释在一群自私自利的人当中，主权国家是如何产生的。换句话说，如果霍布斯关于人性的理解是正确的话，那么在一群狼当中，怎么样就突然产生了一股第三方的、超越狼群之上的、强大的绝对力量？霍布斯的理论似乎没有办法解释这一点。霍布斯对于这样一个批评有自己的回答。首先，他再次强调，整个从自然状态到公民社会的过程仅仅只是一个思想实验。他从来没有在任何的著作里说这个过程是一个历史事实。其次，霍布斯强调的是对于主权的辩护而不是解释。也就是说他要做的仅仅是向我们证明绝对主权的必要性，而不一定要说明主权是从哪里来的，是如何一步一步被建成的。他的论点，具体一点来说是，"没有主权是不行的"。说句可能不恰当的话，霍布斯整个对于主权的合法性辩解其实是对于臣民的一次勒索，它的有效性建立在向公民说明不服从主权的后果的基础上。根据霍布斯的理论，不服从主权将必然带来自然状态当中的混乱和战争，而这是我们不可承担的后果，因此我们最好不要去挑战或者反对主权。这才是霍布斯主权辩护理论背后的逻辑。也就是说，从一开始霍布斯就不打算为我们提供一个真实的、有关历史形成的故事，而是希望通过一个难以令人接受的假想性的后果，让我们看到主权的必要性和合法性。

那么霍布斯的理论究竟有什么问题呢？难道我们在自由和政治稳定之间必须要做出二选一的选择吗？到底有没有其他的可替代的理论能够有效地解释国家的合法性呢？看看同样身为英国人的政治哲学家约翰·洛克的说法。洛克作为一个社会契约论者就同样有一套关于自然状态的理论。洛克认为人和人之间的关系在自然状态当中，并不像霍布斯所想象的那样惨烈。这是因为在洛克看来，人在自然状态中就有着天然的道德感和正义感。人的自然状态并不是无法无天的状态，即使没有政府，人们也还是遵循着自己理解的自然的正义和道德来为人处世。我们来设想一下，一群完全陌生的人一起来到一个荒岛，在没有领导人、没有法律、没有政府、没有军队的情况下，人们还是会追寻一些最基本的政治原则和道德判断。譬如，如果一个强大的人无故地欺负一个弱小的人，或者一个懒惰的人窃取了其他人的劳动成果，这样的行为都会被这一群人自然而然地认为是不可取的，或者是需要惩罚的。在条件允许的情况下，人们甚至有可能牺牲自己的利益去帮助他人。在自然状态当中，洛克和霍布斯一样，认为人拥有自由平等。但是他对于自由和平等的理解与霍布斯大不相同。洛克指出，自由并不是为所欲为，也不仅仅是没有阻碍和控制。自由是顺应自然法则去做的一种能力。或者说，自由是去做我们能够做的事和我们应该做的事。平等在洛克看来不是一个社会动荡的来源，而是人和人之间天生就应该具有的关系，谁也不是天生就低人一等的，谁也不可能生来就高高在上。平等是我们应该尊重的自然法则中的原则。在自然状态中的自由、平等和自然法赋予了人们天生的自然权利，这些权利包括生命权、健康权、财产权等。这些权利的获得并不是来自于任何政府或者国家的批准和给予，而是人天生具有的人之为人的根本权利。任何一个国家或者他人必须尊重这些自然权利，不得任意地掠夺，否则就是不合法和不正义的。这里的法律是自然法，这里的正义也是人类社会天生就具有的正义价值。

一个国家或者政府在这样的情况下之所以被建立起来，仅仅是为了更好地、更加有效地执行正义的自然法，更好地发扬和彰显人类基本的良心和道德。用洛克的话说，国家和政府的合法性在于，它们是否能够更好地保护人们的自然权利、更好地执行自然法则。而一旦一个国家或者政府没有做到这一点，这个国家的公民就有理由也有义务起来改变自己的国家政治，或者说退出社会契约，离开这个国家，拒绝成为它的一部分。换句话说，公民可以出于自己的道德良心、自由和正义等原则对一个国家制度提出挑战和改变的要求。而一个国家也必须真真正正地为了保护公民的利益，根据正义的原则来制定法律、行使权力。

洛克的政治理论与我们当代政治哲学当中对于国家合法性、平等和自由的观念更为相近，甚至令人熟悉得都有几分像是基本常识。但是我们希望通过对于政治哲学史的系统了解和反思，认识到每一个我们现在习以为常的政治概念或者理论，背后都有着漫长的历史发展背景和各种各样的争论。仅仅知道一个政治哲学家都有什么样的观点，可以算得上政治哲学学习中最不重要的部分。重要的是去看到每一个哲学家论点背后的理由和推理，看到他们的争论和不同，理解那些我们当代已经习以为常的政治价值判断都是如何在漫长的历史中、在无数的争论和分歧中，最后获得了现有的价值和认可的。"法律面前人人平等"，"取之于民用之于民"等听上去有几分陈词滥调的政治法律原则背后，都曾在政治哲学史上历经艰难跋涉，最终获得深刻的含义和今天的地位。而且，它们也将随着人类政治文明的不断进步，获得更多的反思，甚至是改进。

政治哲学就像所有其他的哲学一样，并不是一个向大家提供答案的学科。政治哲学希望大家学习到的是每一种思想、每一种意识形态背后所考虑到的问题，整个的推理过程、来源及其发展，以及和它相关的，甚至是相互竞争的其他说法。我们最终希望，通过对政治哲学的学习、不同观点的比较和思考，最终形成自己的判断分析，深刻理解到各种不同说法背后的合理性和问题，最后能够将这样的能力反过来应用到对于真正的政治社会现状的理解当中，同时能够获得更为理性的、多方面的、平衡的、成熟的思考。

第 十 一 讲

启蒙与自由

韩东晖

一、开场白

恩格斯在《反杜林论》中谈到 18 世纪的法国启蒙思想家时，说他们——

不承认任何外界的权威，不管这种权威是什么样的。宗教、自然观、社会、国家制度，一切都受到了最无情的批判。一切都必须在理性的法庭面前为自己的存在作辩护或者放弃存在的权利。思维着的知性成了衡量一切的唯一尺度。……以往的一切社会形式和国家形式、一切传统观念，都被当作不合理性的东西扔到垃圾堆里去了。到现在为止，世界所遵循的只是一些成见，过去的一切只值得怜悯和鄙视。只是现在阳光才照射出来。从今以后，迷信、非正义、特权和压迫，必将为永恒的真理、永恒的正义、基于自然的平等和不可剥夺的人权所取代。

"现在阳光才照射出来"，这是一句与光照有关的隐喻。古人用光象征智慧，法国启蒙思想家则借用"光明"（les Lumières）一词表达"启蒙"的理念，表示人人皆有权拥有光明，皆可启蒙；英文中的"启蒙"（Enlightenment），德语中的"启蒙"（Aufklärung），西班牙语中的"启蒙"（ilustración）等欧洲语汇皆与"光明"相关。恩格斯对启蒙思想家的刻画也正是对启蒙精神的描绘。

英国诗人亚历山大·蒲柏（Alexander Pope）曾为牛顿拟好了墓志铭：

Nature, and Nature's law lay hid in night;（自然和自然的法则隐于黑暗；）

God said, Let Newton be! And all was light.（上帝说，让牛顿出现！于是一切都显于光明。）

这个墓志铭对牛顿的颂扬可谓无以复加。因为在蒲柏看来，自然虽是"巨大的迷宫，但并不缺乏规划"。牛顿探索出宇宙的规划、运动的奥秘，这是科学研究和理性精神的伟大成果。正如洛克所言，理性仿佛是"上帝亲手植入人心智中的蜡烛，无论是人的气息还是权力都无法熄灭这盏烛光"。启蒙就是用光明驱散黑暗，用理性取代偏见，用知识照亮无知，用自由解放枷锁。启蒙就是理性之光的照明，也是理性自身的反思、批判和重建，因此是通往光明的必由之路。

二、启蒙释义

启蒙是一个复杂的概念，启蒙运动也是毁誉不一的历史进程。我们可以在《启蒙运动百科全书》中浏览启蒙的全貌，也可以在《什么是启蒙——十八世纪的回答与二十世纪的问题》一书中阅读历史文献和当代反思。不过在这

里，我们不会涉及关于复杂的理论争论，只是力图勾勒出启蒙的核心理念。

启蒙是一个历史概念、哲学概念和宗教概念。

启蒙首先是一个历史概念，多指17、18世纪欧洲社会发展过程中的一系列涉及思想解放、知识积累、自我理解的重大事件，遍及政治、经济和宗教斗争方方面面的复杂历史进程。它发生于欧洲多个国家（法国、荷兰、英国、普鲁士、意大利等），涵盖了多个领域、多个层次的现代性进程，因此被冠以"启蒙运动"，这一时期也被称为"启蒙时代"，因其以弘扬理性为本质特征，这也是一个"理性的时代"。其中最著名的是法国的启蒙运动、苏格兰启蒙运动和相伴产生的一大批启蒙思想家，如英国的霍布斯、洛克、休谟，法国的伏尔泰、孟德斯鸠、狄德罗、达朗贝尔等人。法国启蒙运动是法国大革命的思想先导。

启蒙的时代不仅仅是政治斗争、经济进步和技术革命所推进的，更是由理念来推动、由理论来总结的。因此，启蒙不仅仅是历史概念，它逐渐沉淀为哲学概念，无论是在欧洲还是后来的中国，启蒙都成为重要的话题。启蒙所涉及的观念、类型和理论，是我们需要关注的。各种观点可以归结为对一个核心问题的回答：什么是启蒙？这个问题可以分解为：为什么要启蒙？谁来启蒙？用什么来启蒙？诸如此类的哲学追问。

启蒙也是一个宗教概念。在基督教等宗教中，Enlightenment 指精神之光的启迪；在佛教中，有时候用 Enlightenment 来翻译"觉"和"悟"，"佛"就是"觉者"，自我开悟的人。

我们关注的自然是作为哲学概念的启蒙，但哲学概念也不能脱离其历史语境，历史事实是哲学概念的地基。

我们要讲的这个主题，大家可能比较陌生，因为大家刚刚结束了高中阶段的灌输式应试教育，刚刚来到大学学习"大学问"。大家要做的第一件事就是要解放思想、自我启蒙，逐渐改变高中阶段形成的思维定式、思维习惯，质疑"深信不疑"或"不屑一顾"这两种哲学态度。不屑一顾的思想冷漠与深信不疑的思想独断是两个极端，但其结果是差不多的，缺乏批判性思维的心灵最终会被糟糕的哲学所占据。

为了避免抽象地谈论启蒙，我们可以看看那些耳熟能详的启蒙观念：

理性、进步、批判

自由、平等、博爱

人性、幸福、可完善性

自然法（natural law）、自然权利（natural right）

教化、民主、分权

宗教宽容、政教分离

第一组观念是启蒙运动这样一个理性的时代最鲜明的特征。例如，进步史观并不是自然而然、自古就有的历史观，其普及是启蒙运动的产物。实际上，在人类的历史上，大多数时代的历史观为"退步史观"。无论是古希腊人的黄金、白银、青铜和黑铁四个逐级退步的时代，还是中国古代所谓"太平世"、"升平世"、"据乱世"，时代都不是在进步，而是在倒退。中国儒家知识分子心目中，三皇五帝、尧舜禹汤的时代是最好的，到了春秋战国就礼崩乐坏了。启蒙运动的历史观不是后退的、倒退的，也不是循环的、轮回的，而是进步的。这种历史观有时候被指责为历史决定论、线性历史观，是盲目的乐观主义。这些指责有其道理，但并不意味着进步史观不能为自己辩护。

第二组观念，自由、平等、博爱，作为法国大革命的口号而为世人所熟知、所肯定，当然其内涵需要澄清。

第三组观念，人性、幸福、可完善性，凭借自身的努力，凭借恰当的教育，人性是可完善的，世俗的幸福是可实现的，人作为理性的动物可以通过教化达到完善的程度。

自然法和自然权利的观念是近代政治哲学的基础。民主和分权是现代政治制度的重要支撑。宗教宽容、政教分离是实现宗教和解的重要途径。

以上观念，尽管其内涵还有待进一步澄清，但基本上是当代人总体上接受的普遍的价值和共同的信念。这是人类几千年思想演进的结晶，是引导当代人生存和发展的启蒙观念，是我们应当珍视的。不能因为启蒙运动、启蒙思想中的某些缺陷就否定整个启蒙规划，特别是无视启蒙规划中的自我反思、自我批判精神。有人指责启蒙运动对思想解放和政治解放的要求，凭借的是傲慢而虚假的借口，有人把启蒙思想还原为实证主义的独断论，把启蒙理性降格为工具理性，有人指责"文化大革命"是"激进的启蒙德性彻底摧毁自然德性"的结果，等等，这些都是对启蒙运动和启蒙思想的错误理解。我赞成美国哲学家艾伦·伍德的观点："我们应该把我们自己视为启蒙运动的继承人，并因此应对启蒙运动形成统一的理解，将其纳入自我认识的核心部分。"

三、启蒙的类型

在这里，我不打算深入考察欧洲启蒙运动的各种类型，反倒是想从中国视角出发，从启蒙与中国的关联出发，阐发我们关注的主题。为此，我把启蒙简单分为内生的（endogenous）和比附的（analogous）两种类型。"内生的（endogenous）"是一个植物学术语，强调内生性、原发性。"比附的"则是一种 forced analogy，是后发型启蒙对内生原发型启蒙的仿效、比照和嫁接。我把欧洲的启蒙运动称之为内生的，启蒙运动是欧洲历史中的自然历史进程；同时把中国的启蒙运动称之为比附的，但这里并无丝毫褒贬之意，亦非厚此薄彼。

启蒙运动是欧洲历史中的事件，而"什么是启蒙"的争论则是独一无二的德国风。法国启蒙哲学家和英国的道德学家都不像他们的德国同行那样关心什么是启蒙的问题。在中国，自近代以来，"如何启蒙大众"的问题就远比"什么是启蒙"重要，因为睁眼看世界、寻求富强的"先知先觉"们逐渐认识到，西方文明就是启蒙的典范。

可是，这种典范性究竟是怎样的呢？笼统地说效法西方、全盘西化会模糊我们的视野。我们也用一个典范性的例子来说明这一点，这就是五四运动。

在当代中国人的心目中，五四运动是中国近现代史中启蒙的典范。但从历史角度看，五四运动能够成为启蒙的典范，却经历了复杂的过程。五四运动就其广义而言，与20世纪初的新文化运动密不可分。因此五四运动和新文化运动，最初被比附为欧洲的文艺复兴。

胡适博士就在周游英国演讲中，将五四运动比附为欧洲的文艺复兴、人文主义运动，当然言外之意是他自己就是中国文艺复兴的领袖人物、"中国文艺复兴之父"。与此同时，在胡适对五四运动的文艺复兴性质的界定中，也赋予了启蒙精神的内涵，即"它是理性对抗传统、自由对抗权威，以及颂扬生命和人的价值以对抗压迫的一种运动"。我们将胡适的态度称为自由主义观。

鲁迅也是新文化运动的重要代表，他对五四运动持启蒙主义观。在著名的"《呐喊》自序"中，鲁迅解释了弃医从文、从拯救肉体到改变精神的原因。"这一学年没有完毕，我已经到了东京了，因为从那一回以后，我便觉得医学并非一件紧要事，凡是愚弱的国民，即使体格如何健全，如何茁壮，也只能做毫无意义的示众的材料和看客，病死多少是不必以为不幸的。所以我们的第一要著，是在改变他们的精神，而善于改变精神的是，我那时以为当然要推文艺，于是想提倡文艺运动了。"（《鲁迅全集》第一卷，人民文学出版社2005年版，第439页）从体格到灵魂，这一关注点的变化，可以与晚清保守派曾廉的"言器、言制、言教"的三阶段论相类比，其落脚点在于"文艺运动"。更富有启蒙意味的是所谓"铁屋中的呐喊"，呐喊出绝望中的希望。"假如一间铁屋子，是绝无窗户而万难破毁的，里面有许多熟睡的人们，不久都要闷死了，然而是从昏睡入死灭，并不感到就死的悲哀。现在你大嚷起来，惊起了较为清醒的几个人，使这不幸的少数者来受无可挽救的临终的苦楚，你倒以为对得起他们么？""然而几个人既然起来，你不能说决没有毁坏这铁屋的希望。"（《鲁迅全集》第一卷，人民文学出版社2005年版，第411页）鲁迅一直认同这种"启蒙主义"：文学必须是"为人生"，而且要改良这人生。他同时说："因为所求的作品是叫喊和反抗，势必至于倾向了东欧，因此所看的俄国，波兰以及巴尔干诸小国作家的东西就特别多。"鲁迅对苏联也是有好感的，以致接受了帝国主义（及其奴才）与苏联的二分法。我们把鲁迅的态度称之为启蒙主义观，这种左翼观点的思想资源与持右翼观点的自由主义观大相异趣。

　　五四运动留下的"民主"和"科学"的旗帜，以及"爱国主义"和左派政治话语中的"反帝反封建"精神，赋予中国式启蒙以明确的内涵。最终将五四运动作为启蒙运动确定下来并深入人心的，却是另一场所谓"启蒙运动"，这就是1936—1938年在北平由中共北方局领导的"新启蒙运动"，主要代表人物是陈伯达、张申府等中共地下党员和左翼文化人士。"新启蒙运动"的目的是在文化思想上建立抗日联合统一战线。它将五四运动视为"旧启蒙运动"，借五四运动之名提升自己的历史意义，也有与蒋介石倡导的新生活运动分庭抗礼之意，当然也就遭到"反新启蒙运动"的阻击。何干之撰写了《中国近代启蒙运动》，为后来的启蒙史观奠定了基础。而在此之前，"启蒙"一词更多地用其本义，即"发蒙儿童"、"入门教育"，以及用以翻译欧洲启蒙运动的 Enlightenment 一词，并不经常用来表示近代以来中国人的思想觉醒和反传统精神。而在 1935 年之后，"启蒙"一词的文化解放——思想批判的含义被广泛使用①。我们把这种革命观点称之为启蒙运动革命观或政治启蒙观。

上述考察表明，不同的政治立场，对五四运动的启蒙运动地位的评价有显著差异。尽管我们可以认为"启蒙"事实上是中国近现代史的关键性主题，但在概念上得到明确界定和广泛运用，却是较晚的事情，而且它自始至终就与关于"爱国"、"救亡"等富有中国特色的各类政治话语紧密相联。启蒙是救亡的重要手段，救亡是启蒙的重要主题。问题并不在于救亡压倒了启蒙，而是启蒙这个概念的广泛使用，从一开始就是特定的政治话语。

在这个意义上，我们把近代中国的启蒙运动观称为比附式的启蒙运动观。自由主义者将中国的启蒙规划视为带有启蒙精神色彩的文艺复兴，左翼知识分子如鲁迅则将中国的启蒙规划视为启蒙主义的精神改造和反抗压

---

① 这个结论基于对上海图书馆全国报刊全文索引和大成老旧刊全文数据库的主题检索。

迫的文化觉醒，激进左翼和革命知识分子则利用启蒙运动的革命色彩、历史进步意味，将其作为政治革命规划中的文化手段，促进了马克思主义的传播。这种比附的（forced analogy）乃至工具性的启蒙运动，与内生的（endogenous）启蒙运动存在着明显差异，如同中国近现代的现代化进程实际上也是效法西方或被认为是遵从历史规律的效仿性现代化（imitative modernization）。

今天中国人对于欧洲启蒙运动和启蒙精神的一般理解，从价值观上以自由、平等、博爱为口号，在政治制度上以民主为圭臬，在历史观上以进步史观为主导，在哲学上则以理性精神、批判意识为核心。今日中国人对以五四运动为代表的启蒙精神则关注爱国、反抗（反传统、反不平等）、科学、民主这四个核心方面。中国 20 世纪 80 年代兴起的文化热，在相当大的程度上呼应了上述对欧洲启蒙运动的理解，接续五四精神的火炬。此后十年，也就是 20 世纪 90 年代的中国知识分子，逐渐沦落为犬儒主义者。一个幽灵，后现代主义的幽灵在中国徘徊。刚刚从现代化中尝到甜头的中国人却像西方人那样苦大仇深地反思起现代性的误区、启蒙的迷雾，在后现代主义的新怀疑论和新智者运动中狂欢。自此以后，启蒙不再成为中国知识分子孜孜以求的理想。启蒙的规划几成过时的思想史的研究对象。谁有资格来启蒙？拿什么来启蒙？当代中国的各种社会思潮之间的相互碰撞、激荡，能否在学术的和平等的背景下展开，能否导向中国式的内生性启蒙。这就是问题所在。

四、回答一个问题：什么是启蒙？

最后，也是最重要的，我们要追随康德的思路，回答"什么是启蒙？"的问题。康德的观点是对启蒙的哲学解答，也是启蒙运动之启蒙观的高峰。

在18世纪的欧洲，学者们关于启蒙的争论已经相当热烈，例如"启蒙会不会导致革命"就是一个重要问题。而"什么是启蒙"的问题同样引人注目。《柏林月刊》刊登了门德尔松和康德的两篇文章——《回答一个问题：什么是启蒙》。

> 启蒙与文化相联系，就像理论与实践相联系，知识与伦理相联系，批评与艺术鉴赏力相联系……
> 纽伦堡人更有文化，柏林人更加启蒙；法国人更有文化，英国人更加启蒙；中国人更有文化，但是不太启蒙。希腊人既有文化，又有启蒙。他们都是有教养的民族，就像他们的语言都是有教养的语言一样。总的来说，一个民族的语言就是它的教育、文化和启蒙的最好标记，在广度和深度上都是这样。

门德尔松的说法虽然机智，但深度似乎不足。相比之下康德的文章则如黄钟大吕，振聋发聩。

在康德的短文中，康德给出了"启蒙"的经典定义：

> 启蒙就是人从他咎由自取的受监护状态走出。受监护状态就是没有他人的指导就不能使用自己的理智。如果这种受监护状态的原因不在于缺乏理智，而在于缺乏无须他人指导而使用自己的理智的决心和勇气，则它就是咎由自取的。因此，Sapere aude [要敢于认识]！要有勇气使用你自己的理智！这就是启蒙的格言。

"受监护状态"也就是"不成熟状态"、"未成年状态"，不是身体的，而是心智的，不是缺乏心智，而是能否运用心智，其关键在于是否有勇气和决心使用自己的理智，确定"自己思维"的原则，也就是"公众给自己启蒙"。这之所以成为一个问题，是因为我们习惯于接受别人的引导，习惯于挂着别人的拐杖行走，一个人是这样，一个民族、一个国家也有这样的问题。所以康德说要敢于认识，Sapere aude，这句拉丁文是罗马诗人贺拉斯的诗，翻译成英文是 dare to know。因此我们看到，康德对启蒙的解说，非常不同于门德尔松，也不同于前面我们提到的启蒙的各种观念。也就是说，康德抓住的是一个总的观念，是理性自身的勇气和力量，使之能够产生各种合理的观念。我们每一个人自然都是理性共和国中的成员。但也有人会说，我缺乏这种勇气，更愿意在别人的指导下，亦步亦趋、安安稳稳地生活和选择，不愿意冒险，不愿意做出理性认为正确但遭到世俗偏见所反对的选择。康德会认为这是人之常情，否则人类也就不需要启蒙。启蒙不可能通过外力强加，也不能通过暴力手段实现。

启蒙必定是艰难的，而且不是一蹴而就的。启蒙只能是渐进的——

公众只能逐渐地达到启蒙。通过一场革命，也许将摆脱个人的独裁和利欲熏心的或者惟重权势的压迫，却绝不会实现思维方式的真正改革；而是无论新的成见还是旧的成见都成为无思想的广大群众的学步带。

康德是不主张为启蒙而进行政治革命的，因为政治革命会带来变化，思维方式的变革却不会同步。事实上，最难以改变的就是每个人的思想和思维惯性，无论是平常百姓、政治人物，还是哲学家、科学家，都难以走出弗兰西斯·培根所谓自己的"洞穴假相"，江山易改，习惯难移。

一个人不碰得头破血流、不撞南墙，很难觉察到自己的错误，改变自己的心意。所以真正的启蒙是自我启蒙，要对自身有所批判；唯其如此，才能确立起勇气和信心。

那么，渐进式启蒙的途径是怎样的呢？最需要什么呢？自由。康德明确把启蒙与自由关联起来：

　　这种启蒙所需要的无非是自由；确切地说，是在一切只要能够叫做自由的东西中最无害的自由，亦即在一切事物中公开地运用自己的理性的自由。……我把对其理性的公开运用理解为某人作为学者在读者世界的全体公众面前所做的那种运用。至于他在某个委托给他的公民岗位或者职位上对其理性可以做的那种运用，我称之为私人运用。

我们看到，康德在这里首先强调启蒙在主题、议题、对象和结果上的普遍性：每一个有勇气使用自身理性的人，针对一切事物，面向全体公众，而不是小圈子里的人，使人们得到普遍启蒙。

其次是理性运用上的条件：每个人必须作为学者运用理性，这样就排除了基于教派、阶层、私利和意见的立场；反过来，作为学者的人恰恰享有了"充分的自由甚至天职"，"通过著作对真正的公众亦即世界说话"而不受自身职位的限制。这种运用不是发表个人的感受、意见，纯属自己的想法，而是要作为学者说话，这是一个很高的专业性要求。它排除了一种严重的威胁：不可能以个人的表达自由为名义去诽谤别人、攻击别人、捏造事实，必须像学者那样有理有据、有根有据，说真话、实事求是。这也就是大学里面为什么最需要有学术自由、为什么最有可能具有学术自由的理论依据。但大学的学术自由与大学之外的学术自由并没有本质的差别。当年威廉·洪堡建立柏林大学的时候，强调了研究型大学的两个基本原则，至今仍为各国研究型大学所秉持，其一是教学与科研均服务于学术、统一于非功利性的学术，大学教师和学生都是围绕高深的学术研究展开的，其二就是学术自由。这两个原则实际上也是对康德的继承。

再次是理性运用的公开性：公开运用虽然是与私人运用相对而言的，其意义却是最为重要的，因为唯有公开运用，才能"敞开自由地朝此努力的领域"，生活在虽然还不是"已启蒙的时代"，却是一个"启蒙的时代"。

自由是康德哲学的拱顶石。自由与启蒙、知识有本质的联系。在《实践理性批判》的结束语中，康德说：

　　有两样东西，越是经常而持久地对它们进行反复思考，它们就越是使心灵充满常新而日益增长的惊赞和敬畏：我头上的星空和我心中的道德法则。

　　星空意味着我们对知识的探求，对知识的确定性的追求；而道德法则意味着我们作为有理性的人的自律、自主和自由。而这种惊赞和敬畏意味着我们能够把对知识的追求和对自由的追求，统一于给我们带来审美愉悦的境界。这句话可以视为对康德批判哲学最精练的概括。

　　在康德的第一批判《纯粹理性批判》的最后部分，当讨论"纯粹理性在其争辩应用方面的训练"时，康德突然一反晦涩繁复的论证，以滔滔雄辩为理性批判的自由做辩护，把纯粹理性的批判视为纯粹理性一切争辩的真正法庭：

　　　　属于这种自由的，还有公开地展示自己的思想和自己不能解决的怀疑以供评判、而不会因此被人骂成不安分守己的危险公民的自由。这已经包含在人类理性的源始权利之中，除了本身又是每一个人都在其中有发言权的普遍人类理性之外，人类理性不承认任何别的法官；而既然我们的状态能够获得的一切改进都必须来自这种普遍的人类理性，所以这样一种权利就是神圣的、不可侵犯的。

就理性的运用而言，启蒙唤起理性的勇气，这只是"成己"的第一步，更重要的一步是理性的自身批判。康德在《判断力批判》的一个脚注中，似乎将这种批判称之为"真正的启蒙"：

> 因为以自己的理性不是被动地，而是任何时候都自己为自己立法，这对于只想适合于自己的根本目的而不要求知道超出自己知性的东西的人来说，虽然是某种十分容易的事情；但既然追求后者的努力几乎是不可防止的，而且这在其他那些以诸多信心许诺能够满足这种求知欲的人那里是永远也不缺少的：所以，要在思维方式中（尤其是在公共的思维方式中）保持或者确立这种纯然否定的东西（它构成真正的启蒙），必定是很困难的。

我想，康德式的启蒙观是当代中国最需要也最可能的启蒙观。它不是用成见来培育成见，用成见来遏制成见，而是针对着当代中国最为缺乏的精神去培养启蒙的精神：运用自身理性的勇气、公开运用理性的自由和以学者的身份、专业性敢于面对真相倡导公论的精神。这三点是我们每一个人，特别是每一个富有学者使命、启蒙意识的个体所努力追求的。当然我们可能很难做到，或者只能做到很小的一部分，即便如此，也是值得我们追求的。

在一定程度上，我们可以把这种追求概括为"讲真话"的实践。当然，讲真话同样也很困难，这是一个重要的哲学问题。法国哲学家福柯在晚年特别关注讲真话的问题。讲真话是一种重要的政治实践。真诚、真话、真相是构造我们生活世界的基础，一句假话需要十句、百句假话来遮掩，虽然有人说谎言重复一万遍就是真理，但谎言终究是假的，历史终究会把真相揭示出来，揭示真相是人的禀赋。而人们对讲真话、敢于揭示真相的人总是抱有感念和敬佩的态度。《中庸》云：诚者天之道也；思诚者人之道也；不诚无物。"诚"至少有一个意思，就是真诚、是讲真话。要讲真话，就要有让自己信服的过程，要有让自己在理性的层次上理解真实的东西，理解真相和知识的过程，然后还要有勇气将其作为学术问题去探讨。所谓学术问题，要求不能出自个人偏见，而是要有根有据、有的放矢地表达。这种讲真话的态度，我认为是启蒙精神的特点，也是每个人真正获得内心自由的关键。实事求是，也就是明真相、讲真话，是事实与价值的统一。

当代中国已经具备了哲学启蒙的和平环境、物质条件和思想资源。在中国共产党十八届三中全会上再次启动了深化改革的步伐，重启了现代化进程，要建立现代国家治理模式、现代大学制度等。我们需要的是敢于运用理性的勇气、开放平和的胸怀和自我反思的批判能力。以此为基础，当代中国的启蒙有可能从比附型走向内生型。

启蒙者能自主，因此启蒙即自由。

第 十 二 讲

知识、权力与主体：福柯哲学导论

张　旭

一门哲学入门课的当代哲学部分，当以福柯哲学作为入门的导论，因为按照当年巴黎高师的校长伊波利特的话说，福柯就是"当代哲学的化身"。

一、福柯是谁？

福柯（Michel Foucault，1926—1984），与德里达、德勒兹三人一起同为 20 世纪下半叶法国哲学黄金时代的象征性人物。福柯生于法国西南部小城普瓦捷，1945 年去巴黎参加巴黎高师入学考试，次年进入高师学习哲学，

福柯（1926—1984 年）

受教于梅洛－庞蒂、伊波利特、康吉兰、阿尔都塞等人。
50 年代福柯对心理学和精神病十分感兴趣，1954 年发表
第一本著作《精神疾病与人格》，1962 年改名为《精神疾
病与心理学》，同年又发表瑞士存在主义精神分析学家宾
斯万格的著作《梦与生存》的法译本，1960 年出版长篇
巨著《古典时代疯狂史》一举成名，其缩写本为《疯癫
与文明》，1963 年又出版其姊妹篇《临床医学的诞生》。
1966 年福柯出版《词与物：人文科学考古学》，英译本名
为《事物的秩序》，与列维－斯特劳斯、拉康、阿尔都塞、
巴特一起成为法国结构主义运动的领军人物。70 年代福
柯转向权力谱系学研究，出版了《规训与惩罚：监狱的诞
生》（1975）和《性史》（第一卷），中译本译成《性经验

史》书名有误。1984年福柯出版了《性史》（第二、三卷），同年因艾滋病英年早逝。关于福柯的生平可以看福柯生前授权的标准传记埃里蓬的《权力与反抗：福柯传》（北京大学出版社1997年版）。

1984年福柯身为象征着法国最高学术地位的法兰西学院院士去世时，已被法国人公认为"当代最伟大的哲学家"。巴黎高师的校长让·伊波利特曾称福柯是"当代哲学的化身"。费雷和雷诺称其为"法兰西的尼采"。他以其思想史与社会史上的洞见，深刻影响了后结构主义、后现代主义、萨义德的后殖民主义、格林布拉特等人的新历史主义、戴维斯和林·亨特等人的新文化史、保罗·韦纳的历史学、阿甘本的"生命政治"、社会理论、空间理论、文化批判、艺术批评、莱恩和库珀的反精神病学、身体理论、女性主义等各种时代思潮。福柯对中国学界也有不小的影响，其生前发表的著作均已译成中文。如果我们对当今西方学界的精神状况和当代学术研究前沿做一个遍览的话，会看到当今西方学界各个领域很少有未受到福柯深刻影响的。正因为如此，哈贝马斯称福柯是对20世纪下半叶的时代精神影响最大的哲学家。

二、知识考古学

福柯在20世纪60年代以其"知识考古学"以及话语

分析而一举成名。"知识考古学"比较接近于一般的思想史范畴，福柯在法兰西学院的正式头衔也是"思想史教授"。"思想史"是福柯从事哲学的基本形式。他一生从未做过纯粹的"学院哲学"，也很少探讨经典哲学家的哲学学说。这可能是因为他深刻意识到，我们的时代自从尼采和海德格尔以来，就不再是一个思想体系的时代，而是一个解释与批判的时代，因此，较为适宜的从事哲学的方式是非体系化的解释学与解构的方式，去反思和检讨西方思想史和社会史上的那些基本的观念。思想史和社会史的方式反而成了他尝试打破学院哲学的学科界限的努力。

福柯的"思想史"研究方式与一般的思想史研究大相径庭。他的思想史研究是在尼采的探索精神指引下对人文科学的知识构成和话语实践进行"知识考古学批判"和"权力谱系学批判"。他的"知识考古学"将思想史中的观念和科学知识视为复杂的知识结构与话语实践的效果和产物，这种话语分析的方法对我们时代的文化批评、知识社会学和后殖民主义等思潮产生了深远影响。福柯"权力谱系学"的方法极大程度地拓展了"知识考古学"方法的应用范围，将"思想史"与"社会史"和"文化史"结合起来，从话语实践的外部性去探究知识构成、话语秩序和真理游戏的权力—知识关系，彻底颠覆了一般"思想史"研究的基本范式，对权力分析、社会理论、新历史主义和新文化史等都产生了巨大的影响，在一定程度上成为替代马克思主义的阶级分析和意识形态理论的新方法。

福柯的"知识考古学"和"权力谱系学"，从不像其他结构主义者那样相信话语的自足以及知识的内部本质结构的优先性；它也从不像解释学那样试图发掘什么深层含义——无论是性本能、经济基础、生命，还是意义、能指链、象征体系。福柯的"知识考古学"和"权力谱系学"也不像哈贝马斯的批判理论那样试图创建语用学的规范或审议民主的规范。福柯从未迷恋过那些东西。这与他的尼采主义的立场密不可分。从尼采的谱系学立场出发，福柯致力于对真理游戏的话语构成的非连续性的描述分析，致力于对施加于身体之上的权力—知识关系的批判性分析，致力于将人或主体性视为被全面治理的赤裸生命和欲望之人的治理技术的分析，最终从"权力—知识—主体"这三个方面剖析现代西方人是如何被庞大的现代科学知识、复杂的现代权力体系以及令人深感不安的现代生命治理方式所塑造出来的。

福柯的思想可以按照权力—知识—主体这三条轴线的发展线索，大体上分为三个发展阶段：60年代的知识考古学时期，70年代的权力谱系学时期，以及80年代的主体的伦理实践时期。福柯在20世纪60年代的早期哲学都可以称之为"人文科学知识考古学"，这一词是《词与物》一书的副标题。"人文科学知识考古学"的问题意识来自于尼采从"权力意志"出发对"求知意志"或"真理意志"的批判，其方法则来源于他所师承的法国科学认识论，并受到当时结构主义思潮一定的影响。

福柯60年代的"知识考古学"时期主要有三部作品：《癫狂与文明》（1960）、《临床医学的诞生》（1963）和《词与物》（1966）。这三部作品都是某种"知识考古学"：《癫狂与文明》是对古典时代精神病学中对癫狂的"沉默"的考古学，《临床医学的诞生》是对临床医学诞生时刻的"凝视"的考古学，《词与物》是对近三个世纪的"人的科学"的"知识型"的考古学。为了对早期"知识考古学"三部作品的方法论和理论问题做一个总结，福柯又专门写了一本纯理论性著作《知识考古学》。70年代初，福柯在法兰西学院就职演讲的《话语的秩序》（1971）中总结了自己知识考古学时期的话语理论，指出"话语的秩序"的构成既有内部的机制，又有外部的约束，也就是某种具体的权力关系。这个讲法开启了他整个70年代的"权力谱系学"。

什么是福柯的"人文科学知识考古学"呢？人文科学的"知识考古学"中的"考古学"指的不是考古学那门学科，也不是一般意义上发掘史料、实事求是的实证研究，福柯用"考古学"指的是对现代知识体系得以形成的"历史的可能性条件"、"先验的历史性"或"真理体制"的批判性分析与重构，加里·古廷称之为"科学理性考古学"。而"知识考古学"中的"知识"也并不是通常意义上像自然科学那种严格的科学知识，它指的是那些伊安·哈金所谓的"半成熟"的科学知识，比如心理学、精神病学、临床医学、刑法学、精神分析等，它们都是关于"人"的科学。福柯从一开始就着手考察西方从16世纪到19世纪以来塑造"我们西方人"的各种现代"人的科学"，运用"知识考古学"方法分析西方现代各种关于"人"的知识与话语之形成和运作的认知类型和"历史的可能性条件"。因此，这种考古学的分析方法可以说是一种"非历史性"的历史分析。

福柯发明了"知识型"、"话语"和"陈述"等独创的概念，用以分析各种科学的知识结构、话语构成或学科规范是如何得以形成的。这种知识型或话语分析的方法将有力地取代现代哲学从主体的理性认识能力出发进行知识建构的简陋的认识论传统。这种分析一方面揭示了知识类型的结构性、话语秩序的自足性或语言的优先性，另一方面也可以勘定这些现代科学知识和话语是如何限定了现代的"人"。最能集中体现其"知识考古学"思想并给他带来巨大声望的《词与物》，在20世纪60年代一直被视为结构主义运动的代表作和巅峰之作，但这本书其实暗含着对"知识型"这种结构性对象的批判。福柯批判性地考察了这些有效的"人的科学"的"知识型"如何界定了各种"人的知识",以及相应地又如何界定了"人"的概念,比如生物学中的"生命"、临床医学知识中的"病人"、政治经济学中的"劳动的人"等。

首先我们来讨论一下《词与物》一书的核心术语"知识型"(épistèmé)。这个词源于希腊语的"认识"一词,因此也有人把它翻译成"认识型"。福柯用"知识型"这一术语指的是在不同的历史时期中由"词"与"物"之间的各种关系建构出来的具体的"事物的秩序"的方式,因此它既不是康德的"范畴",也不是结构主义文化人类学所说的"体系"或"文化总体性"。《词与物》的英译本,福柯本人建议将书名改为《事物的秩序》,就是这个意思。"词与物"或"语言与实在"的特殊关联方式代表了特定历史时期的社会感知方式和思维方式,它规定着特定时期不同学科的知识生产自身的可能性条件。就此而言,将这一术语翻译成"知识型"而不是"认识型"也是合理的。

《词与物》的"人文科学知识考古学"的首要目标是,发掘近三四个世纪不同时代各种学科知识之间横向共享的话语表述方式,也就是每个特定时代的"知识型"。每个时代的知识型就像地质学的断层一样,与其他时代的"知识型"之间并无连续性。某一学科知识与下一时代同一学科的知识之间的连续性小于其与同一时代不同学科之间知识结构与思维方式的相似性，因为同一时代不同学科之间的知识都是以相同的"知识型"组织起来的。从知识考古学的视角，能发现这些同一时代不同学科的知识和理论被建构起来的那个话语空间、认识图式和思维模式。从这种视角来看，各个时代的"知识型"本身并无真理与谬误之分，亦并无进步与否，只不过是不同时代的"知识型"以及不同时期的感知方式、分类体系和语言方式的结构性断层与突变而已。

"知识考古学"不再强调知识体系的连续性和历史性，而是强调每一结构断层上知识或话语的"历史先验性"的构成条件，是一种"非连续性的历史"的思想。福柯的"知识型"概念体现了一种结构主义原则，即每个时代知识的认识类型的结构性和优先性。福柯这一思想与当时的结构主义的语言学、符号学、文化人类学和精神分析的潮流相互呼应。尽管他从未建立一种结构主义的语言理论、符号理论或话语理论，但是《词与物》一书强调知识构成的历史先验性、认识的结构性、语言的优先性以及话语结构分析的方法，无疑都符合结构主义的一般原则。此外，整部《词与物》都贯穿着对语言在不同时代的"词与物"的秩序中的功能的分析，这一点也契合结构主义的哲学追求。因此，《词与物》在当时被视为结构主义运动的代表之作。

不过，如果我们能意识到福柯的"知识考古学"更多地出于"考古学批判"的意图，也即通过检验近三个世纪"人的科学"的知识结构和话语类型，分析西方现代人如何通过它们将自己塑造成各种对象化知识的知识主体，进而勘测出由它们所构成的"我们西方的文化"的界限，我们才能理解为什么福柯本人并不接受人们给《词与物》贴上"结构主义"的标签。结构主义的无意识的语言结构或文化体系，在福柯看来无疑过于形式主义。实际上，结构主义的结构正是福柯的知识考古学批判所要研究和批判的对象，而非他的哲学立场。实际上，《词与物》一书的开篇引用博尔赫斯小说中一段关于中国动物的可笑分类，就已经暗示了上述观点。福柯想通过这幅令人忍俊不禁的"比较文化"图景让我们看到，陌生的中国动物"分类法"与他们西方的"分类体系"之间存在着不可公约的文化差异。不同的文化体系的基本代码以及"词与物"的关联秩序之间存在着不可公约的差异，这一深刻的洞见后来哺育了"后殖民主义"思潮。

在《词与物》中，福柯分析了自文艺复兴以来现代西方近三四个世纪的不同历史时期的"知识型"，并分析了它们如何建立在对"事物的秩序"的不同语言表达和语言观念以及表达"词与物"关系的"知识型"之上。福柯着重探讨了西方现代知识的两三次重大的"知识型"的断裂。这两三次"知识型"的断裂在哲学领域中相应的关键人物分别是笛卡尔、康德和尼采，不过哲学领域在《词与物》的分析中并不占据显要的位置。

福柯以"知识考古学"方法发掘了现代早期的三种知识型：文艺复兴知识型、古典时代的知识型和现代知识型，对 20 世纪"知识型"则讨论得不多。文艺复兴时期的知识型主要是借助语言（词）来认识世界（物），因此，词与物之间的关系是"相似"。也就是说，文艺复兴知识型的主要思维方式是"词与物"之间的"相似性"秩序。到了 17 世纪中叶至 18 世纪末期，"古典时代的知识型"兴起引起了西方近代思想史上的第一次断裂：培根在《新工具》中批判了"四种假相"，于是文艺复兴的"知识型"就被古典时代的"知识型"视为一种不够科学或不符合认识论原理的认识"假相"。在近代哲学的开创者笛卡尔那里，他通过分析表象，通过"词的体系"表象"物的秩序"，建立了一个确定性的有序的知识体系，彻底地摧毁了文艺复兴知识型。塞万提斯的小说正是处于从文艺复兴知识型向古典时代知识型过渡阶段不适的典型，而委拉斯开兹的名画《宫娥》则是古典时代的表象型的知识型的完美代表。可以说，整个"古典时代的知识型"的认识论基础就是"表象"，而语言的功能主要就是"表象"之用。

文艺复兴时期包裹在事物表面的那种词语观念被抛弃了，古典时代竭力追求通过对事物本身作细致入微的观察研究，以尽可能精确地再现事物的本来面貌，尽力排除那些不确定信息的来源，将表象的"词"与被表象的"物"准确地、科学地联系起来。

在 19 世纪初，西方现代知识型发生了第二次断裂，"古典主义时代"的表象主义认识论彻底瓦解了，真正的"现代性"开始了。18 世纪的科学，如普通语法、自然史和财富分析的知识型，追求在自然、人性和知识之间建构起清晰表象的完美秩序，在这一知识型中并不存在着对"人"的追问。到了 19 世纪，"人"作为知识的"可能性条件"、有限性的存在和可见的对象被追问之时，自然、人性和知识之间的三角关系就发生了"认识论的断裂"。新兴的历史语言学、居维叶的生物学、亚当·斯密和李嘉图的政治经济学相继取代了 18 世纪相应的普通语法、自然史和财富分析这三门学科。在这些新的"人的科学"中，"人"被限定为肉体生命的、有欲望需求的、能说话的存在。从古典主义时代的表象理论转向理性的可能性条件和人的有限性的分析，这标志着"人的出现"。这正是康德哲学的时刻。康德说，"我能知道什么?"、"我应该做什么?"和"我可以希望什么?"这三个问题可以归结为一个问题:"人是什么?"这一人类学对"人的有限性"的规定，也是 19 世纪对人进行各种界定的"人的科学"的主导动机。可以说，在现代知识型中，"人"成了"人的科学"的"求知意志"所追求的核心，在"人"身上包含了现代知识所有真理的关切。

然而，随着尼采借着疯子之口喊出了"上帝之死"，"人之死"也就成了不可避免的结果，因为激进历史主义和激进的实证主义不仅会杀死形而上学的上帝观念和信仰的上帝，同样也会杀死被各种"人的科学"所塑造起来的形而上学的"人"的观念。也就是说，作为被"现代知识型"所建构起来的知识对象的"人"被杀死了。不仅在笛卡尔和康德哲学中处于中心位置，并作为知识、历史和语言的源头的那个自由的理性的主体的"人"被杀死了，而且整个 19 世纪各种人的科学所塑造的作为"劳动的人"、"生命的人"和"语言的人"的"人"的观念与形象也都被杀死了。这就是《词与物》中著名的"人之死"的断言。

福柯认为，尼采是 19 世纪末与现代知识型彻底决裂的第一人，他是我们身处其中的这个时代的知识型的开创者，而萨德、马克思、弗洛伊德、阿尔托和巴塔耶这些人都是 19 世纪知识型的怀疑者和革命者。在现代知识型的瓦解之后，诞生的是新的"反人文科学"或"反人文主义"的知识型。新知识型与现代的知识型截然不同，它属于一个新的时代，今天人们称之为"后现代"。在拉康、列维－施特劳斯、罗兰·巴特和德里达等人手中发展起来的结构主义的"精神分析"、结构主义的"文化人类学"以及结构主义"语言学"或"符号学"，是典型的三门后现代的人文科学，它们分别取代了19世纪的心理学、政治经济学和历史语言学。它们强调"语言的优先性"、"去中心化"和"反主体性"，在这个思想潮流的冲击下，"人"及其历史彻底暴露出它的限度并走向终结。因为在"结构"存在之处，在"语言"运作之处，人只是漂浮在各种系统、结构、语言象征和意义链条上的表面效果而已，存在的是符号系统、能指链、无意识、文化、欲望，并没有"人"及其主体性、意识、经验、真理、意义等，它们都只是各种非时间性和非历史性的共时性结构，比如亲属关系、神话结构、无意识的语言结构、符号的差异性结构、话语、文本等的效果而已。在去中心的各种结构中暴露出现代知识型的限度和所谓的"人"的终结。"人"及其"人的科学"不过是某种知识型的"历史先验性"，被近两个世纪的"人的科学"的知识型所构造出来的"人"，已随着"人的科学"在19世纪末的危机和崩溃而死掉了。福柯在《词与物》的结尾写道："人将被抹去，如同海边沙滩上一张脸的形象那样被抹去。"

福柯在《词与物》（1966）中提出了"知识型"概念，

以耳目一新的方式重写了现代思想史，但也留下了一些理论问题需要澄清，于是他续写了一本理论性的小册子《知识考古学》（1969）。作为《词与物》的续集，《知识考古学》延续了《词与物》强调语言优先的视角，但以"陈述"和"话语"概念取代了"知识型"概念，将辨别和发掘不同时代"知识型"的工作推进到对"话语构成"和"话语实践"的理论分析。在《词与物》中，"知识型"概念是一个共时性的、同质的、结构主义的概念，而在《知识考古学》中，不同的"话语实践"之间是非连续性的，没有一个共同的"知识型"能构成统一的话语类型，话语实践的规则总是断裂的、异质的、表面化的、特殊性的、事件性的，而非结构性的、总体性的、类型化的。

福柯将特定的历史的"话语实践"称之为"陈述"，而将"话语实践"的整体称之为"档案"。福柯的知识考古学现在将转向发掘那些话语实践的"档案"。作为构成档案的"话语实践"，"陈述"介于话语的"结构与事件"之间。对于福柯来说，不存在某种统一的连贯的"陈述"作为话语单位的标准，只有分散的异质的话语游戏。所有的"话语实践"都遵循着外在性、表面性、差异性和事件性的原则。"陈述"的扩散和分配的规则被称作"话语构成"。像精神病学、医学、语法、经济学这样一些巨大的"陈述"家族，就形成于相互吸引和排斥的系列、差别、间距、替换、转换的散布体系之中。在"话语构成"的规则控制下，"话语实践"具有"稀少性"、"外在性"和"繁衍性"三大特征。首先，并不是什么都可以说，一种陈述的出现总是排斥其他各种陈述的可能性。陈述的"稀少性"是由于话语实践独特的历史的构成条件。其次，陈述总是外在的、表面的，它没有隐藏什么本质的、深层的东西，已经说出的就是外在性的扩散。再次，陈述是一个局部的、异质的、支离破碎的、边缘性的踪迹；"陈述"是一个相互交错、没有起源的网络，满是分岔和分散的线路。

"知识考古学"旨在系统地描述话语对象，限定话语的特殊性，有差别地分析各种话语方式，描述"话语实践"的"构成规则"以及不同的"话语构成"之间的转换。福柯这种话语构成分析的姿态，拒斥一般思想史中隐蔽的哲学前提，即启蒙主义历史进步论对起源、连续性、总体性和目的性的迷恋，它揭露哲学或形而上学所预设的同一性、连续性和总体性的历史观，捍卫事物的偶然性、断裂性、异质性、差异性、多元性、事件性、弥散性。当福柯将差异、断裂、界限、系列、转换、偶然性和事件等概念引入到话语构成分析中时，他就在思想史、社会史、文化史以及一般历史哲学中有力地摧毁了现代性关于历史的种种寓言和幻象。

三、权力谱系学

如果要问福柯这一"激进的历史主义"立场到底从何而来，《尼采、谱系学、历史学》（1971）这篇文章能清楚地表明，这种"激进的历史主义"来自尼采。《尼采、谱系学、历史学》就是福柯以尼采的谱系学思想反对一般思想史的历史哲学的一篇新方法论的宣言。在这篇文章中，福柯从激进历史主义的"谱系学"出发，批判了现代历史主义及其本体论神学的形而上学前提，反对人类学对天真、高贵、完美的"起源"的幻象和怀乡病，反对将事物的出现和发生看作是从单一的、统一的、完美的"起源"中派生出来的本质主义。为此福柯针锋相对地提出"效果史"、身体、视角主义、事件、"反记忆"的戏拟等策略，突出制约知识构成、推动话语实践的历史诸多事件及其偶然性、异质性、独特性、不确定性、微不足道的特征。

"谱系学"并不试图寻求一个完美的目的论的、形而上学的、理念的、先验的、同一性的、可见的、本质的完美"起源"，而是探求真实的历史中被各种权力和话语所构成的事件网络、偶然游戏和斗争状态。"谱系学"将对象视为由各种各样杂多的因素构成的复杂体系，视为偶然的、非连续性的、异质的事件交错的网络，从而打破了那种将历史对象视为一种同一性、一种律法、一种禁忌、一种本质的保守的哲学前提。"谱系学"将一切都视为相互对抗的权力关系所产生的非因果性也非目的性的"偶然事件",将它们视为权力关系的多样化的异质性的"效果历史",因此可以说,"谱系学"既是权力关系的"效果史",也是事物发生的"事件史"。"谱系学"反对历史主义的"宏大历史"或"宏大历史叙事",转向微观的、卑微的、无名的、无意义的却真实的事件和权力关系。"谱系学"打破了纪念碑式历史的神圣庄严性,也打破了历史学的科学性、实证性、现实性和客观性的教条和禁忌。由此,福柯就推进了尼采的激进历史主义,站到了黑格尔主义、马克思主义以及整个19、20世纪的历史主义的对立面。

在《知识考古学》中,福柯将"话语实践"视为一个匿名的、无意识的、历史的、被时空定位的规则整体,正是那些规则使事物成为一个"话语对象",并构成其出现的历史条件,使其成为特殊事件的系列。"知识考古学"的"话语分析"首先要对这些话语事件的出现、矛盾、比较和相互转换进行描述和分析。其次,"知识考古学"力图发现在"话语实践"以及机构的、政治的、经济过程等"非话语实践"之间相互伴生的社会关系的整体性。"话语实践"和"非话语实践"之间的关系不是一种简单的因果、决定论或二元论的关系;相反,话语、话语实践和非话语实践共同构成了像精神病、欲望主体、不正常的人、解放、民主这一类话语对象，成为它们出现的条件。实际上，后来福柯明确将话语实践与非话语实践的关系再规定为"权力—知识关系"。由此可见，《知识考古学》正处于《词与物》与《规训与惩罚》之间的过渡位置。

福柯的"知识考古学"从"知识型"到"话语实践"的推进，有其内在的逻辑可循。用《词与物》的术语来说，他的"知识型"概念也属于那个特定的"结构主义时代"的知识型，它更推崇语言和话语的优先性与自足性。福柯很快就意识到，《词与物》中所说的"知识型"其实是一种生产话语的话语实践的体制，虽然它具有学科知识或知识型的内在结构，但话语实践的稀少性特征表明，知识型、陈述和话语远非自足的，甚至也绝非优先的，因为"话语实践"乃是非话语实践的权力关系和体制的效果。话语绝非结构主义所说的在语言的层面上自律的无意识结构或符号系统，它是话语实践和非话语实践通过各种排斥、分隔、禁令、真理机制、作者功能、评论程序建立起来的"话语的秩序"。一旦将话语视为实践，将话语实践视为偶发性的事件，并进一步强调构成"话语实践"的非话语实践的因素，福柯就已经同"结构主义"分手了。

福柯在法兰西学院的院士就职演讲《话语的秩序》（1971）就印证了这一转折。福柯在这篇就职演讲中提出，要以"事件"对抗"原创性"，以"系列"对抗"统一性"，以"规律性"对抗"本源性"，以"可能性条件"对抗"意义"，用这四种策略推进话语分析。不过他很快就放弃了话语实践研究。当他把"话语实践"看作是受到内在和外在原则约束限制的具有排斥性的话语事件，而结构主义所发现的自足自律的"话语的秩序"不过是一种形式主义的幻象时，他已经非常接近于这样一种想法："话语的秩序"乃是权力—知识关系从话语内部和外部所建立起来的综合效果。从 70 年代初开始，福柯开始从对语言、知识和话语等问题的关注转向了对权力—知识关系的关注。

福柯的权力谱系学批判的第一个成果就是《规训与惩罚》(1975)。实际上，福柯从 1972 年底就开始以"惩罚的社会"为题在法兰西学院进行年度系列演讲。在《规训与惩罚》中，福柯讲述了从惩罚到规训的现代刑罚史：从折磨肉体的惩罚到监控灵魂的规训，并不意味着社会更加人道了，反而意味着一种新型的微观权力和一个新型的规训社会兴起了。在新型的规训权力兴起之时，新型的人的科学也兴起了，新型的"危险的人"也兴起了。为了考察现代规训社会的兴起，就需要一套新的权力—知识的谱系学的方法；而考察的对象将集中于作为规训社会的典型机构的新型监狱的诞生。

福柯以权力谱系学的方法分析现代社会新型的权力机

制，即作用于"人的身体"的"规训权力"。这种规训、监视和治理"人的身体"的"微观权力机制"，不再粗暴地将人的身体作为惩罚和折磨的对象，而是将其作为被控制、干预、训练的对象，更为经济地使用它，精心地计算它，全面地规训它，直至将其驯服为一种"驯良的身体"，从而将人驯服为"驯良的人"。现代机构不再轻易动用国家暴力机器和主权—法律的惩罚性暴力，也在不再公开而频繁地动用刑罚和体罚，各种权力关系主要依靠有效地计算身体，监视它、管理它、控制它、规范它、改造它，从而最终驯服它。现代社会不是一部由军队、警察、监狱捍卫主权与法律秩序的庞大的暴力的"国家机器"，而是一个配置了各种各样监视和规训人的微观权力机制的更人道的"规训社会"。

为了理解现代规训社会的运作机制，福柯相应地提出了一种完全不同于主权—法律或垄断暴力的国家机器的新的权力概念，或者更准确地说，一种新的"权力关系"的概念。福柯所提出的这种新的权力观，是从谱系学视角出发抵制传统"主权—法律模式"的权力观。首先，权力应被视为一种被配置起来的"策略"，而不应被看作是一种对占有物的"所有权"。权力的支配效果应该归因于权力关系中的策略、调度、计谋、技术、运作，而不应被归因于"占有"。权力关系是一个永远处于紧张状态和不断斗争之中的关系网络，而不是一方是绝对的占有而另一方是绝对的屈服的关系。权力总是被各方行使的权力，而不是被某一方占有的权力。权力总是不停地被生产和再生产出来的权力关系，而不是一方占有而另一方被剥夺的权力关系。其次，权力不仅是一种权力关系，而且权力效应也是在权力关系中产生出来的。如果没有反抗者的反抗，没有反抗者某种程度的自由，支配者的权力就不会产生效果，权力关系也就不会扩大与散播。因此，被支配者与支配者是权力关系中的同谋关系。要想摆脱这种"同谋关系"，就要发展出某种逃逸策略。此外，支配者与被支配者处在一个权力关系之中，其位置并不是一成不变的，权力关系在冲突斗争和策略中随时都有可能被颠倒过来。在权力关系的冲突斗争中，权力并没有固定在某个对象上，相反，在社会各个领域中都有无数的权力冲突的焦点，在每一个不确定的点上都有可能发生权力关系的颠倒，在每一个局部所发生的权力关系的冲突都会对整个权力网络产生影响。再次，权力关系渗透在整个社会的表层，它在每个个体和全体人民的身体和行动中再生产出各种微观权力关系。权力关系就是各种各样的社会关系，因此，权力关系并不局限于国家机器之中，也并不局限于"国家与市民社会"的关系中。正是各种各样的微观权力机制支撑着国家机器、主权—法律秩序和支配性权力。

　　在《规训与惩罚》中，福柯用 1840 年前后的巴黎少年犯监管所、18 世纪的军训、梅特莱农场、监狱群岛等一系列形象和意象，来展示规训机构及其规训权力。这其中最令人印象深刻的莫过于"全景敞视"监狱。"全景敞视"（panopticism）这个词源自英国功利主义哲学家边沁设计的环形监狱，它的所有囚室都对着中央监视塔，而监视塔里的看守也能对囚徒的活动一览无遗。这种封闭的割裂的空间结构暗示了一种每个人都被嵌入其中的无微不至的监视机制，这种"监视"机制是"规训"机制最典型最精细的微观形式。福柯用"全景敞视监狱"这一令人难忘的意象为我们描绘了现代的"监狱社会"。

　　"全景敞视监狱"与一般的监狱不同，它除了空间封闭之外，并不像传统的监狱那样光线昏暗，监管者隐秘在犯人看不到的地方。"全景敞视监狱"的设计理念是，充分的光线和监督者的注视比黑暗更能有效地捕捉囚禁者的目光，可见性比隐秘是更有力的监视方式。罪犯之间的横向分隔的不可见性防止了罪犯阴谋串通、集体逃跑、密谋犯罪、相互影响、制造混乱。"全景敞视监狱"最神奇的效果就在于，被囚禁者会知道自己正在受到观察，由此给自己造成一种有意识的"自我监视机制"，从而确保规训权力不断地自动发挥作用，将权力关系在每个人的肉身之上再生产出来。"全景敞视监狱"是一个神奇的机器，无论人们出于何种目的来使用它，它都会产生同样的权力效应。全景敞视的监禁机制的两个特点就是权力的"再生产性"和"非个体化"。权力的统一分配和安排能制约每个人。此外，无须使用暴力来强制犯人改邪归正，强制疯人安静下来，强制工人埋头干活，强制学生专心学问，强制病人遵守制度；也不再有铁栅，不再有铁镣；只需要实行鲜明的隔离和妥善地安排门窗开口，不仅简单而经济，而且人道而有效。"全景敞视监狱"像某种权力实验室，它是对人进行分析、实验并改造的优良场所，是规训权力运作的完美典范，也是现代政治技术的一个象征。

"全景敞视"这种监视和规训的权力机制是一种在空间中安置肉体、根据相互关系分布人员、接等级体系组织人员、安排权力的中心点和渠道、确定权力干预的手段与方式的样板。它可以应用于医院、工厂、学校和监狱中，能减少行使权力的人数，同时增加受权力支配的人数；它能使权力在任何时刻进行干预，但它的力量表现在它从不干预，它自动运作，并产生连锁效果；它不动用任何物质手段，却能直接对个人发生作用，是精神对精神的权力。因此，全景敞视机制能被巧妙地纳入任何职能之中并强化任何权力机构的使用，使其更为经济、更为有效。它不仅对权力进行了安全有效的安排，而且它也极其微妙地不断加强了整个社会网络的力量。规训、监视和纪律这些灵活的小伎俩，这些"非制度化"的控制方法，很快就遍布了整个"规训社会"的机体：从工厂生产到知识传授，从技能传播到战争机器。警察、治安科学、治安机构的诞生使得人们生活在一个无限的"监视社会"和"规训社会"之中。无比庞大的警方治安记录覆盖了整个社会的各个角落，它远比司法体制更能与"规训社会"合而为一。现代社会就是从封闭的"隔离带"到一种渗透到社会机体的各个毛细部位的"全景敞视主义"机制的运动。因此，全景敞视监狱不仅是一个小技术，它本质上是规训权力微观化和自动再生产的机制。它是一种微观的、基础的、技术的、纯物理层次上的日常而细小的权力，它在根基上运转着整个现代社会的各种机构，不仅是监狱，也不仅是国家机器，还包括学校、工厂、军队、家庭、医院、法庭、修道院、教养所。"全景敞视"是福柯用来展示"规训社会"的微观权力运作的最佳例证。

除了"全景敞视"的机制之外，规训权力之所以能够弥散于整个社会的各种机构之中，之所以能在每个个体的身上再生产出权力关系本身，就在于它还推动并征用了各种关于人的科学。那些被规训权力所征用的人的知识，都是与规训权力同时产生的，其中包括医学、法学、心理学、教育学、道德哲学等，并被装配到整个规训权力机制之中。《规训与惩罚》法文原著的书名是《监视与惩罚》，英文书名福柯本人建议为《规训与惩罚》，其中"规训"（Discipline）一词兼有"学科"与"纪律"的含义，中文翻译是译者独创的新词，未能将这两种含义都显示出来。

在福柯看来，规训权力也是一种"学科权力"，也就是规训权力不仅依赖于施加于身体之上的"监视"、"纪律"，而且依赖于与此相伴生的"学科"的知识。这些"学科"运作于权力对身体的统治、支配和利益之中；也正是在这种身体的政治经济学中，权力关系鼓励了知识、真理与话语的产生、生产和再生产，比如临床医学、刑法学、心理学、教育学、统计学等。如果不通过人的知识，像规训权力这种权力关系就不可能以微观的形式运作和播撒；如果不参与介入权力关系之中，人的知识也不会在一定的空间中建构起自身。因此，福柯的"权力—知识"的关系打破了传统的无关知识的纯粹物质性的赤裸裸的权力观，以及无关权力的纯粹观念性的纯粹的知识观。对于福柯来说，不存在一个"先验的空间"，无论是知识结构性的，还是文化象征性的，或者是在《癫狂与文明》中所保留的那片沉默的"神秘领域"。所有这一切都是权力—知识关系所制造的效应和效果。

权力—知识的关系是针对肉体的政治干预的微观物理学，在这里必须抛弃"暴力—意识形态"的对立，抛弃所有权或占有性的权力观念，抛弃传统的契约或法律的观念，抛弃主权者垄断暴力的支配观，抛弃主权—法律的权力观与客观中立的永恒真理观。如果权力—知识不再是纯粹的惩罚性的、禁止性的、否定性的，那么这种生产性和策略性的权力观对于自由主义与马克思主义所共享的权力观是一个巨大的冲击，因为二者都以压迫性、否定性和剥夺性的支配性的权力概念以及"权力即恶"的学说为不言自明的前提。一旦抛弃了这种传统的权力观，那么自由主义和马克思主义的整个反抗和革命的规范性基础都岌岌可危了。这是福柯的新权力—知识观念所带来的冲击性效果。

新权力—知识观念所带来的另一方面的冲击性效果是，人们不能再继续坚持无功利或利害关系的客观中立的真理观和知识论了。而这一点正是自由主义的理论基础，也是自由主义知识分子批判实践的基础。福柯将康德式的无利害关系的先验主体性视为整个现代真理体制的效果；新康德主义的铁律"事实与价值的区分"也不过是某种权力意志的产物。绝不存在一个外在于各种现代权力关系，并且可以为反抗权力提供规范性基础的"理性主体"或客观中立的知识。那些所谓的"人的科学"或"人的知识"，既是近两三个世纪以来的"权力—知识"所配置的现代规训权力和话语权力的组成部分，也是规训权力和话语权力得以微观化、毛细化、再生产性地运作的必要条件。这些

"人的科学"或"人的知识"实际上是针对人的身体的各种权力所征用的知识。因此，那种"人的知识"以及所谓的"人文科学"的传统必须被抛弃。

不仅如此，那种启蒙主义的"知识分子"或萨特式积极介入政治的知识分子的观念和形象由此也必须被抛弃。这就是福柯在与德勒兹那篇著名的对谈《知识分子与权力》（1972）中充分阐发的一种新的知识分子观。此外，福柯在对谈中还明确指出，西方文化中的自由主义或人文主义不过是西方社会的知识分子的一种欲盖弥彰的"权力的禁忌"而已。福柯这些振聋发聩的思想极大地启发了20世纪80年代兴起的后殖民主义思潮。

在《规训与惩罚》中，尚不存在福柯生前最后几年常讲的"权力—知识—主体"的三条轴线，因为在权力谱系学中，"人"或"主体"之维不过是作用于其身体和欲望上的"权力—知识"关系的事件性效果而已，如果用德勒兹的概念来说，主体只不过是力量关系—真理所形成的"褶子"。在此尚不存在独立的自由"主体"这一轴线。

在《癫狂与文明》和《临床医学的诞生》中，福柯考察了现代医学和精神分析学的诞生，以及随之而诞生的疯人、病人、精神病人和变态的人；在《词与物》中，福柯考察了生物学、经济学和语言学这三种现代"人的科学"的诞生，以及相应的作为生命、劳动力和能说话的动物的人；在《规训与惩罚》和《性史》（第一卷）中，他又考察了现代刑法学、教育学、人口学、优生学等几种"人的科学"的诞生，以及相应的罪犯、"欲望人"和被剥离了各种属性只剩下统计学意义的"人口"。福柯所考察的这些关于人的科学或知识完全与"人的本质"或"人的先验性"无关，而是那些处于医学的、心理的、法律的、刑罚的、规训的、教育的、性的、人口领域中的人。无论是灵魂、意识、心理，还是主体、自我、人格，这些都是系缚在现代权力关系所征用的人的科学或知识的体系中，其光彩照人的表面所产生出来的一种效果。只有人们将权力、知识和主体这三者两两相互分割开来看时，才能看到那种哲学意义上纯粹的个体、主体、自我。

在权力谱系学时期，福柯不仅以"权力"为轴心分析现代社会权力关系的精密技术和微观机制，而且考察了各种人的知识以及现代人作为各种行为主体是如何在各种权力关系之中被塑造出来的。"规训权力"是直接通过监视、纪律、训练、治理和操控的身体而有效地运作。正是这些无所不在的小小不言的长期施加于我们身体之上的技术和伎俩，支撑了那些机构光鲜亮丽的合法性。我们的身体在这个社会中实际上早已被规训成一个"政治的肉身"，它被"权力—知识"作为一系列的物质因素和技术组装成微观权力机制中的一个部件，或者是作为武器，或者是作为中转站，或者是作为载体，或者是作为路径。总之，在现代社会中，人的身体或肉体被"权力—知识关系"规训成了被驯服的驯良的对象，其最终效果是一个被驯服的驯良的"主体"。显然，这里的"主体"只是被规训成驯服的对象的客体，因而成为被"主体化"的主体。因此，所谓"主体"其实是监视与规训的"权力—知识关系"在人的身体或肉身上产生出来的各种主体化的效果而已。在现代社会中，人的灵魂是被现代权力—知识关系所规范、审查、规训、监视和治理的身体或肉身的"灵魂"，它其实乃是那个身体或肉身的监狱。

四、自我的伦理与主体解释学

表面看来，福柯 60 年代以来的著作几乎是一本书换一个主题，思想不停地转换和跳跃，各个主题之间并没有太大的连续性，更不用说，福柯本人一直坚持一种"面具哲学家"的形象，刻意抵制某种身份的指认和划分。然而，在福柯生前最后一两年的时间里，他却在访谈中多次谈到他的哲学的体系性问题。福柯说，实际上他的思想探索一直围绕着三条轴线，即知识—权力—主体。福柯说："为了分析通常所说的知识的演进，我就必然要做出一次理论变革，这导致我去追问构成知识的各种形式的话语实践；为了分析通常所说的'权力'的展示，也还要进行一次理论变革，这导致我去追问构成权力运作的多重关系、开放性策略和合理性技术；为了分析通常所说的'主体'，看起来现在应该进行第三次变革，去探寻个体通过哪些自我与自我的关系的形式和形态自我构成和自我确认为主体的。在研究了诸如十七、十八世纪的一些经验科学的真理游戏的相互间的关系之后，接着又研究了这些真理游戏与诸如惩罚实践的种种权力关系的关系，看来接下去该进行另一项工作了，那就是，以所谓的'欲望的人的历史'为参考范围和研究领域，研究在自我与自我的关系中、在自我构成为主体中的真理游戏。"福柯这些自我陈述提示我们，对于理解福柯的现代性批判来说，仅有"权力—知识分析"之维是不充分的；缺少了主体化与真理游戏的伦理之维，就不能深入理解福柯对现代性的批判性分析。

生命权力的政治理性之"狡计"，不再是以主权、法律或国家机器等剥夺、禁止和压迫的"否定性形式"施加于个体之上，而是以个体化的、主体化的、策略性的、满足生命的需要、发现欲望真理等"肯定性方式"运作于个体之上。被规训的身体和被欲望化的灵魂，既是权力关系的产物和效果，也是权力关系的载体和自动生产者。比如说，"性的人"或"欲望的主体"就诞生于由发端于基督教的忏悔技术、资产阶级家庭、人口治理、卫生学、教育学、医学、心理学、精神病学、精神分析、种族与优生理论等各种知识学科规训、膨胀的话语和琐碎的技术共同配置起来的生命政治之中，它生产出来的"欲望的人"乃是主体化的具有某种自由的外观效果的客体，并成为权力关系再生产的匿名终端。显然，这种客体化意义上的自由主体，并不是真正意义上的"自由"的主体，而是以客体化的方式被迫主体化的主体，即生命、性、欲望主体。

如果"自由的主体"或"主体化"指的是主动的、自由的自我构成或主体化的形式，那么这种不同于现代治理术的生命政治的主体化形式究竟存在于哪里呢？福柯在生命最后几年里重新开启考古学事业，发掘古希腊罗马性道德中的自由实践的主体性形式。道理很简单，尽管在古希腊罗马时代也存在着"认识自己"的律令，但它完全不是一种科学认知的求真意志；尽管在古希腊罗马时代也存在着严苛的道德关切，但它不是基督教那里的普遍的道德义务和对道德法则的绝对服从；尽管在古希腊罗马时代也存在着各种各样的权力关系，但是它们的配置并未针对性的欲望主体或作为人口的生命，并未遮蔽住福柯所说的自我关切和真理实践的"伦理"之维。将"伦理谱系学"一直追溯到前现代社会，也即尚未拥有一个无比庞大的知识体系和无比精细的权力体系的社会，人们能够较为清楚地看到权力关系、真理游戏和主体构成之间与现代迥然有别的配置方式。福柯将那种自我构成主体之为主体的"自我关切"称之为"伦理"，并进一步将这种界定主体与真理的关系的"伦理"称之为"自由实践"。

在古希腊罗马的主动的自我构成的伦理实践中，主体又是如何将自己塑造为一个道德主体，而不是被规训治理为生命、身体、欲望主体或者被规训成求真意志的知识主体的呢？无论是古希腊罗马的性伦理，还是"说真话"的实践，实际上都存在着一种"风格化"的自我塑造，将自己的生活和生命当成一件艺术品来进行塑造。这就是"精神操练"，也可以说是广义上的"苦行"。通过这种自我修行或苦行的实践，主体将自我塑造为道德主体或自由主体（即主人）。这种自我转化和自我实践的"工夫"完全不同于笛卡尔的自我认识。在"伦理"的"自我与自我的关系"以及"主体与真理的关系"中，并不涉及对道德法则或法律的服从，而是"风格化"的"生活艺术"，福柯称之为"生存美学"。可以说，福柯所探究的生存美学，是对现代的生命政治的克服。生存美学的自我关切的伦理，是反治理术的，是反生命政治的。

就《性史》一书的研究规划和主题来说，《性史》第一卷到第二、三卷的变化，其实质乃是"生命权力谱系学"向"伦理谱系学"的转变。福柯 1976 年发表的《性史》第一卷以及同时宣布的六卷本的《性史》研究规划，其性质可以定性为"生命权力谱系学"研究。根据 1976

年《性史》（第一卷）的封底预告，《性史》共计六卷：第一卷《认知的意志》，第二卷《肉身与身体》，第三卷《儿童的十字军东征》，第四卷《女人、母亲和癔病患者》，第五卷《不正常的人》，第六卷《人口与种族》。而1984年发表的《性史》第二、三卷则转向了古希腊罗马的性伦理的"伦理"研究。这一研究旨在探究在古希腊罗马以及基督教对行动、快感与欲望的关切中人们是通过何种主体化的方式将自我建构为道德主体的，这一研究的性质可以定性为"伦理谱系学"。

按照《性史》第一卷给出的最初计划，"性之为性"（sexuality）的历史将主要集中考察17—19世纪的"性真相"的科学话语和求知意志的主题。若追溯其生命权力谱系学的发生，那就得从16世纪上溯，一直追溯到5世纪基督教对性的欲望的主体解释学和忏悔技术的历史。一旦进入基督教的欲望解释学和忏悔技术的领域就会发现，基督教并不是将性的欲望问题作为揭示性真理的科学的对象，而是作为道德规则监视、抑制和消除的对象。于是就带出来一个新问题：为什么基督教把"性"作为一种"道德实践"？为什么对"性"的伦理关注（而非"道德禁忌"）在基督教那里比其他的关注都要突出？为什么会有这种伦理关注？在这种"道德实践"的"问题域"中，"性"的人是如何被视为一个不同于现代社会的有罪的

　　从普系学的视角来看，接下来的一步就顺理成章了：福柯由基督教的性道德经验与欲望主体的性史继续上溯到古希腊罗马的古典时代，即公元前 5 世纪—公元 4 世纪，考察在基督教兴起之前古希腊罗马人对性的经验和姿态，以及在他们那里是怎样关注快感与行为并通过精神操练和德性塑造将自己构造成道德主体的。诚然，古希腊罗马的文献中并没有一个明确的"主体"概念或定义，却拥有一整套"生活艺术"、"生存美学"和"自我技艺"，一整套的自我关切、自我塑造、自我操练的经验，也就是那个时代、那个社会对"把自我构成为风格化的生存或具有美学气质的艺术作品式的主体"的高度关注，这种情况尤其是在古罗马的"自我文化"中达到了顶峰。这种道德主体的"自我实践的谱系学"是以"快感享用"为核心的生存美学，而非基督教的道德主体的"欲望的解释学"。根据每个时期的伦理实质、伦理义务的方式、伦理实践方式以及伦理的目的四个方面的区别，福柯的"伦理谱系学"大体上可以分为五个时期：风格化的前柏拉图时期，伦理反思的柏拉图时期，"自我文化"黄金时代的罗马时期，道德禁忌的基督教时期，以及解放欲望的现代社会。

　　福柯将那种古希腊罗马时期的风格化的自我关切及其生存技艺称之为"伦理"而非"道德"，并突出其"生存美学"之维，因为"道德"一词被福柯用来特指基于严格服从道德法则、禁令、规范以及普遍道德义务之上的"基督教道德"，而"伦理"则用来特指"自我与自我的关系"，尤其以古希腊罗马的"风格化的生存美学"为典型。福柯发现，他们对性的"问题域"与基督教以及现代科学对性的关注点极为不同，他们更关注"快感及其享用"，更为自然而松弛地对待与性相关的一些焦虑和问题，更关切自我的风格化生活，比如养生、婚姻家政和同性情爱艺术这三大自我技艺，更重视精神操练和德性培养，而不是像基督教那样要求人们严苛地服从道德规则或法律，极度关切"欲望"而非快感，并对其施加禁忌，揭露拷问它并竭力消除之。古希腊的哲学家、道德家和医学家对基督教这种宗教式的自我禁欲和自我弃绝完全没有兴趣，当然对现代人那种性科学、医学、心理学、精神分析等也毫无兴趣。现代生命权力通过性与人口对生命的治理形式，并非真正的自由实践；真正的自由实践是一种不同于生命权力的治理模式，或者说是反抗生命权力的治理模式的"自我治理"，这就是福柯在古希腊罗马那里发现的自我关切的生存美学的"伦理"。

如果说福柯的生命政治研究阶段（1976—1979）的"政治理性批判"集中致力于对现代治理权力的复杂配置的剖析，那么在他晚期（1980—1984）转向"伦理谱系学"之后的"政治理性批判"就不再着力于权力关系的配置的分析，而是着力于迥异于现代生命政治理性的"自我关切的伦理"的界定，并试图从"伦理"出发去进行政治理性批判。这并不是说，在"自我关切的伦理"那里将不再有权力关系或治理，我们只能说，那是另一种形式的权力关系或治理。福柯生命最后两年的法兰西学院演讲中所讨论的"说真话"，实际上就非常清楚地表明，自我关切的伦理的自由实践同时是一种危险的政治游戏。它并非一种现代社会的生命权力，而是一种"反生命权力"与"反治理术"的自我构成实践，一种不同于现代权力—真理游戏的"真理政治"。在这种自我治理同时也是他人治理中，主体、真理、话语和批判的关系全然不同于现代生命政治的权力关系的"配置"。

福柯在《什么是启蒙?》（1984）中将康德的"启蒙"解释为"批判"，并进一步将"批判"规定为从事"我们自身的历史—批判的本体论"。福柯说："'我们自身的批判的本体论'不该被视为一种理论或学说，甚至也不能将其视为一套不断积累的永恒的知识体系，而应该将其视为一种态度，一种精神气质，一种哲学生活。在这种态度、精神气质或哲学生活之中，对我们自身的批判，同时也是对'强加于我们的界限'的历史分析，以及逾越这些界限的可能性的实验。这种哲学态度应该转换为从事各种研究。这些研究的'方法一贯性'体现在兼用考古学和谱系学方法探究既作为理性化技术的类型也作为自由的策略性游戏的各种实践之中；这些研究的'理论一贯性'体现在界定我们与事物、他人及自身的一般性关系被问题化的各种历史的独特形式之中；这些研究的'实践一贯性'则体现在关注以历史—批判性地反思去检验各种具体的实践的过程之中。我不知道在今天还能否说批判的工作依然还包含着对启蒙的信仰，但我仍认为，批判的工作必然要探究'我们的界限'。这是一项需要耐心的工作，它体现了我们对自由的渴望。"福柯的我们自身的历史—批判的本体论的观念，一方面要考察现代权力—知识强加在我们身上的历史性的界限，另一方面要提供克服和僭越这些历史性界限的可能性的自由实践形式。福柯认为，这才是对康德的批判精神和波德莱尔式现代性精神气质的真正继承。

在《什么是启蒙？》中，福柯再次提出研究"我们自身的历史本体论"问题的"体系性"，也就是整合"知识—权力—主体"三条轴线的体系性。福柯说："需要考虑的是'知识'、'权力'与'伦理'这三条轴线它们各自的独特性以及它们相互之间的关联。换句话说，'我们自身的历史本体论'不得不回答一系列开放性的问题，着手大量的研究。这些研究可以是多个层次的，也可以是具体限定的，就看我们的选择。但是它们都会涉及下述的体系化的问题：我们如何被建构为我们知识的主体？我们如何被建构为行使权力关系或屈从于权力关系的主体？我们又是如何被建构为我们行动的道德主体？"这段话可以视为福柯对自己毕生思想的一个总结，也是我们进入福柯哲学思想的最佳引言。

第⬤十⬤三⬤讲

为自我出征：一则伦理学的寓言

曹　刚

　　罗伯特·费希尔的《盔甲骑士——不要错过你自己》，被誉为是探索生命本质的钻石般的杰作。寓言的主人公是一位骑士，他身披盔甲，杀死恶龙，拯救少女，英勇善战，为民除害，在当地享有很高的声望。为了便于迅速出战，也是为了维护当地居民心目中声誉日隆的骑士形象，他长期裹甲而居。这让妻子感到备受冷落，因为哪怕是在拥抱的时候，她感受到的也只是盔甲的冰冷，而不是爱的温暖。儿子从记事起，也只看过挂在墙上的父亲的照片，没有见过父亲的真面目，更别说感受到父爱了。事实上，就是骑士也忘了自己的长相了。直到有一天，妻子再也忍受不了这种冷冰冰的生活，决意要带儿子远走他乡。这时的骑士才感到了问题的严重性。他是爱他的妻儿的，于是，他决定脱下盔甲，来证明他对妻儿的爱，也是为了重新获得妻儿对他的爱。但他想尽了各种办法，也脱不下那副盔甲。在好心人的指点下，他不得不去寻求法师的帮助，以便脱掉盔甲，找回曾经的充满爱的生活。他费尽周折，在一片森林深处找到了梅林法师。只不过在休整数日后，骑士因为想念妻儿，还是决定回家。这时法师带他来到了一个路口，告诉他：有条路就是当初你进树林的路，你可以从这条路回家，这条路通向虚伪、贪婪、恐惧和无知。然后指着另一条路说，那是一条陡峭狭窄、充满艰辛的路，但它通向真理之巅，在那里，你可以脱掉盔甲，找回真爱，实现真我。骑士最终听从了法师的指点，决定不走回头路，而是向前走，走上那条看似陡峭狭窄，却能实现人生目的的康庄大道。

也许有人们会问，这些和伦理学有什么关系啊。当然有关系，而且是非常重要的同构性关系。我们可以把这里的"法师"看做伦理学的化身。法师的指点，可了不得，因为他指向的是人生的终极目的，一个叫做至善的东西，一个实现了其存在本性的完全的人。换言之，法师指出了一个目的论的伦理学结构。按照伦理学家麦金泰尔对这个结构的描述是："存在着一种'偶然成为的人'与'一旦认识到自身基本本性后可能成为的人'之间的重要对照。"伦理学就是使人们懂得如何从前一种状态转化到后一种状态的科学。这个伦理学不就是寓言中指点迷津的"法师"吗？这个"偶然成为的人"不就是那个骑士，一个被各种各样的名、利、身份等外在的东西所包裹的人吗？"可能成为的人"不就是那个骑士所追求成为的脱掉了盔甲的真我、一个理想的人吗？这个伦理学结构中的三个要素都非常重要，缺一不可。只是近代以来，终极目的或者"至善"这类东西被划入信仰的领域，不受"理性"待见，伦理学当然地失去了"法师"的功能。换言之，没有了作为终极目的的"至善"，谁都可以充当"法师"，任意指点江山了。于是，形形色色的伦理学理论就出现了。有所谓的情感主义，认为道德在本质上只是情感的表达而已；有所谓的契约论，主张大家凑在一起，按照程序，订立一个大家都同意接受的道德条款；有所谓的神命论，认为最靠谱的还是神，神的命令就是我们应当遵循的规范，神说善就是善，说恶就是恶，如此等等，不一而足。不得不说，这些伦理学理论各有道理，但都有一个致命之处，就是道德的相对主义，就像骑士站在十字路口，面临着道德选择的关键时刻，到底该何去何从呢？所以，法师之所以是法师，是因为他有着明确的"目的"观念，否则，就像麦金泰尔所断言的，一旦"目的"观念被取消了，那些企图为道德提供合理证明的计划就必然会失败。有了"至善"，才能证明行为之"应当"，犹如骑士有了目的，才能踏上正确的道路。当然，通向终极目的的道路是艰难的，所以，法师在为骑士指明了方向后，便掏出了三把金钥匙交给骑士，嘱咐他用来打开挡在路途中的三座城堡，它们分别是沉默之堡、知识之堡和志勇之堡。在这些城堡里，学到了该学的东西之后，才可能登上真理之巅，实现真正的自我。

一、沉默之堡里的自知之明

骑士要通过的第一座城堡为什么是沉默之堡？因为在这个城堡里，骑士要学会正确认识自我。"认识你自己"是人生之途的第一步，也是伦理学的逻辑起点。道理很简单，就是俗话说的"人贵有自知之明"。自知之明是可贵的，而且是第一可贵的。首先，自知之明是人区别于动物的独特之处，是只有人才可能具有的本领。动物和它的生命活动是直接同一的，而人则使自己的生命活动本身变成自己的意志和意识的对象，所以，只有人才能成为自己生活的主人。其次，自知之明还是社会交往的前提。一个没有自知之明的人，连自己所"欲"、所"立"都不清楚，如何能做到"己所不欲，勿施于人"、"己欲立而立人，己欲达而达人"呢？当然也就处理不好人际关系。最后，自知之明也是实现人生追求的前提。如果没有对自身的正确认识和反映，缺乏对社会生活过程中自身的生理状况、心理状况、社会地位等的合理把握，就不会有对人格理想的现实追求。

认识自我不容易。知人难，知己更难，难就难在这是自己对自己的认识，即自己把自己当作观察对象，自己既是主体又是客体，主体意识与客体意识彼此纠缠，自我的感受、情感和欲望混杂其中，各种纠结远甚于对外在对象的认识。正因为如此，沉默之堡便有了特别的设计。首先，沉默之堡只允许一人通过。因为，自我认知是在面对自我，也就是自己和自己的相处的过程中获得的。很多人喜欢往人多的地方凑，但害怕独处，其实就是没有勇气面对自我。如果不面对自我，又如何能正确认识自己呢？我们看到，陪骑士出征的鸽子和松鼠都留在了城堡之外，在城堡里偶遇的国王也拒绝与其同行。这是因为沉默之堡里的知识，是只有独处才能学会的。沉默之堡的第二个特性是寂静。连大厅里燃烧的壁炉都没有发出噼啪的声音。自我认识是自我内在的追问，一切喧嚣嘈杂都无益于聆听来自内心的声音。正是在万籁俱寂之中，骑士叩开了心扉，不仅听到了以前从没听到过的声音，而且最终听到了灵魂的声音，那是真正的"我"的声音。沉默之堡还有一个奇怪之处，就是没有通向城堡外的出口。递进的各个房间之间也没有门。所以，当骑士刚进入城堡，就觉得非常迷惑，无所适从。不过，随着骑士自我认识的深入，原来封闭的墙壁上，出现了房门，并且一扇一扇地打开，使骑士得以进入一个个的房间，感知到了不同层次的自我。

在第一个房间里，骑士感受到的是身体我。身体我是个人自然规定性方面的特质。每个人的存在首先是肉体的存在，这个存在的自我意识就是身体我，身体我是个人实践活动的前提和基础。这也是为什么在第一个房间里，就会遇见他的缘故。只不过有些人把身体我当作自我的决定性要素，或当成自我本身，主张"我欲，故我在"，一辈子就待在这个房间里走不出去。王阳明称这种人为"愚人"、"躯壳的己"，其昂藏七尺之躯只是一堆自在的死物。骑士当然不愿成为这种人，其实他本就不是这种人，所以，他通过自我反思打开第二道门，进入第二个房间。在第二个房间里，他感受到了另一个自我，就是社会我。社会我是在他人眼中所看到的自我，库利称其为"镜像自我"，这是在社会交往中获得的自我意识。社会我是在各种各样的社会关系中被定义的，我们扮演的各种社会角色、我们拥有的名誉和地位、我们的衣食住行都是标定社会我的坐标。社会我是自我中必不可少的社会现实要素。社会我当然比身体我进了一步，但在社会我的房间仍然找不到最终出路。如果耽溺于此，不过是在扮演别人眼里的"我"而已，这正是海德格尔所描绘的"沉沦"的情形，最终造成庄子所谓的"吾丧我"的结果。这使我想起萨特举过的例子。某一咖啡店里的侍者，他服务热情周到，动作殷勤麻利，对客人笑容可掬，彬彬有礼，完全把自己当做他人眼里的一个侍者的角色，如同人们眼里的裁缝和杂货商一样。他没有意识到做侍者是他自己的自由选择，是否继续扮演这个角色还是由他自己决定。他使自我就范于外在环境的塑造，不懂得逢场作戏的背后，隐含着主体的自由本质。在那个侍者的意识里，仿佛他生来就注定是做侍者的，没有别的可能了。其实，裹着盔甲的骑士不就是这个"侍者"的真实写照吗？骑士出征的目的就是要脱掉这副"盔甲"，当然不会在这个房间里终其一生，他必须前行，进入第三个房间。骑士在第三个房间里感受到的是心理我。心理我是我们所感知到的各种心理活动，包括思维的品质、情感的感受、实践的能力等，都是精神自我的组成部分。可以说，心理我是自我发展的高级阶段了，是相较于耳目口鼻等感官之小体的"大体"了。不过，心理我只是精神我的低级层次。在这个阶段，科学的理性、日常的情感和生活的欲望占有主导地位，这三者之间也没有通融一体，彼此的分离和冲突所在多多。大多数人以为在这里可算是找到归属了，是高贵的人应该待的五星级宾馆了，免不了透出一股傲娇之气。这其实是一种自欺，表现为尼布尔所说的骄傲。有所谓权力的骄傲，即把权力视为获得安全的根本保证，并以此表达自己扩张和支配的欲望，自以为是、妄尊自大，似乎可以搞定一切；有所谓知识的骄傲，即把带有自己阶级的意识形态特征的知识视为最正确的知识，总以为真理在握，一副不容置疑的模样；有所谓道德骄傲，即把自己崇尚的善看做普遍的善，将自己相对的道德标准当成绝对的标准，俨然是善恶的最高裁判官；有所谓精神上的骄傲，即把自己的信仰看成真正的信仰，其他的都是邪教，简直是以唯一的神的面貌出现了。而所有这些不过是以人的无限来掩盖人的有限的自欺欺人而已。骑士当然不能自欺地走出沉默之堡，要真正走出城堡，还需要进入最后一个房间。寓言中写到，当骑士进入到这最后一个、也是最小的房间时，他大声地说："奇怪，这些房间为什么变得越来越小？"马上，有一个声音回答他："因为你和自己越来越近。"那个声音似乎是从他身体里面发出来的，这可能吗？"对，很可能，"声音说，"我是真正的你。"这个声音是灵魂的声音，这个我是心灵我。心灵我是精神自我的高级层次，处于自我的最高级、最中心和最主动的层面，它融知、情、意于一体，支配和统合自我的各个层次，通达和感应宇宙万物，并最终赋予人生以整体的意义。这就是鲁道夫·奥伊肯所谓的

"我们真正的自我"、"我们生活最内在的本质"。只有当骑士听到了真我的声音，才第一次感到了无比的充实和平和，于是他睡着了，第一次睡得那么沉，醒来时，已经到了城堡之外了。因为有了"真我"的出现，在骑士以后的征程中，每到关键的一步，就总有这个"真我"的提醒、监督、鼓励和指导。

二、知识之堡里的伦理智慧

骑士要通过的第二个城堡是知识之堡。知识之堡与沉默之堡不同，城堡里没有光亮，漆黑一片，而且知识之堡是一个隔断的大房间。这样的城堡设计当然是有寓意的。其寓意在城堡入口处的碑文中已写明了。碑文上写道："知识即为指引前路之光。"我们知道，理性的第一形态就是原初给予的"看"，而看是需要光照的。我们不妨做个有趣的设想。如果是动物，譬如老鼠、狮子之类，是可以毫不费力地穿过黑暗的城堡的，但骑士在黑暗中就寸步难行，因为人的眼睛没有天生的夜视功能。其实，任何生命的存在和延续都需要某种适应环境、趋利避害的本领。动物的这种本领来自于本能。与此不同，人天生没有这样的自然装备，依据其本能无法应付环境，难以维持生存。不过人有动物所不具备的东西，这就是理性。所以，人能创造出可以替代本能的各种装备，抽象地说，就是人能创造知识，而且是抽象的、普遍的、可传承、可学习的知识，用知识来装备自己，用知识来照亮前程。所以，当骑士进入黑暗的城堡时，"真我"就是这样跟骑士说的："你知道的越多，这里就会变得越亮。"那么，为什么整个城堡就是一个没有隔断的巨大房间呢？道理也很简单，因为真理只有一个，所谓理一分殊，月映万川。城堡里的知识不是那些分科别类的具体知识，而是关于世界与人生的博大与圆融的理解。获得真理的方式也不是一般的经验或科学的途径，而是"以道观之"的大智慧。与此同时，知识的价值也是随着共享程度的提高而增加的。如此一来，城堡之堡的大格局不就是可以理解的了吗？

那么，在知识之堡里获得了什么样的道德真理呢？

城堡里的第二块碑文刻着的是一个问题："你有没有把需要当作爱？"骑士一直认为自己是爱着他的妻儿的，但那个"真我"又说话了："对，你爱茉莉亚和克斯。不过，你不是也需要他们吗？"是啊，骑士需要妻子的聪慧美丽，需要她为他下厨，为他缝制衣服，为他打扫城堡，他也需要儿子说爱爸爸，需要儿子继承他的事业。骑士意识到，他更多的是需要他们，依赖他们，而不是真正地爱他们，他把需要和依赖当成爱了。如果这也算是一种爱，充其量也是一种幼稚的爱。幼稚的爱和成熟的爱相对应，这是弗洛姆的区分。前者的口号是：我爱，因为我被人爱；后者的口号是：我被人爱，因为我爱。显然，骑士的爱不是自己要去爱，而是需要别人去爱他。其实，爱本身就是一种需要，一种通过与他人结合而寻求归属感的需要。人的存在就是这样，一方面是自我意识带来了自主的个体，追求的是个性的自由实现；另一方面，又需要在与他人和自然的结合中安身立命。要兼顾两者并不容易，骑士的爱就做不到这一点。骑士的爱是幼稚的爱。幼稚的爱是通过依附的方式来寻求与他人的结合，从而获得归属感的。或者是自己依附于他人，或者是被他人依附，其结果都是在获得归属感的同时，丧失了自我的独立性和完整性。与此不同，只有成熟的爱才能打破人同他人的隔离，在实现与他人的结合的同时，又体现主体自身的生命力和创造力。弗洛姆说得精彩："成熟的爱与共生性融合恰成对照，它是在保存人的完整性、人的个性条件下的融合。爱是人的一种主动能力，一种突破把人和其同伴分离之围墙的能力，一种使人和他人相联合的能力；爱使他克服了孤独和分离的感觉，但也允许他成为他自己，允许他保持他的完整。在爱中，矛盾出现了：两个人变成一个，而又仍然是两个。"总之，成熟的爱能在保存人的完整性、人的个性的条件下与他人融合在一起，既克服了孤独和分离感，又保有自身的价值和尊严。在"真我"的提示下，骑士无疑也是悟出了这番道理的，否则，他不会为他的"幼稚的爱"而嚎啕大哭，更不会意识到："他需要茱莉亚和克斯的爱，因为他不爱自己。"法师甚至认为他发现了一条伟大的道德真理：只有爱自己，才能爱他人。"唯有将对自己的爱推展出去，你才能去爱别人。"与此同时，一圈美丽、耀眼的光线笼罩在骑士的四周，照亮了黑暗。

只有爱自己，才能爱他人，这并非一条自明的道德真理。因为，自古以来，人们往往都是把自爱和他爱割裂或对立起来的。有一种心理利己主义的主张就认为，人不为己，天诛地灭。自爱是一个不容置疑的心理学事实。任何人在事实上都是把实现自己的利益作为最终的目的，把利己的动机作为一切行为的根本动机。关心和爱护他人最多只是权宜之计，利己和利他在事实上是难以两全的。当然，心理利己主义说的是事实如此，而不是说应该如此。与此不同，伦理利己主义则主张每个人都应该利己。尽管在事实上，伦理利己主义并不否认人性中有利他的事实。也就是说，即便人们在事实上不都是利己的，人们也应该利己。因为只有自己的利益才是一种真正的善，追求实现自己利益的行为才是一种应当的行为。这种主张很极端，名目张胆的持论者不多，但实际上社会影响挺大。根据这种主张，自利和利他在规范的意义上就是对立的。当然，在人类文化传统中，占主流地位的还是形形色色的利他主义。一般而言，利他主义总是把自利视为一种恶，把利他看做一种善，把自爱视为恶行，把爱人看做美德。譬如，加尔文的宗教伦理、传统社会的群体主义，莫不如此。上述利他主义和利己主义的实质主张是对立的，内在的思维方式却有一致之处，也就是把自爱与他爱割裂或者对立起来。按照这样的逻辑，骑士把不爱妻儿的原因归咎为他不爱自己，就是错误的结论。换言之，他对自己的爱是无法推导出对别人的爱的。显然，我们不同意上述诸种理论的见解，我们坚信"爱人如己"是闪烁着耀眼光芒的道德真理。

要证明自爱和爱人的这种统一，关键是要把握四点：第一，爱自己和爱他人之所以能统一的伦理基础。有个广为流传的故事：有一个人，他弥留之际，灵魂出窍，灵魂既去了天堂，也去了地狱，天堂的人和地狱的人，待遇原来都是一样的，有一个大盆装了很多面条，每一个盆子旁边，摆了很多一米多长的筷子，结果天堂的人吃得红光满面，开心快乐，地狱的人则饿得奄奄一息了。原来天堂的人用筷子彼此喂着吃，地狱的每一个人都拿着长长的筷子往自己嘴巴里喂，无论怎么都吃不到口，只能等死。天堂和地狱的区别就是有没有爱。弗洛姆说："在爱他人与爱自己之间不存在非此即彼的关系，相反倒是，凡能爱他人者必爱自己，就爱的'对象'与施爱者本人之间的密不可分的关系而言，爱原则上是不可分割的。"这个伦理基础就是"爱的'对象'与施爱者本人之间的密不可分的关系"。问题是，"密不可分"的关系是什么性质的关系呢？我们认为就是一种互助共生的关系。万事万物之间的共生关系是一个生态学的事实，人和人之间的互助关系是一个人类学的事实。第二，人作为"依赖性的理性动物"（麦金泰尔语）认识到这种互助共生的连带关系是人类发展的根本前提、社会存在的第一要素和每个人自由发展的唯一基础，从而把它作为一种根本的共同善来予以保护。以这种共同善为价值依据，就决定了"人人为我，我为人人"是一条最基本的自然法则，"爱人如己"不过是这条自然法则的道德形态而已。第三，爱自己并非自私。这个关键的"关键"就是爱自己中的"自己"是什么，把自爱当做自私就是搞错了自爱的对象。弗洛姆说得好，自私的人对自己不是大爱，而只是小爱，因为自私的人并不了解自己的真正利益。换言之，自私的人爱的不是真正的自己，而是自己的一小部分。如果只爱身体的我，会陷入欲望的漩涡而不可自拔，那不是真自爱；如果只爱社会的我，会在和别人的攀比中失去自我，也不是真自爱；如果只爱心理的我，会陷入自我中心而不可一世，也不是真自爱。真自爱就是爱那个由心灵我主宰的整体的我，那个通达和感应他人和他物的大我，那个凸显了人异于禽兽之"几希"的良知的真我，这样的自爱就内在地包含了对他人乃至于自然万物的爱，爱人如己就是水到渠成的事了。在寓言中，骑士所爱，便应该是这样的自己。一开始，鸽子要带他去照镜子时，他是不情愿的，因为他不愿看到一个高大的人，有着一双悲伤的眼睛，一个大鼻子，从脖子以下都包在盔甲里的样子。出人意料的是，他在镜子里，看到一个仁慈、爱、热情、智慧和无私的人回望着他。"这是谁？"他叫着。松鼠说："这就是你，真正的你。""这面镜子是假的"，武士说："我长得不是这个样子。""你现在看到的是真正的你——躲在盔甲下面的你。"真我回答。试问，如果爱的是这样的自己，又如何不能推爱及人呢？第四，爱在给予中获得。城堡里的第三块碑文出现在院子里那棵苹果树下面的石板上。松鼠跑过来跟他说："城堡里有个院子，院子中央有棵大苹果树。"树下有块石板，板上刻着一些碑文："吾献此果无禁忌，愿君得果知野心。"和现在的我们一样，骑士想破了脑壳，也参不透这两句碑文的意思。他想放弃了。这时那个"真我"又说话了："如果你放弃，你就永远出不去。"是啊，树只是一种自然的存在，其本性的实现自然天成，枝繁叶茂，硕果累累，所以才"吾献此果无禁忌"。但树没有野心，而人有野心，这恐怕是人和树的最大不同吧。所以，法师说："这就是野心为什么会有问题的地方。野心发之于脑的时候，就会让人无情地向前追求他的目标，在这么做之后，他通常都会伤害别人，这也是野心之所以变成竞争的时候。"武士点点头："可是你说，人类需要有野心。""对，如果野心是由心中发出来的话。由心而生的野心非常纯净，不会伤害任何人。事实上，这种野心满足自己到某一种地步，还会自动地满足他人。"我们可以把这个"脑"理解为前述的心理我，把这里的"心"理解为心灵我。野心发之于脑的时候，是为机巧之心，会把一切东西都看成是可以满足自己私欲的物品，爱也不例外，这样的人，会很吝啬爱，因为给予他人的多了，留给自己的就少了。野心发之于心的时候，是为仁爱之心，会把爱看成是人的生命力和创造力的发挥，爱就是一种人性的能力，运用能力的过程就是增加能力的过程，给予的越多，获得的越多。就像这棵苹果树一样，法师说："苹果给摘掉的越多，树就长得越大，树长得越大，就变得越美。同样的情形也会发生在人身上，如果那个人了解到什么是由心而生的野心的话。"弗洛姆几乎说过同样的话："有创造性的人对'给'的理解完全不同。他们认为'给'是力量的最高表现，恰恰是通过'给'，我才能体验我的力量，我的'富裕'，我的'活力'。体验到生命力的升华使我充满了欢乐。我感觉到自己生气勃勃，因而欣喜万分。'给'比'得'带来更多的愉快，这不是因为'给'是一种牺牲，而是因为'给'表现了我的生命力。"

武士坐着，深深地被这些想法所感动。感动中，城堡和树林同时消失了，武士发现自己、鸽子和松鼠，回到了真理之道上。在路的一边，有一条闪闪发光的清澈小溪。

三、志勇之堡前的道德勇气

第二天早上天刚破晓，他们来到了最后的一座城堡，即志勇之堡。志勇就是勇敢地朝着既定的目标前进。但这又谈何容易呢？果不其然，当他们在桥上走了一半的时候，堡门打开，里面走出来一条非常吓人的喷火巨龙，全身闪耀着发光的绿鳞甲，这就是疑惧之龙。巨龙咆哮道："我专门在这里敲醒你们这些自作聪明的人，你们以为通过知识之堡就可以所向无敌啦？"巨龙的恫吓几乎是对苏格拉底命题的挑战。苏格拉底说："德性即知识"，意思是知和行是统一的，有了真知，必有善行，人之知善而不行，乃是由于他们的所知并非真知。按照这个说法，通过了知识之堡的骑士是大可以大踏步前进的，但疑惧之龙的出现，似乎印证了亚里士多德对苏格拉底的批评。亚里士多德在《尼各马可伦理学》中就讨论过与此相关的问题。在他看来，决定人们行为的意志经常会受到各种因素的影响，会受到各种利益和欲望的诱惑。如果一个人的意志力不够坚定的话，他就可能禁不住诱惑，明知是恶而为之。知识不等于美德，有了知识不一定会导致善的行为，而恶的行为也不一定是出于无知，从知识到美德，如果没有足够坚强的道德意志战胜内在和外在的各种"疑惧之龙"的干扰，就没法通过志勇之堡，也就无法继续骑士征程。所以，"志勇之堡"是骑士必过的一关，其实质是"知行合一"关。

志勇之堡和前面两个城堡不同，城堡有其名，无其实，关键是守在城堡门外的疑惧之龙。换言之，疑惧之龙是阻挡在知与行之间的拦路"龙"。心理学的研究表明，行为过程逻辑上包含了如下因素和环节：首先是需要的产生，当需要被意识到了就产生了欲望，有了满足欲望的打算和预想，就产生了目的，有了目的就有关于如何达至目的的手段和途径的想法。所有这些想法和打算都可称为行为动机。行为动机引发实际活动来实现这些打算和预想，由此产生实际的行动过程和结果，比照预想的目的和实际的结果就可看出行为的效果。可见，完整的行为过程包括了动机确立和行为实施两个阶段，前者是行为的主观方面，后者是行为的客观方面。所谓"疑"是主观动机形成阶段上的犹豫不决，所谓"惧"是行为实施阶段的怯弱退缩。要战胜"疑"与"惧"，需要有道德意志贯穿于从动机确立到活动实施的整个心理过程。在第一个阶段，要通过责任判断来确立行为的道德动机，从而战胜"疑"惧之龙；在第二个阶段，鼓足道德勇气，勇往直前，战胜怯弱退缩的疑"惧"之龙。骑士正是因为有坚强的道德意志，才可能战胜疑惧之龙，通过志勇之堡。

疑惧之龙的出现无疑是骑士所面临的现实困境，而不是一个模拟的思想实验。在模拟的思想实验里，面临的更多的是理论上的困惑和精神上的焦虑，我们大多可以通过逻辑推理的方法来解决这些困惑。但在现实的道德境遇中，我们要解决行为选择的问题，要通过具体情境中的行为选择来验证行为的道德价值，这就需要现实的道德情境中的责任判断。责任判断是从一般的义务判断到道德行动的中介环节。一般而言，人们在做道德行动时，是先进行一般的义务判断，再决定要不要贯彻实行它们。在一般的意义上，大部分人在理论上都知道什么行为是善的、是应当做的，但这种抽象的义务判断却不能直接转换为实践道德行为的动机。譬如，我们都认可应当互助友爱、救人于水火之中的义务判断，但在具体的境遇中，我们却不一定能够做到互助友爱。在"小悦悦事件"中，那些在场的旁观者都会赞同救助小悦悦是应尽的义务，但事到临头，却又袖手旁观。为什么呢？这是因为，在抽象的义务判断到实际的道德践履之间缺少了"责任判断"这个中介环节。其实，在抽象的义务判断到实际的道德践履之间，人们都会有主观判断的过程，也就是说人们在面对着各种影响主体道德践履的因素时，心里都会有一本账，区别就在于这本账里记的是什么。如果这本账只记录个体之利害得失，人们就会通过行为成本与收益之间的利害判断，来选择最有利于自己的行为。如果行为的结果是利大于弊，则行之；反之，作壁上观。可见，这种利益得失之计较，使人放弃了道义信念的坚守，消磨了人们采取道德行动的意志。这些人可能也认同抽象的道德规范，在实际场合却瞻前顾后，患得患失，犹豫不决。相反，如果这本账记录的是人格价值和社会公益的增减，人们就是对行为的价值进行了一种责任判断，这个取代利害判断的责任判断，会驱动实际境遇中的道德践履。责任判断之所以能充当这样的中介环节，是因为责任判断与一般的义务判断有着不同的特点和功能。我们可归纳为如下：第一，责任判断是第二序的判断。义务判断是关于行为之善与应当的一般确认，是针对"道德"正确性的第一序判断，责任判断则是愿意依据该判断而行之的肯定确认。它不是一般道德正确性的确认，而是个人是否有责任承担道德行动义务的判断。不经过这个第二序的环节，我们就难以把在道德判断中视为应然的义务，贯彻于现实的道德行动之中。第二，责任判断的主体是现实情境中的个体。在道德教育中，我们常常设想在道德两难处境中，通过"假如是你"的句式，进行一般的义务判断，回答的问题是："做什么行为才是对的？"与此不同，在责任判断中，人们追问的是：为什么是"我"？既不是"假如"是我，因为这是一个现实的道德情境；更不是如果是"你"，因为这是一个道德主体自身做出的决断，不能假借他人之手。所以，要回答的问题是："为什么我这么做才是对的?"第三，责任判断强调境遇中的"经权"。义务判断都是由规则或原则推演而来的，其思维形式是演绎推理，强调一种不可置疑的确定性，但缺乏对前提和结论的道德反思。责任判断是从具体的道德境遇出发，依据自我完善和社会公益的价值目的，所进行的实质性的辩证推理。借鉴弗莱彻的说法，责任判断既不是律法主义的，也不是反律法主义的，而是境遇主义的。综上所述，当我们每个人面临道德困境时，要清楚，只有自己才能做出道德决断，要清楚这个决断对自己的人格完善和社会公益的实质性的好处有哪些，要清楚不承担责任所可能带来的后果，那种因为人格分裂和社会冲突而产生的自我否定和社会排斥，以及与这一结果相伴随的那种自惭形秽、寝食难安的不安情绪。反观现实，我们相信，当我们面对小悦悦这类急需帮助的不幸者，因种种恐惧而采取逃避态度时，事实上我们的内心总会隐藏着某种不安与自责，甚至会在内心深处鄙视自我。

扯得远了，让我们回到寓言吧。在寓言中，我们看到的情形是，出征前，法师答应过骑士，每当碰到棘手的情况时，他就会出现帮助骑士渡过难关。事实也是如此。但这一次，当武士面对巨龙，伸手摸不到剑，声音颤抖着呼唤法师来帮助他时，法师没有出现。这是法师第一次没有如约而至。法师当然不会出现，因为在具体的道德境遇中，我们每个人都得由自己来做出责任判断。而在骑士犹豫不决的整个心理过程中，我们发现，那个"真我"一直在鼓励骑士要用自己的行动来证明他的道德理想。寓言中描述了骑士的"真我"与现实我的对话：在骑士面临巨龙，犹豫不前时，"真我"插进来说道："如果你没有志气和勇气来测验得到的自知，那你怎么能活得下去？""你也相信，自知之明可以杀死疑惧之龙吗？"武士问。"当然，自知之明是真理。而且你知道大家都说，真理比宝剑更锐利。""我知道大家怎么说，可是有没有人在证明了这句话后还活着的？"武士一说完这句话，就想到他根本不需要证明任何事。他生来就心地好、善良，又充满了爱，并且他仍然拥有这些特质。有这些特质的人不必觉得害怕和疑虑，他知道巨龙不过是幻相，巨龙存在只不过因为他相信它存在。骑士自我间的对话，体现了骑士在当下境遇中的责任判断的形成过程。完成了责任判断的过程，就确立了道德动机，也就为骑士在各种各样的欲望、利益的纠葛中，做出了明智的道德决断。如此一来，何"疑"之有？疑惧之龙也因此丢掉一半的老命了。

疑惧之龙有两条命，貌似"惧"比"疑"更可怕。如果说解决了"疑",就解决了动机确立阶段的问题,那么,需要解决的"惧",就是在行为实施阶段对各种各样的困难的克服。其实,一个人的道德意志薄弱,有时恰恰表现在行为实施阶段。我们常常不也是更容易"立志",却怠于践履吗?其中最重要的原因是缺乏道德勇气。我们看到,寓言中,骑士做出了决断之后,毅然迎着巨龙走去,他确信巨龙不过是幻相,但和巨龙短兵相接之后,武士的勇气还是很快就熔化了,他的胡子也被巨龙火焰的热度熔化。于是,害怕地大叫一声,回头逃之夭夭。可见,做明智的道德决断不容易,行道德之事更难,如果没有无所畏惧的道德勇气,知行合一也是不可能的。法国人安德烈·孔特-斯蓬维尔在《小爱大德》中说得好:"没有明智,其他一切美德都会变得盲目或疯狂;然而没有勇气,它们就会变得懦弱或胆怯。没有明智,正义者不懂得怎样与非正义的行为作斗争;然而没有勇气,他就不敢全力投入到斗争中去。前一种人不知道用什么手段来达到他的目的,后一种则在料想的风险面前退却。因此轻率的人和胆怯的人都不可能是真正的正义者(付诸行动的正义才是真正的正义)。任何美德都是勇气;任何美德都是明智。"那么,什么是道德勇气呢?怎样才算有道德勇气呢?从一般的意义讲,勇气是与怯懦相对立的一种品质,是指有胆量、果敢、不惧。但只是"不惧"并不能说明什么,所谓

"勇一也，而用不同。有勇于气者，有勇于义者。君子勇于义，小人勇于气"。换言之，有些勇是中性的，算不上是美德还是恶德，既可为善，又可为恶；有些勇则本身就是恶德，如孟子说："世俗所谓不孝者五：……好勇斗狠，以危父母，五不孝也。"有些勇则是我们这里讲的道德勇气，是善德，所谓"有义之谓勇敢"，这种配义与道的勇气才是至大至刚的浩然之气。可见，道德勇气是一种道德品质，是在保持明智的道德决断的前提下对怯懦和鲁莽的否定，从而在面对理应害怕的事物时，也能无所畏惧和勇往直前。在这里，与责任判断一样，道德勇气也是把人们的观念与行动，即道德认识和日常实践，紧密地结合起来的一个中介。寓言中写道，现在向巨龙大步前进的，可是一个不同的武士——这个武士反复不断地向自己说："疑虑和害怕是幻相，疑虑和害怕是幻相。"巨龙一次又一次地朝武士射出巨大、噼啪作响的火焰，可是不论它怎么努力，武士身上就是不着火。巨龙非常困惑，不晓得它已经失去了力量，因为武士不再相信它的存在。武士继续向前逼进的时候，巨龙变得越来越小，直到最后，它在一阵蓝烟里消失。

　　骑士最终无所畏惧地面对疑惧之龙，并且战胜了疑惧之龙，既取决于明智的责任判断，又取决于和内外的各种邪恶势力作坚决斗争的道德勇气。因此，骑士通过了志勇之堡。

四、结语

　　骑士通过了志勇之堡，似乎已走完了伦理的历程，按理说，应该能踏上人生之巅了。但快到山顶时，又被一块巨大的岩石挡住。巨石上刻着最后的几句碑文：虽我拥有此宇宙，无有一物为我留，因我不可知未知，如我不愿弃已知。武士气馁了，觉得自己已精疲力竭，不可能克服这最后的障碍。他在费力吊在峭壁上的同时，还要解出碑文的意义，确实是勉为其难。这时，"真我"说话了："你必须放手。"百般犹豫后，骑士遵从了真我的教导，放了手，于是向悬崖坠去，同时，过往种种像放电影一样一幕幕闪过，他意识到，以前他总是执着于各种有限的琐事，又总是把种种不如意归咎于他人，现在他反思到，这一切都是他自己造成的。想到这里，他停止了下坠，而且慢慢地升腾起来。骑士虽然在升腾，但他依然觉得和深渊的最深处紧紧相连，事实上，是和地球的中心相连，同时意识到他和天地相连接。当骑士站在山顶上时，一种天人合一的幸福感扫荡过他的全身。骑士发现，这时的他，仿佛开了天眼一样，能够从大全、理及道体的观点看事物，从而一切事物对于他而言都呈现了完全不同的面貌和意义。如果说，之前看到的种种，都只是在场的有限的东西，那么，此时的他能够统合潜在的和当下的事物的整体联系，看到了事物的整体面貌，得到的是完全的真理。这个境界的骑士，仿佛成了天地的子民，摆脱了原来的利益纠缠，心中无物，方可容物，天道才能进入人的心中，才能体现出民胞物与的道德情怀。换言之，这个境界的骑士认同的是大我，这个大我既不是一己之我，也不是群体之我，而是超越了人类中心主义的天地之我。当然，这个境界的骑士，还享受着逍遥游的美学人生，把自我融进天人交融之中，得到了最大的审美快乐。冯友兰认为一个真正能审美的人是能够接近或达至天地境界的。他认为：一个真正能审美的人，于欣赏一个大艺术家的作品时，会深入其境，一切人我之分、利害之见都消灭了，觉得天地间万物都是浑然一体。这是一种最高的精神境界。总之，登上真理之巅的骑士，实现了真、善、美的融通合一，实现了"真我"。当然，谈到这里，我们似乎又能窥见伦理学发展的未来之光，就像高尔基所言，伦理学的未来是美学。

责任编辑：武丛伟
装帧设计：林芝玉

图书在版编目（CIP）数据

思想的探险：哲学的十三堂课/魏德东，张时坤 主编. ——
　北京：人民出版社，2018.4（2019.9 重印）
ISBN 978 - 7 - 01 - 018751 - 8

Ⅰ.①思⋯　Ⅱ.①魏⋯ ②张⋯　Ⅲ.①哲学-通俗读物
Ⅳ.①B-49

中国版本图书馆 CIP 数据核字（2017）第 325206 号

思想的探险
SIXIANG DE TANXIAN
——哲学的十三堂课

魏德东　张时坤　主编

人民大大出版社 出版发行
（100706　北京市东城区隆福寺街 99 号）

北京中科印刷有限公司印刷　新华书店经销

2018 年 4 月第 1 版　2019 年 9 月北京第 2 次印刷
开本：787 毫米×1092 毫米 1/32　印张：13
字数：230 千字

ISBN 978 - 7 - 01 - 018751 - 8　定价：42.00 元

邮购地址 100706　北京市东城区隆福寺街 99 号
人民东方图书销售中心　电话 （010）65250042　65289539